• 이 책에 쏟아진 찬사

어린 시절, 난 항상 궁금했다. 나는 이렇게 멋진데 친구들은 내게 왜 관심이 없는지 말이다. 이 책은 내가 왜 잘나가는 아이가 아니었는지, 왜 아직도 그런지 이해하도록 도와주었다. 그리고 이제 더는 인기에 신경 쓰지 않아도 되는 이유까지 알려주었다. 이 책을 조금 더 일찍 읽었다면 내 삶은 더 빨리 행복해졌을 것이다.

_애덤 그랜트, 《오리지널스 Originals》 저자

당신은 인기 있는 사람인가? 이 질문에 떠오르는 답은 하나겠지만 미치 프린스틴은 답이 두 개라고 말한다. 지위와 호감은 상당히 다르기 때문이다. 이 책은 인기와 인간관계에 대한 우리의 통념을 부수고 더 큰 성공과 행복을 찾도록 도와준다. 무엇보다 가장 좋은 점은 인기의 과학만큼 나 자신에 대해서도 잘 알게 되었다는 것이다.

_앤절라 더크워스, 《그릿 Grit》 저자

과학적 토대를 장착한 데일 카네기의 《인간관계론》 같은 책이다.

_마틴 셀리그만, 《마틴 셀리그만의 긍정심리학 Authentic happiness》 저자

풍부한 연구가 가득한 이 책은 고등학교 이후의 모든 사회적 교류를 돌아보게 하고, 과거에 어떤 사람이었든 행복을 찾는 법을 알려준다. 나처럼 내성적인 사람에게도 성격과 상관없이 다른 사람들과 좋은 관계를 맺을 수 있다는 깨달음을 주었다. 이 책을 읽고 나면 인기에 대해 다시는 전과 같이 생각할 수 없을 것이다.

_수전 케인, 《콰이어트 Quiet》 저자

인기를 쫓는 게 유치해 보인다고? 10대 아이들이나 연예인들이 추구하는 가치를 과대평가하는 것 아니냐고? 그럴 리 없다. 특히 우리가 추구해야 할 올바른 인기, 즉 호감에 관해서라면 더욱 그렇다. 미치 프린스틴의 흥미로운 강의를 통해 당신은 일과 삶 속에서 인기의 힘을 이용하는 법을 배우게 될 것이다.

_다니엘 핑크, 《언제 할 것인가 When》, 《파는 것이 인간이다 To Sell Is Human》 저자

제목처럼 인기 있어야 마땅한 책. 우리를 인간답게 만드는 갈망에 대한 유쾌하고 통찰력 넘치는 분석.

_대니얼 길버트, 《행복에 걸려 비틀거리다 Stumbling on happiness》 저자

이 책은 수많은 사람들 속에서도 존재감을 잃지 않고 성공할 수 있도록 감정에 강력히 호소하는 법을 알려줄 것이다. 미치 프린스틴의 조언은 온 세상의 부모들, 미래의 지도자들, 야심가들에게 그 어느 때보다도 중요하다.

_팀 샌더스, 《부의 진실 Today We Are Rich》, 《완전 호감 기술 The Likeability factor》 저자

인기에 집착하는 우리 시대에 이보다 중요한 책을 상상하기는 어렵다. 미치 프린스틴보다 인기를 더 잘 이해하는 과학자는 없을 것이다. 인기의 특성, 기원, 중요성에 대한 훌륭한 통찰이다.

_로렌스 스타인버그, 《당신과 청소년 자녀 You and Your Adolescent》 저자

이 책은 우리가 갈망하는 인기와 삶을 개선해주는 인기를 대조하여 보여주고, 많은 사람들이 오해하고 있는 주제에 대한 훌륭한 해석을 제공한다. 청소년기와 현재의 인간관계에 대한 생각을 바꿔주고, 결국 미래에 더 진실한 행복을 얻을 수 있도록 도와준다.

_필립 짐바르도, 《루시퍼 이펙트 The Lucifer Effect》 저자

모두가
인기를
원한다

모두가 인기를 원한다

관심에 집착하는 욕망의 심리학

미치 프린스틴 지음 | 김아영 옮김

사람들은 왜
저 사람만
좋아하지?

위즈덤하우스

저자의 말
솔직해지자, 누구나 인기를 원한다

어느 날 늦은 밤 플레인뷰 교외에 있는 슈퍼마켓 푸드타운에서 열여섯 살의 소년이 마이크를 들고 폐점 시간 안내 방송을 했다. 그날은 금요일이었고, 10대 직원들은 놀러갈 생각에 들떠 있었다. 금요일에는 부모님이 집을 비운 사람이 모두를 초대해서 싸구려 맥주를 마시며 노는 것이 관습처럼 되어 있었다.

이날 당첨자는 제이슨이었다. 고등학교 졸업반이고 사교성이 좋은 제이슨은 모든 직원에게 자기 집에서 파티를 연다고 알렸다. 물론 제이슨이 가장 먼저 소식을 전한 사람은 토니였다. 토니는 고등학교 2학년으로, 계산대에서 일하는 여자아이들은 무슨 핑계라도 대서 토니에게 서로 말을 붙이려고 했다. 토니가 빠진다면 애초에 파티를 하는 의미가 없었다. 제이슨은 그다음으로 션을 초대했다. 션은 청소년기를 여드름 하나 없이 지나가는 것 같은 아이였다. 제이슨은 폐점을 알리는 마지막 방송이 나갈 때까지 거의 모두를 초대했다. 사람들이 퇴근 준비를 하는 사이 샌드라가 안내 데스크의 소년에게 와서 함께 파티에 가자고 제안했다. 소년은 놀라서 말이 나오지 않았다. 샌드라는 소년의 첫사랑이었다.

제이슨은 소년이 파티에 가겠다고 하자 특히 신이 난 모양이었다. 그는 소년을 가리키고 웃으면서 션에게 소리쳤다.

"오늘 파티에 누가 오게요!"

사실 그 소년은 나였다. 잘나가던 아이들, 제이슨, 토니, 션이 나를 자기들 무리에 끼워주려고 하던 그 순간이 아직도 생생히 기억난다. 드디어 나도 그들의 일원이 되리라고 느꼈다. 나의 간절한 바람과 달리 학교에서 인기 있었던 아이들이 같이 놀자고 불러준 적이 한 번도 없었다. 물론 그 아이들은 전부 나를 알고 있었지만.

나는 9학년 때 키가 140센티미터밖에 안 됐고 열여섯 살이 되어서도 150센티미터가 겨우 될까 말까 했던 데다가 대학교 2학년이 될 때까지 45킬로그램을 넘은 적이 없었다. 다섯 살 때부터 이중 초점 안경을 썼고, 모두가 학교를 빼먹고 해변으로 놀러나갈 때도 매일 꼬박꼬박 학교에 나가 개근상을 받았다. 또래 친구들에게는 이 상이 전혀 멋져 보이지 않았을 것이다. 그렇지만 그때 나는 인기 있는 아이들이 왜 나를 빼놓고 노는지 도무지 이해할 수가 없었다. 내가 생각할 때는 나도 그들만큼 멋졌기 때문이다.

그런데 드디어 나도 잘나가는 아이가 된 것이다. 션, 토니, 샌드라가 먼저 안쪽의 두꺼운 현관문을 통해 나갔다. 평소에는 자동으로 열리는 문이었지만 폐점 시간이어서 수동으로 열고 닫아야 했다. 이제 그들은 바깥쪽 정문을 열고 밖으로 나가 서 있었다. 제이슨은 나를 위해 안쪽 현관문을 열어놓고 기다리다가 우리 둘 다 문을 통과하고 나서 문을 잠 갔다. 그런데 바깥 정문으로 나가려는 찰나에 누군가 내 겨울 외투의 모 자를 홱 잡아채는 기분이 들었다. 무슨 일인지 깨닫기도 전에 제이슨은 나를 안쪽 현관문 쪽으로 밀쳤다. 나는 넋이 나간 채로 제이슨이 혼자서 바깥쪽 문으로 나가는 모습을 보았다. 바깥쪽 문이 닫히자 제이슨은 그 문도 잠갔다.

나는 어두운 매장 안으로 돌아갈 수도 없고 밖으로 나가지도 못한 채 문 사이에 갇혀버렸다. 션, 토니, 제이슨은 바깥쪽 문을 쿵쿵 치면서 웃 어댔다. 물론 나는 몇 초 동안 아무렇지 않은 척, 같이 장난치는 척을 하 려고 시도했다.

"그래, 하하. 이거 당했네."

하지만 몇 초가 몇 분이 되자 불안감은 점점 커져갔다. 그 아이들은 무릎을 굽혀 내 눈높이로 얼굴을 들이대더니 소리를 지르고 손가락질 을 하며 나를 놀렸다. 괜찮은 척하던 내 표정은 점점 구겨지기 시작했 다. 그들은 배를 잡고 웃어댔다. 유리문 너머로 조롱하는 얼굴을 만들어 보이는 제이슨의 눈을 들여다보던 기억이 난다. 난 너희를 친구라고 생 각했는데.

그 순간 유리문 밖을 바라보면서, 인기 있는 사람은 분명 인생이 훨 씬 더 편하고 쉽겠다고 생각했던 기억이 난다.

내가 지금 이 이야기를 털어놓는 이유는 뭘까? 그것은 내 경험이 그 렇게 특이한 것이 아니라는 사실을 알기 때문이다. 아마 많은 사람들이 혼자 남겨졌거나 거부당했다고 느꼈던 순간들을 겪어보았을 것이다. 오래된 기억들을 되짚어보라. 친하다고 생각했던 친구들이 나만 남겨두고 놀러나간 것을 뒤늦게 깨달았을 때 느꼈던 당황스러움, 서운함, 혼자 남겨졌다는 공포, 더 이상 같이 놀 친구가 없을지도 모른다는 불안, 막막함……. 이 모든 감정들이 지금도 생생하게 느껴지지 않는가?

우리는 이런 상처들을 기억 속에 묻어둔 채 어른이 된다. 그리고 '다른 사람들이 어떻게 평가하든 나는 소중한 존재다'라고 자신을 다독이며 남들의 평가나 인정에 연연해하지 않으려 노력한다. 물론 이것이 자기 자신을 사랑하고 행복해지는 방법이라는 사실은 우리 모두 알고 있다. 하지만 마음 깊은 곳에서는 사람들이 나를 더 좋아해준다면, 인기가 있다면 삶이 더 나아지리라는 생각을 끝내 버리지 못하고 있는 것도 사실이다. 다른 사람들이 모두 나에 대해 아주 좋게 생각한다면 더 자신감이 충만해지고, 스트레스를 덜 받고, 성공할 수 있을 것만 같다. 나 자신이 자랑스럽게 느껴질 것 같다. 최소한 우리 마음속에서는 그렇다.

당신은 그렇게 생각하지 않는다고? 학교나 회사, 동아리, 친구들 모임 등 어떤 곳에서든 모든 사람과 친구가 되고, 사람들이 그를 너무나 좋아해서 하는 일마다 술술 풀리는 사람을 보며 질투 섞인 눈초리를 보낸 적이 정말 없는가? '아니, 도대체 사람들은 저 사람을 왜 저렇게 좋아하지? 비결이 뭐지?'라고 궁금해한 적이 없는가? 친구들에게 등 떠밀려 SNS에 가입했는데 나도 모르게 '좋아요' 수가 신경이 쓰여서 해시태그를 더 달아볼까 고민한 적이 한 번이라도 있지 않은가? 솔직해지자. 인간은 누구나 인기를 원한다.

흔히 '인기'라는 말은 텔레비전에 나오는 유명한 스타나 셀러브리티 같은 소수의 사람만이 독차지하는 특별한 왕관으로 받아들여지곤 하는데 이것이 인기의 전부는 아니다. 물론 그런 속성도 포함하고 있지만 근본적으로는 '더 많은 사람들이 나를 좋아하고, 인정해주고, 관심을 가져주고, 알아봐주었으면 좋겠다는 욕망'을 밑바탕에 깔고 있다.

그렇기 때문에 인기는 아주 평범한 사람에게도 결코 먼 개념이 아니다. 인기가 없다는 것은 많은 사람들에게 가장 심각한 두려움을 의미한다. 우리는 결국 혼자가 되거나, 배척당하거나, 다른 사람들의 관심이나 지지를 잃거나, 사랑받지 못할까 봐 두려워한다. 무언가를 지나치게 걱정하거나, 과민반응하거나, 우리를 순간적으로 행복하게 해주지만 건전하지는 않은 수단에 유혹당하는 순간들에는 이런 걱정들이 어느 정도씩 깔려 있다. 최근에 특히 속상했던 일을 떠올려보라. 그 일이 왜 그렇게 고통스러웠는지 깊이 생각해본다면, 사람들이 나를 좋아하지 않을 것 같다는 두려움 때문이었다는 것을 깨달을 가능성이 높다.

그렇다. 인기는 어린 시절은 물론이고 오늘 회의에서 제안서를 통과시킬 수 있을지, 소개팅에서 좋은 인상을 줄 수 있을지 고민하고 있는 현재에 이르기까지 우리 삶에 어마어마한 영향력을 미치고 있다.

당신은 아침마다 출근할 때 즐거운가, 두려운가? 인간관계에서 충만함을 느끼는가, 매번 갈등이 생겨 어려움을 겪는가? 사랑하는 사람과 함께 있어도 언제 거부당할지 모른다는 생각에 불안해진 적이 있는가? 자신이 사회에서 가치 있게 여겨지는 구성원이라고 느끼는가?

이 모든 질문에 대한 답은 내가 어디에서든 환영받고 관심을 받는 사람인지, 그리고 스스로 그런 사람이라고 느끼고 있는지와 깊은 관련이 있다. 그런데 안타깝게도 많은 사람들이 나는 인기 있는 사람이 될 수 없다며 낙담하고, 인기를 얻고 싶다는 일념 하나로 엉뚱한 목표를 추구하며 바보 같은 행동을 하곤 한다. 이 오랜 갈망은 각자의 삶에 아주 미세하고 폭넓게, 지속적으로 영향을 미친다. 처음 만난 사람에게 어떻게 인사를 건네서 좋은 인상을 남길 것인지와 같은 아주 사소한 문제에만 해당하는 문제가 아니다. 각자가 내리는 중대한 결정, 인간관계의 유형, 자녀 양육 방식에 이르기까지 삶의 모든 영역을 바꾸어놓는다. 자칫하면 이런 갈망은 우리를 불행으로 몰아넣을 수도 있다.

이 책을 통해 내가 말하고자 하는 것은 인기가 일종의 역설이라는 것이다. 다시 말하면, 인기를 얻으려는 욕망은 타고난 인간의 본성이지만 그렇다고 해서 인기가 항상 좋은 것만은 아니라는 말이다. 인기가 있다고 반드시 더 행복하지는 않다. 또한 어린 시절 인기가 없었고 환영받기보다는 거부당한 기억이 더 많은 사람이라고 할지라도 좌절하거나 포기할 필요가 없다. 과거는 과거일 뿐 미래는 달라질 수 있기 때문이다. 실제로 과거에 인기가 있었다고 하더라도 더 이상 행복에 도움이 되지 않는 행동 패턴을 반복해서 예상치 못한 미래를 마주한 사람도 많다. 인기가 우리의 생각과 인간관계에 어떤 영향을 미치는지 정확히 알고 있을수록 과거에 경험한 악순환의 고리를 끊고 의미 있고 만족스러운 인간관계를 맺을 수 있다.

우리는 행복해질 수 있는 진정한 기회를 내던지고 있다는 것을 모르고 권력과 영향력, 인기를 얻는 데 도움이 된다고 생각하는 결정을 내릴 때가 많다. 그뿐인가. 상대방의 마음을 얻을 수 있는 최선의 방법이 뭔지 제대로 알지 못한 채 혼자 애를 쓰다 매번 상처받는다. 그런 실수와 시행착오를 줄이고, 중요한 결정을 내릴 때마다 현명한 선택을 하고 싶은 사람들에게 이 책이 도움이 될 수 있다면 좋겠다.

미치 프린스틴

차 례

PART 1

놀라운 방식으로
인생을 변화시키는
인기의 힘
—

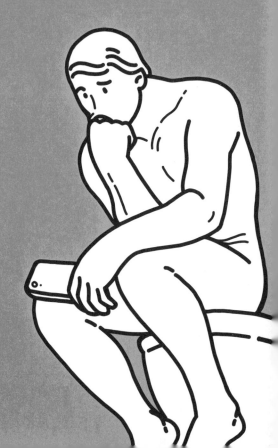

CHAPTER 1

사람들은 왜
저 사람만 좋아하지?

—

행복해지기 위해서는 글을 쓰고 계산하는 법,
논리적으로 말하는 법만큼 다른 사람들과
좋은 관계를 맺는 능력도 매우 중요하다.
그러나 평소에 이 능력을 제대로 배우지 못했다면
왜 주변 사람들과 잘 어울리지 못하는지
이해하지 못한 채 평생 고생하게 된다.

10월의 어떤 화요일 저녁, 짧은 치마를 입은 한 여자가 아동용 의자에 우아하게 앉으려고 애를 쓰고 있었다. 이 여자는 내 대학 친구인 폴라로, 아들이 다니는 중학교 이사회에 참석한 참이었다.

폴라가 그 회의에 참석한 것은 영재교육 프로그램을 부활시킬 자금을 유치하기 위해서였다. 6개월 동안의 노력에도 아무런 진전이 없자 그녀는 더 이상 참을 수가 없었다. 이 회의에서는 반드시 결론을 내겠다는 각오로 논리적인 제안서를 쓰고, 예산을 짜고, 인근 지역의 비슷한 프로그램에서 자료를 모으고, 몇몇 교사에게 자신의 주장을 뒷받침해 달라고 부탁하기까지 했다.

폴라는 이렇게 주장했다.

"더 좋은 영재교육 프로그램이 있으면 지역 사립학교에 아이를 보내는 부모가 줄어들겠죠. 학교에 영재교육을 받는 학생들이 있으면 시험

성적도 올라갈 테고 정부 보조금도 3년 전에 받던 수준으로 되돌릴 수 있을 거예요. 이 프로그램은 반드시 투자한 만큼 이득이 된다고요."

하지만 전 달에도 이사회에서는 영재 프로그램 대신 교직원 휴게실에 예산을 배정했다.

며칠 후 나는 폴라에게 연락해서 회의가 어떻게 되었는지 물었다. 폴라의 말로는 회의가 시작되기 직전에 수전이라는 여자가 나타났다고 했다.

"새 버킨백을 자랑하려던 모양인지, 그 여자가 걸어 들어오더니 회의실을 쭉 둘러보는 거야. 우리가 자기 발 앞에 장미꽃이라도 던져줘야 한다는 듯이 말이야."

수전이 학교 이사회에 나타난 것은 처음이었다. 회의실에 있던 몇몇 부모들이 그녀를 보고 열심히 손을 흔들었다. 한 여자는 수전을 보자마자 달려가 그녀를 한 번 껴안더니 소리쳤다.

"어머나, 이게 얼마만이에요. 밀린 얘기가 너무 많아요!"

폴라는 이렇게 말했다.

"으, 죄다 그 여자한테 얼마나 알랑거리는지 짜증이 나더라고. 하지만 나도 한 번 안아주기는 했지."

회의가 시작되자 의장은 학교가 지역 내에서 화제를 불러일으킬 만한 아이디어를 내달라고 요청했다. 수전이 일어나 사람들에게 말했다.

"어떻게 하면 학교를 더 우수한 곳으로 만들지 생각해볼 필요가 있다는 데 동의해요. 지난주에 여동생을 만나러 미시간주에 갔는데, 조카가 다니는 중학교에서 영재교육 프로그램에 참여하는 학생들이 과학 경시대회 상을 받았더라고요. 나중에는 이 일이 신문에 났고, 경시대회를 후원한 제약 회사에서 학교에 큰돈을 기부했대요. 우리 학교라고 왜 못하겠어요? 우린 영재교육 프로그램이 있기나 한가요?"

30분도 안 되어 이사회는 투표를 통해 영재교육 프로그램에 자금을 지원하는 데 찬성했다. 폴라는 기쁘기도 했고 미친 듯이 화가 나기도 했다. 아이들에게는 좋은 소식이었지만 자기가 6개월이나 애를 써도 해내지 못한 일을 수전이 단 몇 분 만에 해냈기 때문이었다. 수전은 딱히 참신한 주장을 하거나 학교 지원금 동향에 관한 연구를 소개하지도 않았다. 하지만 어쨌든 그녀의 생각은 사람들에게 관심을 받았다. 폴라는 투덜거렸다.

"다들 항상 그 여자가 원하는 대로 해주려고 안달이라니까. 가끔은 더 못 봐주겠어."

조는 이름난 대학의 교수다. 그는 10년째 재직 중이지만 다음번 승진 대상자로 정해져 있지는 않았다. 조의 선배 교수인 프랭클린은 그보다 3년 더 같은 직위에 있었고 과학 출판물 기록도 조보다 훨씬 더 우수했다. 작년 한 해만 해도 권위 있는 연구 보조금을 받았고, 최고 수준의 학술지에서 그의 논문이 권두 논문으로 선정되어 실렸다. 이것은 그의 연구가 해당 분야에서 매우 중요한 영향력을 발휘한다는 의미였다. 조역시 논문을 발표하기는 했지만 프랭클린에 비하면 수준이 훨씬 떨어지는 학술지에서였고 보조금을 받은 적도 없었다.

하지만 사람들은 모두 조를 매우 좋아한다. 그는 교수 회의에서 늘 재미있는 의견을 내놓고, 학부 건물을 돌아다니면서 활기차게 이야기를 나누며, 학부 내에서 어떤 의견이 나오더라도 늘 열린 마음으로 대한다. 사람들은 조를 보면 반사적으로 미소를 짓는다.

하지만 프랭클린은 이와 다르다. 사실 쉽게 논쟁을 일으키는 성격 때문에 학부 내에서 그의 이름이 하나의 표현으로 쓰이게 되었을 정도다. "이 의견을 합의된 의제에 넣어서, 여기에 대해 프랭클린하는 사람이 없도록 합시다"라는 식으로 말이다.

한번은 해당 학부에서 부전공 인정 요건으로 두 가지 과목 중 어떤 것을 선정해야 할지가 교수 회의 안건에 부쳐진 일이 있었다. 위원회에서는 지난 석 달간 이 제안을 검토한 뒤 각 과목을 선택할 경우의 장단점을 정리하여 교수들이 질의응답을 할 수 있는 시간을 마련했다. 프랭클린의 손이 올라가자 다른 교수들은 의자에 앉은 채 몸을 뒤틀고 그의 눈을 피했다. 프랭클린이 입을 열었다.

"애초에 우리가 부전공을 왜 인정하려고 하는지도 모르겠고요, 직원들은 물론이고 우리한테도 부담을 주는 엄청난 시간 낭비라고 제가 몇 년 동안이나 말했잖습니까. 지난주에 이 일에 대해서 학생들과 세 시간 동안 회의를 했는데, 우리 과에 부전공 제도가 왜 있는지조차 도통 알 수가 없네요. 우리 학부엔 전공 하나면 충분하지 않습니까!"

끙 하는 소리가 회의실 안에 가득했다. 교수들은 죄다 고개를 숙이고 휴대전화로 무언가를 확인하는 척했다. 불편한 적막의 순간이 지난 후 의장은 다른 의견이 없는지 물었다. 몇몇 사람들이 위원회의 노고를 칭찬하면서 전공 요건에 들어가야 할 과목과 명확한 이유를 밝혔다. 금세 합의점이 분명해졌고 둘러앉은 사람들은 열심히 고개를 끄덕였다.

하지만 이것을 인정할 수 없었던 프랭클린은 다음 발언자의 말을 끊고 끼어들었다.

"이보세요, 내가 보기에 이건 엄청난 실수란 말입니다. 다들 더 늦기 전에 이 부전공 건을 중단했어야 했다고 생각하게 될 거요."

그는 보란 듯이 아이패드를 집어 들고 나가더니 회의가 끝날 때까지 돌아오지 않았다.

2주 후, 조와 프랭클린의 바로 윗자리인 선임 교수 선발 심의가 시작되었다. 여기서 승진한 사람은 조였다.

성공한 통계학자인 제니퍼는 연방정부의 자금을 지원받아 새로운 항암제를 시험하는 연구소에서 일하고 있다. 그녀는 서른다섯의 나이에 벌써 팀장이 되었고, 전국통계전문가협회에서도 회장을 맡고 있으며, 전문가로서 백악관에 초빙되기도 했다. 그뿐 아니라 암 전문의인 배우자와도 15년째 깊은 사랑을 나누고 있다.

하지만 제니퍼는 행복하지 않다. 사실 그녀는 자신이 싫어질 때가 많다. 분명 일은 잘 해내고 있지만 동료들에 비해 어딘가 부족하다는 느낌을 떨쳐낼 수가 없다. 이런 의기소침한 기분은 인간관계에도 영향을 미친다. 제니퍼의 배우자는 그녀를 얼마나 사랑하는지 자주 말해주지만 제니퍼는 늘 평가받고 비난받는 기분을 느낀다. 친구나 직장 동료들과 함께 있을 때에도 모두가 자기를 빼놓고 일정을 짠다는 것을 알고 있다.

그녀는 종종 이렇게 생각한다.

'다들 나보다 딱히 나은 것도 없으면서 잘난 척하기는.'

그러던 중 제니퍼는 노스캐롤라이나의 연구 센터에서 많은 사람들의 관심을 모은 신규 보조금을 받고 팀을 이끌게 되어 뛸 듯이 기뻤다. 그녀는 이참에 이사를 가기로 결심했다. 그녀가 고른 마을은 고풍스런 광장을 주택들이 둘러싸고 있었고, 광장은 친근한 교류의 중심지인 인심 좋은 동네였다.[1] 매달 첫째 주 수요일에는 지역 주민들이 후원하는 강아지 퍼레이드가 열렸고, 금요일 저녁이면 광장 가운데의 잔디밭에 사람들이 모여들어 영화를 보고 함께 야외 소풍을 즐겼다. 제니퍼는 '여기야말로 마음이 편해지는 곳이구나'라고 생각했다.

하지만 이곳에서 6년을 지낸 후에도 제니퍼에게는 크게 달라진 점이 없었다. 여전히 동료들이 친목 모임을 계획하는 이야기가 들려왔지만 그녀는 초대받지 못했다. 영화 보는 날 저녁 잔디밭에 가면 모두가 자신보다 그녀의 배우자와 더 많은 이야기를 한다는 데 화가 났다. 특히 매일 아침 그녀의 집 바로 앞에서 이런저런 이야기를 나누는 이웃들의 모습을 볼 때마다 짜증이 치밀었다.

언젠가 그녀는 나에게 이렇게 말한 적이 있다.

"내가 그 사람들한테 뭘 어떻게 했는지는 모르겠지만 나한테는 달리기하러 가자거나 요가를 하러 가자거나, 뭔가를 같이 하자고 한 적이 한 번도 없어요. 내가 바로 옆에 서 있는데도 말이에요!"

마흔여섯 살인 앨런은 서니빌 시내에 아주 멋진 사무실이 있지만 일주일 내내 책상 앞에 붙어 있지는 않았다. 그는 가끔 단골 동네 식당에 가서 탁자 옆 커다란 창으로 바깥이 보이는 구석자리에 앉아 있는 걸 좋아했다.

그날 오후, 그는 자기가 좋아하는 식당 구석자리에 앉아 옆 탁자에까지 서류철이며 메모지를 잔뜩 펼쳐놓고 서류 위에 빈 커피잔을 군데군데 올려놓고 있었다. 그러나 식당의 그 누구도 개의치 않는 듯했다.

웨이트리스인 라티샤는 교대 근무를 시작하면서 앨런에게 손을 흔들었다. 앨런이 소리쳤다.

"당신을 봐야 하루가 시작되는 것 같다니까요!"

라티샤는 장난스럽게 행주로 얼굴을 가리며 웃었다.

최근 남편과 별거를 시작한 주인 도나가 자리로 오자 앨런은 두 손으로 그녀의 손을 잡고 물었다.

"요즘 좀 어때요, 지낼 만해요?"

요리사도 식당 안쪽으로 걸어오다 가볍게 웃으며 눈인사를 건넸다. 앨런은 입 속 가득 파이를 우물거리며 말했다.

"오늘 파이 끝내주네요!"

오후 5시쯤, 전에 일하던 부동산 회사 동료인 마이크가 앨런에게 농담을 던지며 알은체를 했다.

"어이, 여기다 아주 살림을 차렸네. 부동산 개발 제안하러 왔지?"

"응. 시내 북쪽에. 한 1만 평은 더 되지. 복합 용도 개발이랑 호텔 한 채 정도야."

앨런은 자신의 계획을 구체적으로 설명하기 시작했다. 마이크는 눈 한 번 깜빡이지 않고 앨런의 계획을 듣더니 마침내 고개를 저었다.

"자네, 겁도 없네. 북쪽이라고? 진심이야? 이 서니빌에서? 우리가 작년에 거기 들어가려고 했다가 막힌 거 알잖아. '우리 세대가 있는 한 그 지역이 개발될 일은 절대 없을 겁니다.' 이러더라고. 행운을 비네. 운이 좋아야 할 테니까!"

시의회를 대상으로 한 앨런의 설명회는 세 시간이 넘도록 계속되었다. 설명회 내내 그리 희망적인 분위기는 아니었다. 발표를 시작한 지 15분 만에 의원 두 명이 앨런의 말을 끊더니 대뜸 의회에서는 그 사업을 지지할 수 없다고 말했다.

하지만 앨런은 기록 보관소에서 가져온 그래프와 기록들, 전에 개발한 근처 지역 전문가들의 증언들을 근거로 들며 버텼다. 이 전문가들은 앨런의 성공적인 실적에 대해 기꺼이 언급해줄 사람들이었다. 그는 전반적으로 끈기 있되 방어적이지 않으며 변함없이 열정적인 태도로 자세한 계획을 설명했다. 사업 예산에 대한 견적이 논쟁거리가 되자 그는 미소를 짓고 한 발 물러선 다음 자신이 계산한 비용들을 질문자에게 차근차근 이해시켰다. 이의를 제기하는 의견이 나오면 때로는 단호하지만 허심탄회하게 반론을 펼치기도 했고, 때로는 농담을 던지며 동의하기도 했다.

오후 9시가 되자 설명회에 참석한 주민들에게서 질문을 받기 시작했다. 한 주민이 개발 제안에 비판적인 발언을 하며 앨런을 향해 큰 소리로 욕설을 했다. 앨런은 그것을 대수롭지 않게 넘겼다. 다른 주민들의 칭찬에는 겸손한 태도로 대응했고, 보기에 부끄러울 만큼 이해하기 힘든 질문을 한 사람들에게는 더 이상 품위를 잃지 않게 해주었다. 드디어

30분 동안의 논의가 끝나고 표결이 시작되었다.

앨런의 제안은 만장일치로 통과되었다. 지켜보던 사람들은 그의 경력에서 가장 큰 거래를 성사한 앨런에게 박수를 보냈고 축하의 뜻으로 악수를 청했다. 자신이 사는 지역에서 곧 일어날 변화에 많은 사람들이 들뜬 모습이었다. 그런데 재미있게도 그들은 사업 제안보다 앨런이라는 사람 자체를 더 응원하고 지지하는 듯했다.

모두가 떠난 후에도 앨런은 반쯤 얼이 빠진 채 잠시 그대로 앉아 있었다. 이때 회의를 처음부터 끝까지 지켜본 마이크가 다가와 축하 인사를 건넸다.

앨런이 말했다.

"이 옛날 기록들을 가져오길 잘했지. 아마 그 덕분에 통과된 것 같아."

마이크는 고개를 저으며 친구의 등을 두드렸다.

"기록 덕분이 아니야. 전문가 덕분도 아니고. 우리도 작년에 전부 다 해봤지만 단 한 가지 제안에도 찬성을 안 해줬거든. 이건 자네 덕분이야. 이 사람들은 사업 계획이 아니라 자네한테 투표한 거라고."

● 2001년 예일 대학교에서 벌어진 일

누구나 이런 이야기를 한번쯤은 들어보았을 것이다. 동료나 이웃 중에는 아무리 생각해봐도 특별한 이유는 없는 것 같은데 계속 성공하는 사람들이 꼭 있고, 반대로 아무리 애를 써도 일이 잘 풀리지 않는 사람들이 있다. 또한 어떤 상황에서든 소외되었다고 느끼는 사람들이 있는 반면 신기하게도 늘 자신감 넘치고 사람들과 잘 어울리는 사람들이 있다.

당신은 친구가 얼마나 많은지, 친구들이 나를 얼마나 좋아하는지가 제일 중요했던 어린 시절에서 완전히 벗어났다고 생각할지 모른다. 그러나 인기는 어른들의 운동장에서도 여전히 큰 부분을 차지한다. 대놓고 말하는 사람은 없지만 삶을 크게 좌우하는 요소는 바로 인기다. 즉 얼마나 많은 사람들에게 호감을 사고 지지를 얻는가는 직장 생활과 업무 목표 성취, 개인적 인간관계나 업무상의 관계, 궁극적으로는 행복에도 영향을 미친다.

성인이 되어서도 인기가 중요하다는 사실은 나 역시 미처 깨닫지 못했다. 내가 예일 대학교에서 학생들을 가르치기 전까지는 말이다.

2001년 8월, 예일 대학교 캠퍼스에서 이상한 일이 일어나고 있었다. 심리학과 교수로 들어간 지 얼마 안 된 나는 아동과 청소년들 사이의 인기를 주제로 첫 강의를 하려던 참이었다. 당시 예일대에는 사전 수강 등록 제도가 없었기 때문에 첫날 강의에 들어오는 사람은 누구나 수강 신청을 할 수 있었다. 이 수업에는 학생이 35명 정도 신청할 것으로 예상되어 중앙 강의동의 작은 강의실이 배정되었다.

하지만 건물에 다가가보니 강의동 남쪽에 학생들이 무리지어 모여 있었다. 나는 소방 훈련 중인가 싶어 잠시 어슬렁거리다가 학생들과 이런저런 이야기를 나누기 시작했다. 하지만 곧 화재 경보가 울리지 않았다는 사실을 알게 되었다. 이 학생들은 전부 내 강의를 기다리고 있었다.

나는 건물 바깥에서 복도를 지나 계단까지 꽉 들어찬 인파를 헤치고 마침내 내 작은 강의실에 도착했다. 그러는 내내 계속 의문이 들었다. 정말로 이 사람들이 다 인기에 대해 배우려고 여기 온 건가? 다음 수업 때는 교무과장이 구내에서 사용할 수 있는 가장 큰 공간인 로스쿨 대강당을 배정해주었고, 첫 주 만에 전체 학부생의 10분의 1에 해당하는 550명 이상의 학생들이 수강 신청을 했다. 그 학기에 수업을 진행하는 동안 나는 학교 행정 관리자들과 전국 청소년 조직의 과학 자문위원, ABC 뉴스에서 연락을 받았다. '인기'라는 단어가 그야말로 인기를 얻어 화제로 떠올랐다. 하지만, 왜? 도대체 왜 이렇게 많은 학생들이 이 수업에 관심을 가진 것일까?

처음에는 그 엄청난 인원의 수강 신청에 대해 대부분 비슷한 반응을 보였다. 동료 교수들은 이런 식으로 말하기도 했다.

"당연히 그렇게 모여들 수밖에 없지. 여긴 예일대야. 고등학교 시절에 괴롭힘당하고 잔뜩 겁먹은 학생들이 모인 곳이라고. 그 학생들이 죄다 사교 기술을 배우려고 자네 수업에 들어간 거야."

하지만 이 설명은 전혀 들어맞지 않았다. 수업에 들어온 학생들은 어마어마하게 다양했다. 그중에는 분명 어린 시절 또래 사이에서 거부당한 사람도 있었겠지만 폭발적인 인기를 누렸던 학생들도 있었다. 상원의원이나 정부 관계자의 자녀도 있었고, 학교 소속 운동선수들도 있었다. 한 학생은 영화배우였고, 이미 세계를 누비던 음악 신동들도 있었으며, 여름 동안 백악관에서 인턴으로 활동한 학생들도 있었다. 이 집단은 미래의 의사, 변호사, 과학자, 정치가, 경제학자, 《포춘*Fortune*》선정 500대 CEO들의 모임이었다. 한 학생은 베스트셀러 작가가 되었고 또한 학생은 로즈 장학생이 되었다.

한번은 학기 중에 학생들에게 물었다.

"다들 여기서 뭘 하고 있는 건가?"

이들은 운동장과 학교 식당을 떠난 지 한참 되었지만 인기가 막강한 영향력을 미치는 세계를 떠나본 적이 없다고 했다. 여름 인턴 활동을 하는 동안 중역 회의실에서, 수술실에서, 강의실에서 인기가 작용하는 것을 보았다. 농구 선수들은 경기장에서, 법률 보좌관들은 법정에서 인기가 어떤 차이를 만들어내는지 보았다고 말했다. 심지어 의회에서 근무했던 학생들도 정부의 입법 결정에 인기가 어떤 영향을 미치는지 알게 되었다.

그런데 학생들은 대부분 자신의 삶과 인기의 질긴 관계를 이미 예감하고 있었다. 어린 시절 인기가 많았든 인기가 없는 괴로움을 견뎌야 했든, 아마 앞으로도 그때와 비슷하게 인기를 경험하고 같은 영향을 받게 되리라는 사실을 알고 있었다. 매우 현실적인 의미에서, 인기와 관련된 경험은 늘 사람들의 마음속에 자리 잡고 있다. 사실 우리는 어린 시절의 학교를 떠난 적이 없는 셈이다.

몇 년 후, 나는 예일 대학교에서 인기에 관한 첫 수업을 들은 학생들이 성인이 되어 겪은 삶에서도 여전히 인기가 중요했는지 궁금해졌다. 누구에게 전화해야 할지는 고민할 필요도 없었다.

그 수백 명의 수강생 중에서도 대니얼 클레멘스Daniel Clemens는 단연 눈에 띄는 학생이었다. 누구나 그를 알고, 존경하고, 좋아했다. 교수든 학생이든 학교에 있는 사람들은 대니얼의 이름만 들어도 미소를 띠는 듯했다. 전국 순위권에 드는 올 아메리칸 테니스 선수이자 고등학교에서 최우수학생이었던 대니얼은 예일대의 여느 학생들처럼 입학할 때부터 훌륭한 학생이었다. 하지만 이 놀라운 집단 안에서도 그에게는 뚜렷이 구별되는 점이 있었다. 대니얼은 유독 친절하고 정중했으며 늘 긍정적이고 에너지가 넘쳤을 뿐만 아니라 또래 사이에서 독보적으로 세련되고 멋진 학생으로 통했다. 그는 내 강의에서 가장 인기 있는 학생이었다.

이제 30대가 된 대니얼은 누구나 예상하는 대로 배려 있고 겸손하며 호감 가는 사람이 되었다. 대략 10년이 지나는 동안 그는 수백만 달러 규모의 사업체를 설립하고 매각했다.[2] 당신이 구글 문서 도구를 사용한 적이 있다면 대니얼에게도 고마워할 수 있을 것이다. 그의 회사가 이 프로그램의 동시 작업 기능을 만드는 데 참여한 업체 중 하나였기 때문이다. 지금 대니얼은 전 세계의 수많은 CEO와 기업가들 사이에서 인기 있는 투자자이자 이사회 자문 역할을 하고 있다. 그뿐 아니라 전직 미국 대통령, 국회의원, 총리, 구글이나 애플과 같은 세계 유명 브랜드의 CEO들과 개인적으로 가깝게 지낸다.

대니얼은 인기가 어른들의 운동장에서 매우 큰 부분을 차지하고 심지어는 전 세계 기업들의 혁신과 생산성에 영향을 미친다고 믿는다. 그는 거의 매일 일터에서 청소년기 특유의 분위기를 감지하고 내 수업을 떠올리게 된다고 말한다. 그것은 모든 회의와 모든 결정이 내려지는 과정에 영향을 준다.

대니얼은 이렇게 설명한다.

"말하자면 이런 거예요. 회의가 끝나면 모든 사람들이 정수기 근처에 두세 명씩 모여 있어요. 거기서는 사람들이 진짜로 무슨 생각을 했는지 듣게 되죠. 그건 회의에서 전혀 나오지 않은 얘기들이에요. 그 엄청난 차이는 항상 놀라워요. 도대체 왜 그런 차이가 생기는 건지 궁금해요."

대니얼이 생각하기에 사업체는 인기를 얻고 싶다는 욕망 혹은 인기를 잃을지도 모른다는 두려움 때문에 효율적인 의사결정에 방해를 받는다.

"사람들은 지위를 잃거나 미움받고 싶어 하지 않아요. 회사에서 어떤 규범이 세워지는 일이 많은데, 그럴 때 보통 사람들은 무리에 섞이고 남들을 따라가려고 하죠. 사람들은 자기 생각을 말하기 두려워해요. 주변 인들을 굉장히 신뢰할 수 있는 사람이라고 과대평가하죠. 이런 일들이 30대, 40대, 50대가 될 때까지 계속된다는 게 굉장히 재미있더라고요. 사람들은 나이가 들어도 또래나 주변 사람들에게서 인정받으려고 해요. 남들이 좋아해주기를 간절히 바라고, 그렇지 않다는 생각이 들면 며칠, 몇 달 동안 속상해하죠."

대니얼은 인기가 행복과도 밀접한 관련이 있다고 생각한다. 그는 구글에서 했던 연구를 하나 떠올렸다. 그 결과는 두 가지로 요약될 수 있었다. 조직에서 누가 행복하고 행복하지 않은지 예측할 때 임금 인상, 승진, 특진보다 더 정확히 예측하는 요소가 두 가지 있었다. 하나는 직원들이 관리자에게 건설적인 피드백을 얼마나 자주 받느냐는 문제와 관련이 있었다. 두 번째 요소는 자신을 좋아해주는 사람이 있다는 느낌, 그 느낌의 정도였다. 대니얼은 이렇게 말한다.

"조직을 성장하게 하고 사람들을 행복하게 하는 요소는 이렇게 사소하고 인간적인 것들이에요."

그는 또 이렇게 설명한다.

"재미있죠. 사람들은 글 쓰고 계산하는 법을 배우고, 과학을 아주 잘해야 하고 어릴 때부터 글을 읽을 줄 알아야 한다고 생각하잖아요. 하지만 다른 사람들과 좋은 관계를 맺는 능력도 성공하는 것만큼 중요해 보이는데 이런 건 정식으로 가르치지도, 배우지도 않아요. 보통 인간관계는 시행착오를 겪으면서 배우죠. 또래 아이들과 어떻게 어울리는지, 어떻게 해야 호감과 인기를 얻는지, 이런 것들 말이에요. 이걸 잘할 수 있는 사람이라면 좋겠죠. 하지만 그렇지 못한 사람들은 왜 주변 사람들과 잘 어울리지 못하는지 이해하지 못한 채 평생 고생하는 거에요."

인기는 우리가 매일 모든 사회적 상황에서 경험하는 삶의 일부다. 그리고 어떤 특정한 상황에서 인기를 경험하는 방식은 다른 모든 영역에서 타인과 교류하는 방식과 관련이 있기 마련이다.

하지만 주목할 점이 하나 있다. 대부분의 사람들은 인기에 두 가지 유형이 있다는 사실을 모른다. 하나는 우리에게 도움이 되는 것이고, 다른 하나는 우리를 어린 시절에 묶어두고 벗어나지 못하게 할 수 있고 그만큼 해로울 수도 있는 것이다. 그러나 우리는 고등학교 시절 이후 줄곧 자신이 어떤 유형의 인기를 원하는지에 대해 진지하게 고민해본 적이 없다.

CHAPTER 2

나 혼자 잘난 이슈메이커
VS
모두가 좋아하는 조용한 리더

—

사람들에게 인정받고 인기를 얻게 하는 요인들은
꽤 보편적이고 지속적이다.
요컨대 우리는 이런 요인들 때문에
평생 동안 반복해서 호감이나 미움을 살 수 있고,
이런 경향은 환경이 바뀌더라도 계속 지속된다.

때는 1840년대 초반, 비엔나 종합병원의 의사들은 걱정에 싸여 있었다. 무엇 때문인지는 몰라도 이 병원에서 아이를 낳은 수백 명의 산모들이 엄청난 고열에 시달리다 죽어갔기 때문이다. 열병은 의사들이 관리하는 병동에서 출산한 산모들에게서 가장 많이 발생했다. 조산사들이 일하는 제2병동에서 출산한 산모들은 생존율이 훨씬 높았다.

의사들은 의사와 조산사의 분만 업무, 각 병동의 분위기, 심지어 분만 중인 산모들의 자세까지 주시하여 두 병동의 차이를 철저히 분석했지만 확실한 요인을 밝혀내지 못했다. 의사 병동의 산모들은 계속해서 산욕열을 겪고 사망했다. 이런 일이 지속되자 비엔나의 임산부들은 조산사 병동으로 들어가게 해달라고 애원하기에 이르렀다. 심지어 길거리에서 출산하기로 하는 경우도 있었다. 놀랍게도 병원 밖에서 출산한 사람들조차 의료적 처치를 받은 사람들보다 살아남을 가능성이 높았다.

이 무렵 이그나즈 제멜바이스Ignaz Semmelweis라는 젊은 의사가 비엔나 종합병원에 들어왔다.[1] 부유한 가문 출신의 수련의였던 제멜바이스는 곧 수석 전공의로 뽑혔다. 그는 상류층 출신이라는 점과 의학적 지식, 실력에 힘입어 점점 동료와 상사들에게 높이 평가받게 되었다. 제멜바이스의 명성은 온 도시에 퍼졌고, 사람들은 단지 짧은 소견을 듣기 위해 그를 만나고 싶어 했다.

오래지 않아 제멜바이스는 영문 모를 사망 행렬의 원인을 설명하는 가설을 세웠다. 그는 산부인과 병동에서 일하는 의사들이 부검도 한다는 사실을 발견했다. 이 의사들은 대개 산욕열로 사망한 시신을 부검한 후 바로 분만 업무에 투입되었다. 제멜바이스는 산모들에게서 나타나는 산욕열이 어떤 식으로든 질병을 퍼뜨리는 '시체 입자' 때문에 발생한다는 가설을 세웠다.[2]

제멜바이스는 산부인과 병동 환자들의 감염을 줄이기 위해 동료들에게 부검 후 반드시 소독액으로 손을 씻고, 부검에 쓰인 의료 기구들을 소독할 것을 제안했다. 요컨대 제멜바이스는 오늘날까지 의료 행위의 지침이 되고 있는 세균 감염에 대한 이론을 개발한 셈이다. 그의 제안은 효과를 나타냈다. 산부인과 병동의 산모 사망률은 조산사 병동과 같은 1퍼센트대로 떨어졌다.

제멜바이스 박사는 영웅으로 칭송받았지만, 의학의 역사에는 사람들이 그를 딱히 좋아하지 않았다고 기록되어 있다. 미시간 대학교의 의학사 연구소 소장이자 교수인 하워드 마켈Howard Markel에 따르면 제멜바이스는 자신의 의견에 이의를 제기하면 그게 누구든, 병원에서 가장 영향력이 얼마나 있든 엄청나게 욕설을 퍼붓는 일이 잦았다고 한다.[3] 또한 자신에게 동의하지 않는 사람들을 공개적으로 질책했고,[4] 이의를 제기하는 사람들에게 대뜸 '살인자'라는 오명을 씌웠다고도 한다.

지지자들은 제멜바이스에게 연구 결과를 발표해서 널리 보급해야 한다고 오랜 세월 동안 설득했다. 하지만 그는 자신의 발견이 '자명한' 사실이고 '무식한' 사람들에게서 자신을 방어할 필요가 없다면서 지지자들의 제안을 거부했다. 10년을 거부한 끝에 마침내 출판한 연구 보고서에는 자신을 비판하는 사람들과 그들의 지능, 성품을 공격하는 적대적인 폭언이 가득했다. 제멜바이스는 동료들이 한정된 진실조차 이해하지 못하고 의학적 상태를 볼 줄 모르는 형편없는 관찰자[5]라고 치부했으며, 독일인들이 자신의 이론에 동의하지 않으므로 베를린의 산부인과에서 수련하는 것이 쓸모없는 일이라고 비난했다.[6]

제멜바이스 박사에게는 높은 지위와 영향력이 있었다. 사람들에게 존경과 칭송을 받은 유력한 인물이었다. 즉, 인기가 있었다. 하지만 그와 동시에 아주 못된 사람이기도 했기 때문에 많은 동료들에게 미움을 받았다.

● **"그 사람이 제일 잘나가지. 그런데 난 그 사람 싫어."**

그로부터 150년 후, 남부 코네티컷 교외에 있는 작은 고등학교 도서관에 세 소녀가 걸어 들어왔다. 아주 멋들어진 차림새였다. 아니, 열다섯 살 난 소녀들이 학교에 입고 오기에는 다소 도발적인 옷차림이었다. 손

바닥만 한 티셔츠, 짧은 치마, 느슨한 핑크색 양말에 어울리는 운동화까지. 소녀들의 등장은 거의 모든 사람들의 시선을 끌었다.

가장 키가 큰 알렉산드라가 첫 번째로 도서관에 들어왔고 두 친구는 몇 걸음 뒤에서 충실하게 따라왔다. 알렉산드라는 청소년 특유의 어설픈 느낌 없이 스타처럼 당당하게 움직였다. 책상 사이의 통로는 그녀의 무대였다. 알렉산드라는 어디랄 것도 없이 앞쪽에 시선을 고정한 채 꼿꼿한 자세로 거침없이 걸어갔다. 두 친구 중 한 명이 뭔가를 묻자 그쪽을 쳐다보지도 않고 대답했다. 가끔씩 한쪽을 흘깃 보거나 경이에 찬 눈으로 자신을 바라보는 반 친구에게 손을 흔들어주기도 했다.

알렉산드라가 도서관에 온 이유는 우리 연구실에서 진행하는 인기에 관한 연구에 참여하기 위해서였다. 이미 와 있던 다른 학생들은 알렉산드라가 조교에게 자신의 이름을 말하자마자 고개를 들어 그녀를 쳐다봤다.

한편 알렉산드라의 두 친구는 연구실 밖에 있는 의자에 앉아 주변의 서가를 멍하니 바라보고 있었다. 조교들이 가도 된다고 알려주자 그중 하나가 대답했다.

"아뇨, 우린 여기 있을 거예요. 알렉산드라랑 같이 왔거든요."

다른 친구가 자랑스럽게 말했다.

"네, 우린 걔랑 제일 친하니까요."

조교가 알렉산드라는 수업 시간 내내 여기 있어야 하니 점심이라도 먹고 오라고 해도 꼼짝하지 않았다.

조교가 설명했다.

"사실 우리 연구에서는 참가자들이 방해받지 않는 게 중요하거든. 괜찮다면 학교 식당에서 기다리면 안 될까?"

두 소녀는 기가 막힌 듯 눈알을 굴리며 몇 미터 떨어진 곳으로 의자를 끌고 가더니 다시 앉아서 귓속말을 시작했다.

우리가 사전에 조사한 자료에 따르면 알렉산드라는 10학년에서 가장 인기 있는 여학생이었다. 학교에서 가장 인기 있는 아이들이 누군지 물었을 때 거의 모든 참가자들이 가장 먼저 그 아이를 꼽았다.

하지만 알렉산드라는 가장 경멸받는 아이 중 하나이기도 했다. 남의 험담을 하고, 우정을 핑계로 못되게 굴고, 다른 친구들을 아예 상대해주지 않고, 뒤에서 상처 주는 말을 하는 사람으로 알렉산드라를 지목한 학생은 65퍼센트 정도였다. 10학년 중에서 이보다 많이 언급된 사람은 없었다. 반 친구들 중 절반 정도가 가장 좋아하지 않는 친구로 그녀를 골랐다.

실제로 알렉산드라를 기다리던 두 친구들마저 그녀에 대해 험담하는 소리를 들을 수 있었다.

"알렉스는 너무 잘난 척하지."

한 소녀가 말하자 다른 소녀가 맞장구쳤다.

"맞아. 이번 주말에 같이 쇼핑하기로 한 것도 가기 싫고 말이야."

호감을 얻지도 못하는 사람이 어떻게 인기가 있을 수 있을까? 이 말은 모순적으로 들린다.

하지만 '인기'에 대해 생각할 때, 우리는 곧바로 이그나즈 제멜바이스나 알렉산드라처럼 명성이 자자한 사람, 너무나 유명해서 누구나 아는 사람을 떠올리는 경향이 있다. 어린 시절 학교생활을 떠올리면 쉽다. 부모가 부자이거나 지역 유지인 아이들, 눈에 띄는 외모를 가진 치어리더나 운동선수들 말이다. 우리들, 즉 평범한 아이들은 그런 아이들이 싫으면서도 그들을 따라할 수밖에 없었다. 내가 고등학교에 다니던 시절에는 오션 퍼시픽 브랜드의 티셔츠를 입지 않는 아이가 없었고 모두가 듀란듀란Duran Duran의 최신 뮤직비디오에 대해 이야기했다. 인기 많은 아이들이 멋지다고 말했기 때문이었다. 그 아이들과 친하지 않았는데도 그랬다. 내가 좋아하는지는 중요하지 않았다.

이처럼 우리는 그리 좋아하지 않는 사람이더라도 인기 있는 사람이라고 생각할 수 있다. 그렇다면 도대체 '인기'는 무슨 의미일까?

이것은 놀라울 정도로 어려운 질문이다. 수십 년간 청소년 사이의 인기에 대해 연구한 캐나다 심리학자 빌 부코프스키Bill Bukowski는 '인기 있는popular'이라는 단어의 어원을 중세 프랑스어 populier와 라틴어 popularis에서 찾는다.[7] 이 단어들은 원래 '대중의of the people', '대중에게 인기 있는' 견해나 정치가를 가리킬 때 쓰는 말이었다. 따라서 '민중운동popular movement'은 지도자가 중심이 되었다기보다는 대중들 사이에서 일어난 운동이라는 뜻이다. '인기'라는 단어가 영어에 도입된 것은 16세기 무렵으로, 대중지popular press와 같이 서민이 이용하기 쉬운 가격이나 자원을 가리키는 말로 쓰였다.

그러나 지난 400년 동안 '인기'라는 단어의 의미에는 '높이 평가되고 선호되는 대상'이라는 의미가 섞이기 시작했다. 17세기부터는 널리 사용될 뿐만 아니라 좋게 평가받는 대상을 가리키는 말로도 쓰인 것이다.

오늘날 인터넷 어디에서나 볼 수 있는 '가장 인기 있는' 대상들의 목록을 보면 '인기'라는 단어가 위와 같은 쓰임새로 사용된다는 것을 알 수 있다. 이 목록에는 아기 이름, 휴가지, 개의 품종, 식단, 유튜브 영상, 주식, 아이스크림 맛 등 온갖 것들이 포함된다. 심지어 가장 인기 있는 노벨상 수상자, 성적 페티시, 가톨릭 성자, 고양이 이름의 목록도 있다. 이목록은 끝이 없다. 아마 가장 인기 있는 성적 페티시와 가톨릭 성자를 각각 꼽을 때의 기준은 매우 다를 것이다. 그렇다면 '인기'의 진짜 의미는 무엇이란 말인가?

많은 사람들에게 호의적으로 평가받는 대상이라는 의미로써 현대의 '인기'라는 개념은 생각보다 복잡하다. 어떤 대상에 대해 만족스럽게 느끼는 방식은 여러 가지가 있기 때문이다. 1600년대에도 인기는 '호감을 받는', '존경받는', '동경의 대상이 되는'이라는 다양한 의미를 내포했다. 요컨대 현재 사회과학 분야에서 연구되는 인기의 유형은 각각의 의미에 따라 다양하게 분류될 수 있다.

사회과학자들에 따르면 고등학교 시절의 인기라고 할 때 사람들이 흔히 떠올리는 것은 '지위status'에 더 가까운 개념이다. 지위는 눈에 띄는 정도, 주도권, 권한, 영향력을 나타낸다. 흥미롭게도 지위는 청소년기 이전에는 그리 뚜렷하게 나타나지 않지만 이후에는 평생에 걸쳐 중요한 영향을 미친다.

인기의 두 번째 유형은 '호감likability'을 반영한다. 사회과학에서 발견된 사실들에 따르면 우리가 정말로 신경 써야 하는 것이 바로 이런 유형의 인기다. 호감은 아주 어린 나이에도 이해할 수 있다. 네 살밖에 안 된 아이들도 가장 인기 있는 친구가 누구인지 정확하고 꽤 일관성 있게 말한다. 하지만 이 인기 있는 아이들이 꼭 입김이 세거나 지배적인 성격이거나 매우 눈에 띄는 것은 아니다. 그보다 이 아이들은 모두에게서 가장 호감을 받는 아이다. 호감은 평생 동안 우리의 삶과 밀접한 관계를 유지하며, 여러 유형의 인기 중 가장 강력한 영향력을 미친다.

● **사회관계 집단: 환경이 바뀌면 인기 있는 사람이 될 수 있을까?**

1982년, 듀크 대학교의 심리학자 존 코이John Coie는 오늘날 매우 중요한 연구로 평가받는 실험을 수행했다.[8] 이 연구는 아이들에게 반 친구들의 이름 목록을 주고 두 가지 간단한 질문을 던지는 것으로 시작했다.

"네가 가장 좋아하는 친구는 누구니?"

"네가 가장 좋아하지 않는 친구는 누구니?"

심리학자들은 이 절차를 사회관계 측정법sociometric assessment 혹은 교우관계 사정법이라고 한다. 실험 참가자들은 각각의 질문에 생각나는 사람을 원하는 만큼 언급할 수 있다.

코이와 당시 조수였던 켄 다지Ken Dodge, 하이드 코포텔리Heide Coppotelli는 500명 이상의 아동에게 이 두 개의 질문을 던졌다. 결과는 여러 가지 이유로 흥미로웠다. 첫째, 코이의 발견에 따르면 가장 호감을 많이 받은 아이들은 그만큼 미움도 많이 받는 경우가 있었다. 사실 호감과 비호감은 개별적인 관심의 척도다. 누구든 호감의 대상인 동시에 비호감의 대상이 될 수 있다. 마찬가지로 호감도 비호감도 받지 않을 수 있다.

둘째, 연구자들은 어떤 질문에서든 아이들마다 언급되는 횟수 자체가 매우 다르다는 점을 발견했다. 말하자면 반에서 특히 눈에 띄는 아이들이 있는 듯했다. 이런 아이들은 두 질문 모두의 답에 자주 등장했다. 그런가 하면 반대로 반 친구들에게 있는 듯 없는 듯 취급받는 아이들도 있었다.

아이들에게 이런 질문을 던지는 연구는 이전에도 있었다. 하지만 코이가 이끄는 연구팀은 아이들의 응답을 이용하여 처음으로 다섯 개의 범주를 만들어냈다. 이 '사회관계 집단sociometric groups'은 오늘날 인기의 다양한 측면에 대해 생각할 때 토대가 되는 분류법이다. 이들의 연구 결과는 전 세계의 아동과 성인을 대상으로 한 많은 연구를 통해 수없이 반복되어 나타났다.

코이가 분류한 집단은 가로세로 두 축으로 나뉘어진 사분면으로 나타낼 수 있다. 호감은 세로축에, 비호감은 가로축에 표시된다. 어떤 아이가 '가장 좋아하는 친구'로 자주 지목될수록 표의 위쪽에, '가장 좋아하지 않는 친구'로 자주 지목될수록 오른쪽에 위치하게 된다.

코이와 동료들은 유난히 많이 언급되거나 적게 언급되는 아이들이 있으며 그 정도에 따라 네 가지 집단 중 하나에 해당된다는 사실을 발견했다. 사분면의 왼쪽 위에 해당하는 아이들은 매우 호감을 받고 비호감을 사는 일이 적었다. 코이가 '인기 있는' 집단이라고 설명한 이 집단은 인정/수용형이라고 할 수 있다. 이런 아이들이 누리는 인기의 유형은 오직 호감에만 바탕을 두기 때문이다. 이와 반대로 오른쪽 아랫부분에 해당하는 아이들은 호감을 가장 적게 받고 많은 아이들에게서 비호

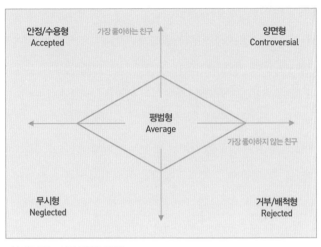

• 심리학자 존 코이의 사회관계 집단

감을 산 거부/배척형이었다. 어떤 식으로든 별로 언급되지 않고 잘 눈에 띄지 않은 아이들은 왼쪽 아랫부분에 해당하는 무시형이었다. 반면 오른쪽 윗부분에 해당하는 아이들은 거의 비슷한 정도로 많은 아이들에게 호감과 비호감의 대상이 되고 집단에서 가장 눈에 띈 양면형이었다. 이런 유형은 또래 아이들에게서 아주 호감을 사거나 미움을 받는다. 양면형은 상대적으로 드물고 사회관계 집단 중에서 이 유형에 해당하는 사람이 가장 적다. 인정/수용형, 거부/배척형, 무시형, 양면형을 모두 합한 수는 전체 아동 중 60퍼센트 정도였다.

코이는 나머지 참가자들을 평범형으로 분류했다. 단일 집단으로 보면 이 평범형이 가장 큰 집단이다. 다만 평범형에 해당하는 아이들은 특별히 많이 언급되거나 적게 언급되지는 않지만 다른 유형으로 변하기 쉬운 경향이 있다는 점에 주목할 필요가 있다.

물론 이런 분류법은 지나친 단순화로 보일 수도 있다. 특히 각자 자신의 요구에 맞게 환경을 변화시키려고 애쓰는 현대사회에서 누군가를 '거부/배척형'이나 '무시형'이라고 표현하는 것은 가혹해 보일지도 모른다. 게다가 이렇게 유형화한다면 사회관계 집단 분류법은 단지 한 아이가 특정한 또래 집단과 잘 맞거나 맞지 않는다기보다 그 아이의 특성 자체를 기술하는 셈이다. 무시형에 해당하는 아이가 평소와 다른 아이들과 어울린다면 더 호감을 살 수 있을까? 새로운 환경이 주어진다면 거부/배척형은 인기 있는 사람이 될 수 있을까?

이것이야말로 코이가 궁금해하던 점이었다. 그는 아이들이 새로운 환경에서도 같은 유형으로 분류될 것인지 알아보기 위한 후속 연구를 기획했다.[9] 일단 그는 놀이 집단 연구에 참가할 열 살짜리 아이들을 모집했다. 사실 이 집단은 무작위로 구성된 것이 아니었다. 각 집단에는 모두 다른 학교 출신이고 서로 모르는 사이인 네 명의 아이가 포함되었다. 이 아이들은 각각 자기 학교에서 인정/수용형, 거부/배척형, 무시형, 평범형에 해당되었다(양면형은 드물기 때문에 제외되었다).

아이들은 일주일에 한 시간씩 모여서 평소 수업 시간이나 휴식 시간에 하던 대로 함께 놀게 되었다. 먼저 어른이 지도하는 체계적인 활동을 한 다음 레고, 장난감 자동차, 펜, 종이 등을 가지고 자유롭게 노는 시간을 보냈다. 놀이 시간이 끝나면 연구자들이 티 나지 않게 아이들의 인기를 측정했는데, 이때 꽤 기발한 방법을 사용했다.

연구자들은 실험의 목적이 드러나지 않도록 주의하면서 참가자들을 한 명씩 집에 데려다주었다. 차를 타고 가는 동안 일단 아이의 관심사와 취미에 대해 일상적인 대화를 하다가 놀이 집단에서 가장 마음에 드는 아이가 누구였는지, 그다음으로 마음에 드는 아이가 누구였는지 물어보았다. 질문은 아이들의 이름이 언급되다 가장 마음에 들지 않는 아이가 나올 때까지 이어졌다.

첫 번째 주가 지난 후 코이와 대학원생 재니스 쿠퍼스미트Janis Kuper-smidt는 아이들의 대답을 바탕으로 한 자료를 조사했다. 이들은 아이들이 학교에서 얻는 호감의 정도와 낯선 놀이 집단에서 얻는 호감의 정도에 아무런 관계가 없다는 사실을 발견했다. 연구자들이 제공한 새로운 환경은 그야말로 새로운 출발의 기회였다. 같은 과정을 한 번 더 반복해도 결과는 마찬가지였다.

그러나 이 과정이 세 번째 반복되자 기존 집단과 놀이 집단에서 놀라울 정도로 유사한 점이 나타났다. 아이들의 인기도가 새로운 집단에서도 비슷하게 나타난 것이다. 즉, 인정/수용형인 아이가 다시 인기인이 되는 데는 단지 세 시간밖에 걸리지 않았다. 거부/배척형 아이들은 이번에도 가장 미움을 받았고, 무시형 아이들 역시 가장 호감이 가거나 덜 호감이 가는 대상으로 언급되는 일이 적었다. 이후 연구가 계속된 3주에 걸쳐 이 패턴은 더욱 강하게 나타났다.

이어진 연구에 따르면, 또래에서 인정받고 받아들여지게 하는 요인들은 꽤 보편적이고 지속적이다. 요컨대 우리는 이런 요인들 때문에 평생 동안 반복해서 호감이나 미움을 살 수 있고, 이런 경향은 환경이 바뀌더라도 계속 지속된다. 코이와 쿠퍼스미트가 처음 2주 동안 녹화한 영상을 다시 검토하면서 발견한 점은 새로운 놀이 집단에서 인정/수용형과 거부/배척형 아이들이 평범형과 무시형 아이들보다 연구 초기부터 훨씬 많이 말하기 시작했다는 사실이었다. 인정/수용형 아이들은 집단 내에서의 기준을 세우고 장난감을 더 재미있게 가지고 놀 기발한 생각들을 떠올리는 편이었다. 반면에 거부/배척형 아이들은 다른 아이들을 욕하고, 위협하고, 괴롭히고, 이래라저래라 하며 대장 노릇을 하는 경우가 많았다. 그뿐 아니라 어른이 지도하는 활동에 참여할 때도 지시를 따르지 않을 때가 가장 많았다. 아이들이 새로운 친구들 사이에서도 평소의 인기 수준을 그토록 빨리 회복한 것은 놀라운 일이 아니었다. 아이들은 원래 다니던 학교에서 호감이나 비호감을 얻은 방식 그대로 행동했다.

나도 이런 현상을 직접 목격할 기회가 생겼다. 인기에 관한 수업이 화제를 모으자 학기 중간쯤에 ABC 뉴스 제작자에게 전화가 왔다. 그는 코이와 쿠퍼스미트의 유명한 실험을 재현하고 싶어 했다. 제자들과 나는 지역 어린이집 학부모들에게 허락을 받아, 같은 반이 된 지 몇 달 안 된 세 살짜리 아이들의 영상을 찍었다. 코이의 연구팀과 똑같이 아이들에게 질문을 해보니 인정/수용형, 거부/배척형, 무시형, 평범형이 금세 드러났다. 우리는 같이 논 적이 없는 다른 반 아이들 중에서 각 사회관계 집단에 해당하는 아이들을 한 명씩 뽑아 학교 체육관에 모아놓았다. 그런 다음 몇 주 동안 계속 이들의 상호작용을 관찰하기 시작했다.

하지만 이번에는 아이들의 원래 인기 수준이 드러나는 데 30분밖에 걸리지 않았다. 한 시간도 채 안 되어, 인정/수용형으로 분류된 아이는 커다란 공을 가지고 노는 놀이를 주도하기 시작했고 거부/배척형으로 분류된 아이는 놀이에서 제외되었다. 나는 이 연구를 계속하지 않았지만 이 아이들을 몇 년에 걸쳐 지켜본 연구자들은 초등학교 때 각각의 유형으로 분류된 아이들 중 절반 이상이 5년 후 고등학교에서도 같은 집단에 해당되었다는 사실을 발견했다.[10] 심지어 전학을 가서 새로운 또래 집단에 들어갔을 때도 마찬가지였다.

어린 시절 경험하는 인기의 유형은 이후 평생 동안 지속되는 것일까? 대학에 가서 훨씬 성향이 비슷한, 적어도 지시를 따르는 능력과 학업 성취도가 비슷한 친구들에게 둘러싸이게 되면 인기의 정도를 초기화할 수 있다고 말하는 사람들도 있다. 10대가 되면 진로에 따라 여러 집단으로 나눠지는 유럽 여러 나라에서는 이런 일이 일어난다.

하지만 대학을 졸업하고 나면 대부분 자기 의사와 상관없이 형성되는 집단에 들어가게 된다. 즉, 친한 사이라거나 교육 수준이 비슷해서 혹은 가족 관계여서 형성된 집단이 아닌 전혀 다른 이유로 한데 모인 사람들과 동료가 된다. 이것은 마치 초등학교로 돌아가는 것과 다름없다. 자연스럽게 인정/수용형, 거부/배척형, 무시형, 양면형, 평범형으로 나눠지기 시작하기까지는 그리 오래 걸리지 않는다. 사람들은 어른이 된 후에도 어린 시절 속했던 사회관계 집단에 똑같이 속하게 되는 경우가 많다.

● 당신은 어떤 유형인가

세계적으로 인정받는 한 대형 기술 회사에 곧 구조 조정이 있으리라는 소식이 퍼진 것은 새해를 바로 앞둔 때였다. 연말까지 총 30퍼센트의 직원이 해고될 터였다. 이 소식이 발표되고 3주 후 4,500명의 직원들은 자신의 운명을 확인하는 날을 맞이했다.

직원들 가운데 빌리라는 남자가 있었다. 빌리는 5년 전쯤 하버드 대학원을 졸업하고 곧바로 이 회사에서 일하기 시작했고, 자신을 꼭 닮은 아들과 아내를 빼닮은 딸이 있었다. 이 가족은 바로 얼마 전 새 집을 사기로 결정했다. 구조 조정에 대해 미처 알지 못한 채, 해고되는 직원이 발표되는 다음 날로 계약일을 잡아놓은 상태였다.

빌리가 속한 팀은 개방된 사무실을 지향해서 해가 잘 드는 공간에 회의용 탁자들과 서서 일할 수 있는 책상을 두고 있고, 가슴 높이까지밖에 오지 않는 낮은 파티션이 설치되어 있다. 누구나 동료들의 대화를 들을 수 있고 누가 누구를 만나는지 모두 공개되어 있다. 학창 시절 구내식당에 있는 것과 다름없는 셈이다.

빌리는 보통 벽에 가깝고 주차장이 내다보이는 쪽에 자리를 잡는다. 하지만 어디에 앉아도 그가 일하는 곳 주변에는 늘 사람이 많다. 아침에 인사를 건네러 오고, 힘들었던 회의가 끝나면 빌리의 자리에 모여서 못다한 이야기를 나누려는 동료들로 북적인다. 점심을 먹으러 어디로 갈까 정하려고 오는 사람도 많다. 사무실에 잠깐 들르기만 하더라도 빌리가 거기서 가장 사랑받는 사람 중 하나라는 사실을 알게 될 것이다.

해고될 직원이 발표되는 날 아침, 빌리는 초조하게 자리에 앉아서 인사과 직원이 오기를 기다렸다. 일에 집중하려고 애썼지만 동료 직원들이 복도를 왔다 갔다 하며 수군거리는 소리를 못 들은 척할 수가 없었다. 동료들은 빌리가 자리에 있는 것을 발견하자마자 그의 예측을 궁금해하면서 책상을 둘러쌌다. 이야기를 나누느라 이후 한 시간 동안 아무도 일을 하지 못했다.

빌리의 건너편에 앉은 칼은 키가 크고 홀쭉한 40대 중반의 남성으로, 회사에서 일한 지 12년이 되었다. 칼은 수다 떠는 데 끼어들지 않았다. 사실 거의 입을 열지도 않았다. 빌리는 칼이 사무실의 '고개 숙인' 직원들 중 하나라고 묘사한다. 칼은 일을 꽤 잘하는 편이다. 늘 시간 안에 일을 꼼꼼히 마무리하지만 그것을 과시하지는 않는다. 주로 자기 자리에 있고 다른 사람들과 함께 점심을 먹는 일이 드물며, 회의 시간에는 늘 집중하면서도 참여는 거의 하지 않는다.

칼이 일하는 공간은 잘 정돈되어 있다. 책상에는 깔끔하게 정리된 서류철이 몇 개 꽂혀 있고 똑같은 펜이 여러 개 든 컵이 하나 있다. 평소 그는 휴게실로 커피를 가지러 가면서 모든 사람들에게 가볍게 목례하며 예의바르게 미소를 짓고, 그 후에는 점심시간까지 쭉 자리에 앉아 일에 전념한다. 하지만 해고가 발표된 날에는 심란해 보였다. 손에 휴대전화를 들고서 뭔가 소문이 들려올 때마다 아내에게 문자를 보냈다. 간간이 일어나서 15분 정도 자리를 비우기도 했지만 그것을 눈치 챈 사람은 없었다.

사무실 저편 끝에는 댄이라는 남자가 혼자 앉아 있다. 50대 후반인 댄은 꽤나 유쾌하고 대체로 사교적이며 열정적인 사람이지만 어딘가 이상한 점이 있다. 하나하나 따져보면 별일 아니지만 전체적으로 보면 티가 날 정도로 다른 사람들과 잘 맞지 않는 듯하다. 휴게실에서 동료들이 소소한 일상에 대한 이야기를 나누고 있으면 댄은 부부 간의 문제를 필요 이상으로 자세히 털어놓아 다른 사람들을 불편하게 만든다. 회의 중에 가벼운 농담과 놀림이 오가면 댄 혼자 신이 나서 흥분하기도 한다. 사무실 직원들이 대부분 보수적인 옷차림인 반면 꼬깃꼬깃한 군복 같은 바지와 흰색 운동화를 신은 그는 외부인처럼 보이기까지 한다. 댄은 그 차이를 의식하지 못하는 듯하다.

댄은 본인이 해고 대상일지, 다른 사람들은 어떻게 생각하는지 궁금했다. 그는 옹기종기 모여 이런저런 예측을 내놓는 동료들을 어깨 너머로 들여다보며 사무실을 돌아다녔다. 대부분 사람들은 자리를 만들어 댄을 끼워주기보다는 그를 무시하며 하던 이야기를 계속했고 댄은 여기저기 기웃거리며 계속 걸어 다녔다.

사무실에서 초조한 기색이 없는 유일한 사람은 프랭크였다. 빌리는 이 유들유들해 보이고 말쑥한 비서를 '회사 체질'이라고 부른다. 20대 중반인 프랭크는 대부분의 동료들보다 훨씬 어리지만 그를 모르는 사람이 없을 정도다. 흠 잡을 데 없이 매력적이고 세련되었으며 싹싹하고 재미있지만 딱히 알맹이는 없다. 도움을 구하는 상사에게는 꽤 힘이 되지만("그럼요/기꺼이 해야죠/식은 죽 먹기죠") 동료 비서의 부탁에는 그렇게 통명스러울 수가 없다("내 알 바 아니잖아요"). 프랭크는 자기 자리로 걸어가면서 마주치는 대부분의 사람들에게 열심히 눈인사를 한다. 그러면 똑같이 반가워하며 인사하는 사람도 있고, 대충 넘기는 사람도 있다. 동료들이 곧 있을 해고 발표를 초조하게 기다리는 동안 프랭크는 말없이 편히 앉아서 휴대전화로 게임을 하고 있다.

①빌리: 인정/수용형

이 회사에서 빌리는 거의 평생 동안 그래왔듯 인정/수용형에 해당한다. 그는 자신이 내향적인 사람이라고 말한다. 회사 파티에서 이런저런 사람을 만나기보다 혼자 골프를 치는 편이 낫다고 생각한다. 하지만 호감은 내향성이나 외향성과 별 관계가 없다. 다른 인정/수용형 사람들과 마찬가지로 빌리가 사람들에게 호감을 사는 이유는 어디서든 상황을 읽을 수 있기 때문이다. 그의 아이디어가 늘 남들보다 나은 것은 아니지만 회의 중 어느 순간에 의견을 제시해야 할지 정확히 알고 있으므로 인정받는 경우가 많다. 그는 언제 의견이 일치하거나 갈등이 불거질지 동료들보다 한발 먼저 알아차린다. 동료들이 사용하는 표현에 숨겨진 감정을 잘 읽어내기도 한다. 하지만 무엇보다도 가장 중요한 것은 사회적 기술을 이용하여 상대방이 자신과 교감한다고 느끼게 하는 데 능숙하다는 점이다.

빌리가 교감을 이끌어내는 방식은 여러 가지다. 첫째, 빌리는 통찰력 있는 질문을 던지는 데 매우 능하다.[11] 처음 만났을 때 서로에게 질문을 많이 하는 사람들은 몇 달 후에도 좋은 관계를 유지할 가능성이 더 높다. 질문은 상대와 교감하려고 할 때 아주 효과적인 탐색 수단이다. 빌리는 처음 만나는 사람에게 질문을 함으로써 자신이 상대에 대해 더 많이 알고 싶고, 상대의 이야기가 흥미롭고 중요하며 친근하게 느껴진다는 의사를 분명히 전달한다. 이러한 사회적 행동은 그가 사람들에게 신경을 쓰고 있다는 신호를 보낸다. 사람들은 빌리가 자신과 이야기하고 싶어 한다고 생각하기 때문에 그와 이야기하려고 한다. 이런 이유로 빌리는 사람들에게 호감을 얻는다.

둘째, 뛰어난 유머 감각을 가지고 있다. 이런 특질 역시 상황을 잘 파악하는 기능에 해당한다. 농담을 잘 하려면 분위기를 이해하고 우스꽝스럽게 과장하거나 비틀어 표현할 줄 알아야 하기 때문이다. 더 본질적인 측면에서 보면 유머는 생물학적 이점을 제공한다. 웃음은 행복감을 증진하고 면역 반응을 개선하는 도파민과 엔도르핀의 방출과 관련이 있다.[12] 그래서 사람들은 기분 좋게 해주는 사람을 좋아한다.

셋째, 코이의 연구에서 나타난 인정/수용형 아동과 마찬가지로 빌리 역시 친구가 많고 신뢰받는 편이며 공정하고, 행복하고, 예의바르고, 참을성 있어 보이고 나눌 줄 아는 사람이라는 평가를 받는다.[13] 또한 인정/수용형 아동에 대한 연구에서 예측하듯 빌리는 대체로 매우 성공적인 삶을 살아왔다. 인정/수용형 아동은 성인이 되었을 때 다른 집단에 비해 자존감이 더 높고 수입이 많으며 친구나 연인과 탄탄한 관계를 맺는다는 연구 결과가 있다.[14] 신체도 더 건강하다. 대개 사람들이 가장 중요하다고 여기는 요소들, 즉 지능, 사회경제적 지위, 건강한 행동 습관과 마찬가지로 호감의 힘 역시 평생 동안 지속적으로 효과를 발휘한다.

②칼: 무시형

칼은 무시형이다. 이 집단에 해당하는 아이들은 어린 시절 다른 아이들과 어울려 놀기보다 멀리서 바라보며 담장 너머에서 막대기로 벌레를 찌르는 쪽에 가깝다. 더 나쁜 경우에는 친구들과 숨바꼭질을 하면 아무도 찾으러 오지 않는 경험을 하기도 한다. 무시형인 사람들 중에는 불안 수준이 높은 사람들도 있다.[15] 무리에 끼고 싶은 마음은 굴뚝같지만 다른 사람들과 교류를 시작할 만큼 자신감 있는 경우가 드물다. 무시형에 해당하는 성인들은 연애를 시작하거나 안정적이고 헌신적인 관계를 맺는 속도가 비교적 느리고[16] 주로 타인과 밀접하게 교류할 필요가 없는 직업을 선택한다. 즉 대중 연설가나 영업직, 채용 담당자가 될 가능성이 낮다.

하지만 대다수의 무시형은 성인으로서 매우 잘 살아간다. 불안을 잘 다스리는 사람도 있고 혼자서 많은 시간을 보내는 쪽을 선호하는 사람도 있다. 무시형이 다른 집단에 비해 환경과 밀접한 관련이 있다는 증거도 있다. 5년에 걸친 코이의 아동 사회관계 집단 연구에서, 인정/수용형과 거부/배척형은 시간이 지나도 그 집단에 머무르는 반면 무시형에 해당하는 사람은 다른 집단으로 옮겨갈 가능성이 가장 높았다. 다만 양면형이 되는 일은 거의 없었다.[17]

③댄: 거부/배척형

댄은 거부/배척형이다. 거부/배척형은 대개 임상심리학자들의 연구 대상이 되는 집단이다. 또래 거부peer rejection는 일생 동안 정신 건강에 문제가 생길지 예측하는 매우 중요한 지표로 알려져 있기 때문이다. 연구에 따르면 거부/배척형은 두 개의 하위 집단으로 나눌 수 있다.[18] 하나는 매우 공격적인 성향이 있는 집단이다. 거부-공격형은 기분이 상하면 화를 내거나 무례하고 방어적으로 행동한다. 여기에 해당하는 아동은 허락 없이 자기 장난감을 가져간 아이를 때리거나 파티를 열면서 한 친구만 빼놓는 식으로 행동한다. 업무 회의에서는 필사적으로 자기 의견을 주장하느라 다른 사람들의 말을 끊고 깎아내리는 언행을 하고, 지역 공동체에서는 뭔가 잘못이 있다고 생각하는 이웃에 대해 험담을 한다.

거부-공격형의 핵심 특징은 자신의 행동이 부적절하다는 것을 모를 때가 많다는 점이다. 이들은 자신이 거부당한다는 사실조차 모르고,[19] 오히려 스스로 집단에서 인기 있는 사람이라고 여기는 경우가 많다. 이런 착각을 하는 것은 공격적인 사람들은 거부당하지 않는 경우가 많기 때문이다. 하지만 이 거부-공격형에 해당하는 사람들은 공격적이기만 하거나 거부당하기만 하는 사람들에 비해 훨씬 나쁜 경험을 하게 된다.[20]

사실 댄은 거부-비공격형에 해당한다. 거부-비공격형은 적대적이지 않은 방식으로 사회적 규범을 어기는 집단이다. 이들은 겉보기에 특이해 보인다거나 주변 동료들 대다수와 출신 배경이 다르다는 이유만으로 미움을 받기도 하고, 별난 행동 때문에 배척당하기도 한다. 그런가하면 다른 사람들만큼 빨리, 비슷한 방식으로 어른스러워지지 않는 사람들도 있다.

댄의 경우에는 똑똑한 것이 매우 촌스럽고 멋지지 않다고 생각하는 세계에서 너무 똑똑했다는 데 문제가 있었다. 이런 면이 늘 걸림돌이었던 것은 아니다. 초등학교 때는 선생님들의 관심을 독차지했고 수학을 잘 못하는 친구를 가르쳐주라는 부탁을 받을 때도 많았다. 3학년 때는 지역 수학 경시대회에서 입상하여 조회 시간에 기립박수를 받은 적도 있었고, 교장 선생님이 교실에 들어오면 가장 먼저 지목받는 학생이기도 했다. 선생님들 사이에서 댄의 지위가 특별하다는 것을 알고 있던 친구들은 늘 그와 어울리고 싶어 했다.

그런데 중학교에 입학하면서부터 이 상황은 완전히 바뀌었다. 공부를 잘 못해서 댄에게 배우던 친구들이 갑자기 그에게 욕을 하기 시작했고 댄은 답답한 공부 벌레 취급을 받았다. 그때까지 받은 모든 상장들은 그를 공부밖에 모르는 얼간이로 낙인찍히도록 부채질하는 꼴이었다. 10학년이 되자 댄은 반 친구들에게 지독하게 괴롭힘을 당하게 되었다. 그럴수록 그는 한층 더 자기만의 작은 세계에 틀어박혀 또래 아이들이 멋지다고 생각하는 것들을 일부러 외면하게 되었다.

댄의 이야기는 내 연구에서 발견된 전형적인 사례다. 아네트 라 그레카Annette La Greca와 나는 200명 이상의 아동을 청소년기까지 관찰한 결과 9세 아동 중 공부를 잘하는 아이들은 대개 모두에게 가장 사랑받는다는 사실을 발견했다. 이들은 교사들에게 매우 사랑받고, 사회적 관계에서 생기는 문제를 훌륭하게 해결하며, 친구들도 함께 놀고 싶어 한다. 이런 아이들은 자존감이 높고 또래에 비해 우울, 불안, 고독 수준이 가장 낮다. 하지만 그로부터 6년 후에는 정서적 안정이 급격히 추락하는 것으로 나타났다.[21] 이들이 속한 집단은 모든 청소년 가운데 가장 우울하고, 외롭고, 불안정하고, 사회적 상황에서 불안을 겪는 편이었다.

무엇이 바뀌었을까? 지능은 아니다. 이 아이들은 여전히 반에서 가장 똑똑했고 성적도 높았다. 하지만 10대 초반 무렵이 되자 우수한 학업 성취에 대한 또래 친구들의 태도가 바뀌었고,[22] 똑똑한 아이들은 그 결과로 나타난 사회적, 심리적 변화에 시달렸다. 학교에서 좋은 성적을 받고 열심히 노력하는 것은 바로 어른들이 아이들에게 바라는 점이다. 다시 말하면, 이런 행동은 어른들이 중요하게 여기는 가치를 담고 있다. 어린 시절에는 어른들을 멋지다고 생각하고 동경하므로 어른들의 가치에 따르는 행동도 멋지다고 생각한다. 하지만 청소년기에는 부모보다 또래 친구들에게 더 신경을 쓰게 되어 있다. 이때는 부모가 원하는 대로 따르는 것만큼 못난 행동이 없다고 생각한다. 따라서 10대들 사이에서는 좋은 성적을 받거나 무언가를 성취하기 위해 열심히 노력하는 행동은 조롱과 경멸을 받게 된다(물론 좋은 성적을 받으면서 인기도 많은 경우도 있다. 여기서 강조하고자 하는 것은 10대 이후 인식의 변화다).

댄과 같이 영리한 사람들은 어른이 되면 똑똑한 것이 덜 수치스럽게 여겨지는 편안한 공간을 찾는다. 예를 들어 똑똑한 사람들이 많이 모여 있는 공간, 그래서 "내가 대통령이 될 수 있었는데 가장 자격미달이었던 조지 W. 부시George W. Bush에게 대통령 자리를 빼앗겨버렸어"라고 농담할 수 있는 공간 같은 곳 말이다. 평생 소외감을 느끼고 또래들을 아예 무시해버릴 방법을 찾는 사람들도 있다. 그들과 그토록 다르다고 느끼는 것은 너무 고통스럽기 때문이다.

청소년이었던 댄에게 이 마지막 전략은 큰 도움이 되었다. 댄은 다른 아이들이 멋지다고 생각하는 것들을 일부러 외면해서 반 친구들에게 느끼던 열등감을 피할 수 있었다. 그는 또래들이 자신을 존중하지 않으므로 자신도 그들이 중요하게 여기는 것들에 신경 쓰지 않겠다고 결심했다. 하지만 어른이 되자 이 전략은 기대에 어긋나는 결과를 낳기 시작했다. 인사 평가에서 댄은 유능하고 충실하며 기한을 잘 지킨다는 평가를 받았지만, 협력 업무에 적합하지 않고 함께 일하기 힘들며 빠릿빠릿하지 못하다고도 되어 있었다.

그렇다면 너무 똑똑해서가 아닌 다른 이유들로 비호감의 대상이 된 거부/배척형 아동들은 어떻게 될까? 연구에 따르면 거부당하는 경험은 우울, 불안, 약물 사용, 심지어 범죄 행동까지 포함하는 광범위한 심리 증상을 예측하는 가장 확실한 위험 요소 중 하나다.[23] 물론 거부/배척형에 해당하는 모든 사람이 정신 질환을 경험하지는 않는다. 하지만 이런 아이들 중 다수는 어른이 되어서도 계속 소외감을 느낀다. 이들에게는 직장이든 지역 공동체든 어디에서든 피하고 싶거나 불편함을 느끼게 하는 집단이 있다. 그래서 다시 열등감을 느끼게 될 위험이 있으면 파티나 모임에 빠지기도 한다. 이들은 댄이 그랬듯 배우자를 만나고 친한 친구를 몇 명 사귈 수도 있지만 늘 자신이 하찮은 취급을 받을지 모른다는 두려움을 느낀다. 그렇지 않은 경우에는 거부/배척형이나 무시형에 해당하는 사람들이 많은 직종이나 직장을 찾는다. 다른 사람들과 접촉하는 데 꽤 능숙해져서 더 이상 거부당하는 느낌을 경험하지 않는다고 말하는 사람들도 있다. 하지만 익숙한 환경 밖으로 나가게 되면 과

거의 불안했던 느낌들이 계속 되살아나 이들을 괴롭힌다.

거부/배척형은 선천적으로 자신이 무가치하다는 느낌, 불안, 분노를 느끼기도 한다. 이런 느낌들은 미묘한 방식으로 나타날 수 있다. 이를테면 사랑하는 사람들에게 끊임없이 확신을 얻고 싶어 하거나, 괴롭힘이나 소외를 당하고 있다는 신호를 민감하게 감지하거나, 어린 시절의 괴롭힘을 떠올리게 하는 사람을 만나면 두려움을 느끼는 것이다.[24] 이들은 흔히 주변 세상과 줄다리기처럼 밀고 당기는 관계를 맺고, 우월감을 느끼기 위해 다른 사람들을 비난하는 일이 잦다. 그러는 내내 연약한 자존감을 지키기 위해 긍정적인 피드백에 의존한다.

④프랭크: 양면형

꾸준히 회사 사람들과의 관계를 다지는 출세지향적인 비서 프랭크는 양면형에 해당한다. 양면형은 어린 시절 반에서 오락부장을 맡는 부류일 때가 많다. 아주 친한 친구들끼리의 작은 모임에 데리고 오고 싶은 사람은 아니더라도 여럿이 있을 때는 모든 사람들이 가장 좋아하는 유형이다. 이런 사람들은 처세에 매우 능하기도 하지만 동시에 꽤 공격적이기도 하다. 많은 사람들이 이들을 마키아벨리적인 사람이라고 묘사한다.[25] 즉 이들은 자신에게 도움이 될 일에는 전략적으로 사회성을 발휘하지만 원하는 것을 얻기 위해 서슴없이 다른 사람들을 무너뜨릴 준비가 되어 있다.

양면형에 해당하는 사람들이 오랜 세월 동안 어떻게 살아가는지에 대해서는 알려진 바가 많지 않다. 이런 유형은 비교적 발견하기 어렵기 때문에 연구에서 제외되는 경우가 많다. 하지만 현재로서는 이들이 당장 원하는 것을 얻더라도 장기적으로는 그렇게 성공하는 편이 아니라는 증거가 있다. 한 연구에서 밝혀진 바에 따르면 저소득층 자녀 중 4학년 여학생 300명 정도를 사회관계 집단으로 분류했을 때 10대에 엄마가 될 가능성이 가장 높았던 집단은 양면형이었다.[26] 10대 엄마들 중에서도 양면형이 가장 어린 나이에 출산을 경험했다.

드디어 인사과 직원이 나타난 것은 거의 정오가 다 되어서였다. 엘리베이터에 올라탄 그녀는 빌리, 칼, 댄, 프랭크와 함께 백 명 정도 되는 직원들이 우울한 예감 속에 앉아 있는 층에 도착했다. 마치 오디션 프로그램의 한 장면처럼, 그녀는 세 개의 명단을 읽어 내려가면서 각자 지정받은 방에서 결과를 듣게 될 것이라고 말했다. 첫 번째로 빌리와 프랭크는 같은 방을 배정받았고 칼은 그다음 방, 댄은 세 번째 방에 들어가게 되었다.

20분 정도가 지난 후 인사과 직원은 첫 번째 방에 있는 사람들이 모두 무사하다는 소식을 전했다. 즉시 업무로 복귀하라는 지시였다.

이번에는 칼이 들어간 방 차례였다. 인사과 직원은 구조 조정으로 이 방에 있는 사람들의 자리가 없어지기는 하지만 자회사에서 1년 단위의 계약직을 제안받을 것이라고 전했다. 썩 좋은 결과는 아니더라도 해고 되는 것보다는 나았다.

"난처하게 됐다는 걸 알고 있었죠."

칼은 이렇게 회상했다. 그는 윗사람들이 누구를 남기고 누구를 자를 지 의논할 때 자기 편을 들어 줄 사람이 아무도 없다는 것을 알고 있었다고 말했다. 다른 사람들은 칼이 직원들과 거의 교류하지 않았기 때문에 회사를 떠나더라도 직원들 사이의 관계가 흐트러질 가능성이 가장 낮아서 그가 밀려났다고 추측하기도 했다.

댄이 있는 방에는 가장 적은 수의 직원들이 있었다. 그들은 모두 업무가 다른 부서에 할당되었으니 주말까지 자리를 비워줘야 한다는 소식을 들었다. 댄은 똑똑하고 일도 잘했지만 해고되었다는 사실에는 의문의 여지가 없었다. 단지 동료들과 잘 맞지 않는 사람이었을 뿐이다.

물론 빌리, 칼, 댄, 프랭크에 관한 결정들은 근무 기간, 실적, 조직 기여도, 장래성 등 복잡하고 다양한 요소들을 바탕으로 한 것이었다. 하지만 그 요소들이 모두 중요했을까? 상당히 많은 증거가 우리 삶의 수많은 영역이 어떻게 펼쳐질지 예측할 수 있는 요소는 바로 호감도라고 말한다. 호감을 받는 사람들은 계속 유리한 위치를 차지하고, 비호감의 대상이 되는 사람들은 늘 고생하게 된다.

호감은 인기의 중요한 유형이지만 우리가 가장 인기 있는 사람을 판단할 때 일반적으로 떠올리는 요소는 아니다. 우리가 보통 생각하는 요소는 지위에 훨씬 더 가깝다. 두 가지를 모두 갖춘 사람들도 있기는 하다. 말하자면 권력, 영향력, 명성, 지배력도 있고 누구에게나 사랑받는 사람이 있을 수 있다. 하지만 이런 사람은 드물다. 연구 결과에 따르면 지위가 높은 동시에 사람들에게서 많은 호감을 받는 사람은 35퍼센트밖에 되지 않는다.[27] 나머지는 대부분 양면형이다.

이그나즈 제멜바이스는 높은 지위 덕분에 심각한 의료적 위기 상황을 연구할 기회를 얻었을 뿐만 아니라 결국 지식의 진보에 기여하고 많은 생명을 살려낼 수 있는 이론을 내놓았다. 동료들이 그의 새로운 제안에 따른 결과 수많은 산모들이 목숨을 잃지 않을 수 있었다.

하지만 제멜바이스는 그토록 중요한 기여를 했음에도 불구하고 마땅히 받아야 할 인정을 받지 못했다. 제멜바이스의 신랄하고 사나운 행동 때문에 결국 비엔나의 의사들은 부검 후 손 씻기를 거부했고,[28] 이번에는 전보다 사망률이 훨씬 더 높아졌다. 1850년, 제멜바이스는 조용히 병원을 그만두었다. 루이 파스퇴르Louis Pasteur가 특정한 질병을 일으키는 박테리아의 존재를 밝혀내는 실험으로 의학계를 완전히 바꾸어 놓은 것은 그로부터 10년 이상 지난 후였다. 그러는 사이 비엔나에서는 수천 명의 여성과 아이가 죽음을 맞이했고, 제멜바이스 박사 역시 47세의 나이에 전염병으로 사망했다고 알려져 있다.[29]

이와 마찬가지로 알렉산드라의 이야기에서도 지위가 높은 사람들이 어떤 곤혹스러운 결과를 맞이할 수 있는지 알 수 있다. 우리는 연구의 일환으로 알렉산드라와 연구 참가자들을 몇 년 동안 계속 추적하여 관찰했다. 알렉산드라는 많은 학생들에게 가장 좋아하지 않는 친구로 꾸준히 지목되었지만, 지위라는 척도로 보면 졸업할 때까지 동급생들 중에서 독보적으로 인기가 높은 학생이었다.

하지만 바로 그것이 몰락의 원인이 되었다. 알렉산드라는 높은 인기 때문에 파티란 파티에는 모조리 초대받았고, 거기서 술을 마시고 약물에 손을 댄 끝에 코카인까지 접하게 되었다. 도서관에 있던 친구들은 4

년제 대학에 합격한 반면 알렉산드라는 성적이 급격히 떨어져 혼자 남겨졌다. 결국 친구들과의 사이도 껄끄러워졌고 남자 친구도 대학교로 떠날 준비를 하면서 그녀와 헤어졌다.

우리가 마지막으로 연구 자료를 수집하기 위해 그녀를 만났을 때, 학교에서 가장 인기 있던 여학생의 주변에는 아무도 없었다.

CHAPTER 3

엉뚱한 곳에서
가짜 행복을 찾는 사람들

—

누가 자기를 좋게 생각한다는 말을 들으면
좋은 사람이 된 것 같아 행복하고,
소외당하면 실패자가 된 기분을 느끼는 사람들이 있다.
아름다움, 권력, 부 등 높은 지위를 가질 수 있다면
자신의 정체성을 잃어버리는 것도 마다하지 않는다.
이런 생각은 행복을 추구하는 데 그리 좋은 방법이 못 된다.

로마 중심지, 성 빈센초 성당과 베네통 매장 같은 유서 깊은 명물들 가운데에는 트레비 분수가 아늑하게 자리 잡고 있다. 트레비 분수는 수로를 통해 매 시간 약 280만 리터의 물이 쏟아지는 장엄한 건축물로, 여기에 동전을 던지며 소원을 빌면 이루어진다는 속설 덕분에 더 유명하다. 그래서 사진을 찍고 근처에 앉아 커피를 마시는 사람들도 있지만 대다수는 소원을 빌며 동전을 던진다. 매일 이곳에 던져지는 동전의 가치는 3천 유로(약 400만 원)가 넘는다. 그만큼 전 세계에서 온 사람들이 수없이 많은 소원을 빈다는 의미다. 사람들은 주로 어떤 소원을 빌까?

　-복권에 당첨되고 싶어요.
　-5킬로그램만 빠졌으면 좋겠어요.
　-유명해지고 싶어요.

-승진하고 싶어요.

-사랑에 빠지고 싶어요.

-가족들이 행복하고 건강했으면 좋겠어요.

-더 이상 전쟁이나 고통이 없었으면 좋겠어요.

당신은 어떤 소원을 빌겠는가? 많은 연구에서 세계 각국의 성인들을 대상으로 이 질문을 던져보았다. 조금 바꿔서 본질적인 동기[1]에 대해 묻는 연구들도 있다. 말하자면 그들의 행동을 좌우하는 가장 깊은 욕망에 대해 물은 것이다. 독일어로 Sehnsucht라고도 하는[2] 갈망과 동경에 대해 연구하거나 참가자들의 가장 중요한 열망이 담긴 목표[3]를 분석한 연구도 있다.

이 모든 연구들의 결과에서 드러난 사실은 사람들의 소원이 나이, 성별, 성격, 심지어 질문을 받는 장소에 따라서도 약간씩 다르기는 하지만 원하는 바가 본질적으로 같다는 점이다. 심리학자들은 이 소원들을 크게 두 가지로 나눈다.

그중 하나는 '내부적인intrinsic' 욕망이다. 즉 외부의 평가나 피드백 없이 그 자체로 기분이 좋아지는 소망이다. 내부적 목표에는 다른 사람들과 연결되어 있다고 느끼기, 사랑하는 사람을 만나기, 건강하고 행복해지기 등이 포함된다. 심리학자들은 이런 내부적 목표를 생각할 때 자신의 내적 가치를 지키고 존중하는 기분이 들기 때문에 그 자체로 만족스러운 것이라고 말한다. 내부적 목표는 심리적 성장과 자아실현을 촉진한다. 다시 말해서 우리가 될 수 있는 최선의 모습이 될 수 있게 해준다.

사랑하는 이들의 행복을 빌거나 세계의 기아 문제가 사라지기를 바라는 마음 같은 이타적인 소망도 내부적 욕망을 반영한다. 선한 의도를 알아주는 사람이 없더라도 다른 사람들을 돕고자 할 때 그 자체로 기분이 좋아지기 때문이다.

한 연구에서 심리학자들이 청년들에게 이렇게 물었다.

"소원을 세 가지 빌 수 있다면 어떤 소원을 빌겠습니까?"[4]

질문에 대한 답변 중 내부적 소망은 예상보다 적었다.[5] 13퍼센트 정도가 행복을 빌었고, 12퍼센트는 가족 및 친구들과의 긍정적 관계를 비롯하여 친밀한 사회적 관계를 원했다. 이타적 소망을 언급한 사람은 8퍼센트에 불과했다. 나머지 중에 6퍼센트는 자신이나 사랑하는 사람의 건강과 관련된 소망을 언급했다. 이런 바람은 나이가 들수록 더 흔해진다.

또 다른 범주의 소원은 인기와 매우 밀접한 관계가 있다. 여기서 인기란 호감보다 지위와 그 부산물을 바탕으로 하는 유형의 인기에 가깝다. 연구자들은 이런 소원을 '외부적인extrinsic' 소원이라고 부르는데, 타인에게 호의적인 평가를 받고자 하는 욕망으로 볼 수 있기 때문이다. 외부적 욕망은 다른 사람들이 자신에게 주목하고 긍정적인 반응을 보일 때만 충족되므로 이 욕망을 채우는 것은 스스로 통제할 수 없는 영역이다.

보통 외부적 소망은 명성과 관심(많은 사람들이 나를 동경했으면 좋겠다/ 모두에게 이름을 알리고 싶다), 그리고 권력과 지배력(사람들에게 영향력이 있었으면 좋겠다)에 대한 갈망이다. 또한 외부적 소망에는 아름다움(사람들이 나의 멋진 모습에 대해 이야기했으면 좋겠다), 막대한 부(비싼 물건을 많이 갖고 싶다)와 같이 흔히 지위와 연관되는 속성들이 포함된다.

어떤 방식으로 질문하든, 혹은 참가자가 어떤 사람이든 세 가지 소망 중 최소한 하나는 외부적 소망이고 특히 명성이나 관심에 대한 내용이 주를 이룬다. 가장 많이 언급하는 소망 중 상위 5위 안에는 남자의 경우 권력, 여자의 경우 아름다움이 포함되는 경우가 많다. 요컨대 우리는 모두 존경받고 영향력 있으며 약간은 부러움을 사기도 하는 사람이 되고 싶어 한다.

이게 그렇게 잘못된 생각인가? 얄팍하고 미성숙한 생각인가? 허영심인가? 마음 한구석에서는 여전히 고등학교 시절처럼 잘나가는 아이가 되어 영광스러운 나날을 누리고 싶어 하거나 그때 결코 이루지 못한 소망을 성취하고 싶어 하는가? 우리는 정말로 아직도 그런 인기를 얻고 싶은 것인가?[6]

나는 페이스북을 그렇게 열심히 하지는 않는다. 그렇지만 페이스북으로만 연락을 주고받는 친구와 동료들을 위한 계정이 하나 있다. 가끔 가족들의 사진을 올린 다음 며칠 후에 페이스북에서 재촉하는 메일이 오면 접속해서 그동안의 소식들을 둘러본다. 화면 맨 위에는 내 계정에서 있었던 활동 내역을 알려주는 작은 아이콘이 있다. 그것을 클릭하면 내가 올린 사진에 수십 명의 사람들이 '좋아요'를 눌렀거나 댓글을 달았다는 내용을 알 수 있다. 꼭 '좋아요'를 많이 받으려고 사진을 올린 것은 아니지만 내가 올린 게시물을 그토록 많은 사람들이 보고 좋게 평가해준 것을 보면 약간 기분이 들뜬다. 물론 페이스북에서는 '좋아요'라는 단어를 영리하게 이용한 것일 뿐, '좋아요'가 사람들이 실제로 나를 좋아한다는 의미는 아니다. 그보다는 그들이 내 사진을 보고 기분이 좋았다는 뜻을 전달하는 손쉬운 수단에 가깝다.

'좋아요'나 리트윗, 그밖에 SNS를 통해 여러 형태로 표현되는 지지의 근본적 목적은 "나는 당신을 보고 있고, 당신의 존재를 알고, 당신을 호의적으로 생각합니다"라고 말해주는 데 있는 듯하다. 이것은 사람들에게 높은 지위를 부여하는 방식이다. 그들이 눈에 띄고 많은 사람들에게 찬양받는다고 알려주는 것이다. 그리고 이 전략은 효과를 발휘한다. 나만 해도 '좋아요' 횟수를 보면 마치 인기인이 된 것 같다. 인정하기에는 좀 유치한 심리 같지만 약간의 쾌감과 함께 든든함과 응원받는 느낌이 든다.

일반적으로 우리는 공공연히 높은 지위를 갈구하는 사람을 얕잡아보는 경향이 있다. 이런 유형의 인기를 추구하는 행동은 10대 초반의 청소년이나 아이돌에게서 나타난다고 생각한다. 심지어 당당하게 지위를 추구하는 것처럼 보이는 사람에게는 출세주의자, 흉내쟁이, 유명인병 같은 경멸적인 별명이 붙기도 한다.

그런데 높은 지위에 대한 욕망은 잘못된 것일까? 이런 유형의 인기라도 없는 것보다는 있는 편이 분명 사회적으로 유리하다. 모두가 당신과 기쁘게 대화하고, 당신의 말에 즐거워하고, 당신의 멋진 모습에 감탄하는 파티에 간다고 상상해보라. 어떤 회의에서든 당신의 생각이 가장 고무적이고 영향력 있는 의견으로 받아들여진다면 얼마나 흐뭇하겠는가? 사람들이 당신을 만나는 것만으로도 들뜨고 나중에 당신에 대해서 좋게 이야기해준다면 스스로가 얼마나 특별하게 느껴질지 생각해보라. 모든 동료나 친구들에게 존경받고 싶지 않은 사람이 있을까? 페이스북에서 '좋아요'를 받거나 여러 모임과 파티에 초대받으면 누구나 은 근히 기분이 좋아지듯, 인정받는 것은 모든 사람의 마음을 움직인다. 왜 그럴까? 아직도 어린 시절 학교에서 경험한 것처럼 최고의 인기인 자리 를 차지하려고 서로 다투고 있어서가 아니다. 그보다 훨씬 더 근본적인 이유가 있다. 우리가 자꾸만 더 높은 지위를 추구하는 이유는 아주 원시 적인 출발점으로 돌아가서 찾을 수 있다.

● 인간의 뇌는 더 많은 관심을 원한다

뇌 속 깊숙한 곳, 대뇌피질 아래 변연계 쪽에는 아주 오래전부터 인류 의 뇌에 존재해온 부위가 있다. 이 부위는 인간뿐만 아니라 다른 포유 류에게서도 발견된다. 하부구조를 연결해 함께 활성화되도록 만드는 이곳은 복측 선조체ventral striatum라는 부위와 가장 밀접하게 관련된 것 으로 추측된다. 복측 선조체는 보상 중추reward system의 중심으로 기분 이 좋아지게 하는 데 주된 역할을 한다. 이 부위는 돈에 대한 기대에서 약물을 복용할 때의 황홀감까지, 모든 종류의 보상에 반응한다. 그런데 청소년기가 시작되면 이 복측 선조체는 사회적인 보상을 경험할 때 특 히 활성화된다. 사회적 보상이란 자신의 존재를 인정받고, 찬양받고, 자신이 영향력이 있다고 느끼게 하는 주변의 반응이다. 즉, 지위에 신 경 쓰도록 만드는 것이다.

　복측 선조체는 사춘기가 되면 뇌에서 가장 먼저 변화하는 부위로[7] 적응력이 매우 뛰어나다. 목소리가 변하고 성적 호기심이 생기기 전이

더라도 테스토스테론과 프로게스테론 생산량이 급증하기 시작할 무렵이면 우리 몸은 자율적인 존재가 되기 위한 준비를 한다. 그 첫 단계는 부모로부터 떨어져 나와 또래에게 더 관심을 갖는 것이다.

감정, 감각, 충동, 행동의 변화는 모두 중추신경계의 뉴런이 활성화됨에 따라 일어난다. 이 뉴런들에는 발화할지 말지 신호를 보내는 특정한 호르몬, 신경 전달 물질, 그 밖의 물질을 위한 수용체가 있다. 열 살에서 열세 살쯤 되면 사춘기에 방출되는 호르몬이 복측 선조체의 뉴런을 자극하여 특별히 두 가지의 물질을 받아들이는 수용체를 추가로 길러내게 한다.

그중 하나는 옥시토신이라는 호르몬이다. 포유류 중 많은 경우가 청소년기에 들어서면 뇌에서 옥시토신을 받아들이는 수용체가 급격히 증가한다. 옥시토신은 또래들과 교류하고 유대를 맺으려는 욕구를 증가시킨다. 심지어 쥐도 성숙기가 시작되면 다 자란 쥐보다 또래와 함께 보내는 시간을 선호한다. 이 사실은 사춘기 자녀가 왜 갑자기 부모를 그토록 창피해하는지 의아하게 생각하는 수많은 부모들에게 위안이 될 수 있을 것이다. 두 번째는 도파민이라는 신경 전달 물질이다. 도파민은 다양한 오락성 마약이 일으키는 쾌감 반응의 원인이다. 옥시토신과 도파민, 이 두 가지 신경 화학 물질이 함께 작용하면 사춘기 아이들은 사회적 보상을 얻고자 하는 충동을 느끼게 된다.

하지만 여기서 끝이 아니다. 뇌는 우리가 높은 지위에 있을 때 기분이 좋다고 느끼게 할 뿐만 아니라 높은 지위를 추구하게끔 한다. 그 이유는 복측 선조체가 단독으로 작용하는 일이 드물기 때문이다. 복측 선조체는 신경과학자들이 동기유발 관련 연결망^{motivational relevance network}이라고 부르는 부위의 일부다.[8]

미시간 대학교의 신경과학자 켄트 베리지^{Kent Berridge}는 뇌가 좋아하고 원하는 것에 대해 연구했다.[9] 요컨대 기분 좋은 일이란 무엇이며 우리가 왜 그것을 그토록 원하게 되는지에 대한 연구였다. 이 연구에서는 복측 선조체가 복측 창백핵^{ventral pallidum}과 같은 뇌의 여러 부위로 신경 출력을 보내는 것으로 밝혀졌다. 복측 창백핵은 우리가 좋아하는 것들을 행동의 강력한 동기로 바꾼다. 즉, 원하는 것을 더 많이 얻고 싶어지게 한다. 다시 말하면 복측 창백핵은 우리의 행동과 감정에 영향을 미치며 더 나아가 중독과도 관련이 있다.

우리가 무엇을 좋아하고 원할지 결정하는 신경의 연결은 대뇌피질에서도 일어난다. 대뇌피질은 피질하 영역^{subcortical regions}의 맨 위에 있는데 생각을 담당하는 부위다. 자기가 무엇을 좋아하는지 인식하고 그것을 추구할지 말지 고려하는 과정도 생각에 포함된다. 어른의 경우 생각은 욕망, 이를테면 인기를 얻고 싶다는 마음에 지나치게 집착하지 않도록 자제하는 데 도움을 준다. 일찍 발달하는 복측 선조체 외의 다른 뇌 부위들은 20대 중반쯤 되면 그와 비슷한 정도로 발달하고,[10] 그중 대뇌피질은 모든 소망을 이루고 싶다는 충동을 억누르고 분별 있게 행동하도록 도와준다.

그런데 피질 아래에서도 많은 신경 연결이 일어난다. 말하자면 복측 선조체와 복측 창백핵 사이에서 일어나는 과정이 여기에 해당한다. 베리지의 설명에 따르면 이 피질하 영역에서 일어나는 신경 연결은 우리가 나중에 비이성적인 행동이었다고 반성할지언정 자기도 모르게 어떤 행동을 저질러버리게 할 수 있다. 말하자면 유명인을 보고 아찔함을 느낄 정도로 흥분하거나 부적절한 상황에서 자신이 원하는 바를 불쑥 말해버리는 것이다. 사실 피질하 영역의 신경 연결은 꽤 강력해서, 직접적으로 사회적 보상을 제공하는 것만이 아니라 사회적 보상과 연관만 되어 있어도 조건반사적으로 원하게 한다. 그러면 실제로 자신에게 이득이 되든 말든 아름다움이나 막대한 부와 같이 단지 높은 지위를 연상케 하는 것들을 원하게 된다. 베리지는 이런 관련성을 동기부여의 자석 motivational magnet 이라고 부른다.[11]

청소년과 이야기를 나눠보면 그들의 바람이 사회적 보상이나 높은 지위에 대한 갈망과 얼마나 밀접하게 관련되어 있는지 금방 알 수 있다. 열세 살 무렵에는 이런 유형의 인기가 세상에서 제일 중요해 보인다. 누가 인기 있는지 이야기하고, 어떻게 하면 인기를 얻을 수 있을지 머리를 짜내며, 인기가 떨어지면 기가 죽는다. 새 학기가 되면 어떻게 해야 빨리, 그리고 많이 친구를 사귈 수 있을지 고민하고, 인기가 많은 친구와 친해지기 위해 애쓴다. 단지 높은 지위를 얻거나 필사적으로 지키기 위해 비도덕적이고 불법적이며 위험하다고 생각하는 행동을 감행하기도 한다. 청소년은 사실상 인기에, 최소한 지위에 바탕을 둔 인기에 중독되는 셈이다.

나와 대학원생들이 10대 아이들을 대상으로 친구와 함께 있을 때의 행동을 관찰하면 언제나 이런 현상을 볼 수 있다. 가장 중요하게 생각하는 것이 무엇인지 아이들과 이야기를 나눠보면 사회적 보상에 대한 갈망과 그것을 얻기 위한 전략 이야기가 거의 전부다. 마치 복권처럼 SNS에서 클릭 몇 번으로 사회적 보상을 받을 수 있는 요즘 시대에는 이런 경향이 훨씬 더 강해지는 듯하다.

아이들은 이렇게 말한다.

"학교에서 트위터 팔로워가 제일 많은 사람이 되고 싶어요."

"인스타그램에 사진을 올렸는데 몇 분 동안 '좋아요'가 한 30개밖에 안 되면 사진을 내려버려요."

"친구가 뭘 올리든 바로 '좋아요'를 눌러줘야지, 안 그러면 좋은 친구가 아니에요."

우리는 이렇게 묻는다.

"왜? SNS에서 관심을 많이 받는 게 왜 그렇게 중요한지 말해줄래?"

그러면 보통은 이렇게 대답한다.

"유명해지는 거잖아요. 멋있고요. 모든 애들이 절 알고, 학교에서 제일 중요한 사람이 되는 거죠."

"제가 만약 인기가 있고 모두 저에 대한 얘기를 한다면, 제가 원하는 사람 누구하고든 사귈 수 있거든요. 아무하고나 친구가 될 수 있고요. 그러면, 뭐랄까, 기분이 좋잖아요."

어른들도 이렇게 SNS에 집착할까? 누구나 주변에 몇 명 정도는 끊임없이 게시물을 올리고, '좋아요'나 리트윗으로 표현되는 관심을 갈구하는 등 SNS를 열심히 하는 사람들이 있을 것이다. 사실 복측 선조체는 성인이 되어도 똑같이 활성화된다. 물론 나이가 들면 이런 충동을 더 잘 통제할 수는 있지만 그럼에도 평생 동안 사회적 보상과 높은 지위를 누리고 싶다는 욕구를 경험하게 된다. 아마 당신이 뇌에 대해 공부를 한다면, 지위를 향한 뇌의 욕구가 우리도 모르는 사이에 우리를 얼마나 많이 바꾸어 놓는지 깜짝 놀라게 될 것이다.

● 나를 어떻게 생각할까: 행동을 바꾸는 가장 강력한 동기

당신은 오늘 지위를 높이기 위해 어떤 행동을 했는가? 다른 사람들이 알아볼 수 있게 멋진 옷을 골랐는가? 스스로 강한 사람, 고급스러운 사람이라고 느끼게 해주는 비싼 시계를 찼는가? 어쩌면 직장에서 당신의 영향력을 확대하는 데 도움이 될 것 같은 동료에게 이메일을 보냈을 수도 있고, 페이스북이나 트위터에 게시물을 올렸을 수도 있다. 이것은 모두 자신이 높은 지위에 있다고 느끼기 위해 할 법한 행동들이고, 대개 자신이 뭘 하고 있는지 알고 있는 상태에서 사회적 보상을 얻기 위해 이런 선택을 한다.

그렇다면 이게 전부일까? 지위를 갈망하는 행동에는 또 어떤 것들이 있을까?

복측 선조체는 우리가 생각하는 것보다 훨씬 더 광범위한 행동과 감정에 연관되어 있다. 예컨대 지위가 높은 사람들에 대한 글을 읽거나, 그에 대한 이야기를 하거나, 심지어 그런 사람들을 보기만 해도 우리 뇌의 사회적 보상 중추가 활성화된다고 한다.[12] 실제로 우리는 성별에 상관없이 또래나 동료 중에서 지위가 높은 사람들을 특히 더 오래 쳐다보는 경향이 있다.[13] 다시 말하면 우리가 의식하지도 못하는 사이에 뇌에서는 하루 종일 습관적으로 지위 쪽에 관심을 둔다는 것이다.

동경하는 사람이 나를 좋아한다는 생각이 들 때도 사회적 보상을 경험한다.[14] 유명인을 만나 둘도 없는 친구가 되는 상상을 해본 사람이라면 이 개념을 이해할 수 있을 것이다. 이것은 고등학교에서 가장 인기 있는 아이가 나의 존재를 알아차려주기를 갈망하는 마음과 크게 다르지 않다.

크리스 데이비Chris Davey와 그의 동료들은 참가자들에게 낯선 사람들의 사진을 여러 장 보여준 다음 그들을 각각 얼마나 높이 평가하는지 물었다. 그리고 반대로 사진 속의 사람들도 자신들을 대상으로 평가하는 절차를 밟게 될 것이라고 말해두었다. 그다음에 참가자들에게 다시 사진을 보여주었는데, 이때는 사진 속의 사람들이 나를 어떻게 평가했는지를 알려주었다. 기능적 자기공명영상fMRI 장치로 그들의 뇌를 관찰한 결과 참가자가 '다른 사람들이 나를 좋게 평가했다'고 생각할 때마다 뇌의 보상 중추가 활성화되었다. 우리는 동경의 대상이 될 때 사회적 보상을 받으므로 이 결론은 이치에 맞는다. 그런데 이 연구 결과에서 가장 흥미로운 점은 참가자들이 가장 마음에 들어 했던 사람에게 좋은 평가를 받았다고 믿을 때 보상 중추가 가장 강력하게 활성화되었다는 사실이다. 즉 자신이 동경하는 사람들에게 인정받는 경험은 보상 중추에서 특히 중요하게 취급된다.

연구를 통해 밝혀진 또 다른 점은 우리가 사회적 보상에 이끌릴 때 충동적으로 행동할 확률이 특히 높다는 것이다. 이런 경향은 그토록 많은 사람들이 지위가 높은 사람들과 함께 있을 때 후회할 만한 짓을 하는 원인일 수도 있다.

하버드 대학교의 리아 서머빌Leah Somerville과 코넬 대학교의 B.J. 케이시B.J. Casey는 이런 경향이 실제로 존재하는지 궁금했다. 이들은 컴퓨터 게임을 이용하여 사람들이 사회적 보상을 마주할 때 자제력이 느슨해지는지 알아보았다.[15] 게임은 간단했다. 참가자들은 화면에 특정한 자극이 보이면 스페이스 바를 누르고 그 외의 자극이 보이면 누르지 않도록 지시받았다. 보통은 글자를 자극으로 사용해서 주의력 결핍 및 과잉행동 장애ADHD 진단을 한다. 예를 들어 화면에 R이 나오면 스페이스 바를 누르고 J가 나오면 누르지 말라고 이야기하고 글자들을 무작위로 계속 보여준다. 하지만 이 연구에서 서머빌과 케이시는 글자 대신 웃는 얼굴과 무표정한 얼굴이 찍힌 사진을 사용했다. 참가자들의 뇌를 fMRI 장치로 관찰한 결과 연구자들은 웃는 얼굴 사진을 볼 때 사회적 보상이 제공된다는 점을 발견했다. 높은 지위에 있을 때 받는 인정과 마찬가지로 미소 역시 인정의 본능적 신호다.

하지만 이 연구 결과에서 가장 의미 있는 부분은 이런 사회적 보상이 존재할 때 참가자들이 과제를 훨씬 더 형편없게 수행했다는 것이다. 즉 충동을 통제하지 못하고 버튼을 눌러댔다. 청소년이든 성인이든 이 효과에 영향을 받지 않는 사람은 없다. 내 아내에게 물어보면 내가 가장 좋아하는 여배우 중 한 명과 마주쳤을 때 마치 열두 살짜리 팬처럼 환심을 사려고 애쓰기 시작했다는 이야기를 해줄 것이다. 지위에는 우리의 자제력을 자동적으로 약화시키는 무언가가 있다.

사회적 보상이 예상되면 우리는 자신도 모르는 사이에 가장 기본적인 태도와 선호도까지 바꾸기도 한다.[16] 스탠포드 대학교 학생인 에릭 누크Erik Nook와 심리학자 자밀 자키Jamil Zaki는 우리가 다른 사람들에게 동조할 때 뇌에서 어떤 일이 일어나는지 조사했다. 이들은 우선 성인들을 대상으로 다양한 음식(감자튀김, 사탕, 과일, 채소) 사진을 보여주고 각각에 대한 기호를 물었다. 참가자들은 음식에 대해 평가를 내린 후, 이전에 200명의 참가자들이 같은 음식에 대해 내린 평가의 평균치를 보았다. 물론 이 통계는 가짜였지만 연구자들은 그 덕분에 타인의 의견에 대한 뇌의 반응을 조사할 수 있었다. 예상대로 자신과 같은 의견을 확인할 때 복측 선조체가 활성화되었다. 이와 같이 우리는 다른 사람들이 자신에게 동의한다는 사실만으로도 사회적 보상을 받는다.

연구자들은 여기서 한 걸음 더 나아갔다. 참가자들은 가짜 피드백을 받은 후에 음식을 다시 평가했다. 누크와 자키는 음식 선호도처럼 중요하지 않은 주제에 대해서도 자신의 의견이 타인의 의견과 얼마나 일치하는지 확인하고 생각을 바꾸는 사람이 있는지 알고 싶었다. 이들이 발견한 사실은 다음과 같다. 거의 모두가 다른 사람들에게 어느 정도씩은 동조하는 경향이 있다. 그런데 흥미롭게도 연구의 첫 단계에 복측 선조체에서 가장 활발한 반응을 보였던 사람들이 동조할 가능성이 가장 높았다. 즉 우리가 다른 사람들에게 동의를 받을 때 생물학적으로 기분이 좋아지도록 되어 있을 뿐만 아니라 사회적 보상에 강력하게 반응을 보일수록 다른 사람들의 관점에 동조하기 쉽다는 것이다. 이런 현상들은 모두 의식하지 못하는 영역에서 일어난다.

사회적 보상에 대한 욕구는 행동만이 아니라 감정, 심지어 자신에 대한 가장 근본적인 느낌에도 상당한 영향을 미친다.

어린 아이들에게 지금 어떤 기분인지, 혹은 자신이 어떤 사람이라고 생각하는지 물으면 바로 몇 분이나 몇 시간 전에 일어난 일을 바탕으로 대답한다. 하지만 청소년기에는 시간과 최근의 경험을 넘어서서 자신에 대해 생각할 수 있는 능력이 발달한다. 또한 지위에 대한 생물학적 갈망이 갑자기 커지는 시기로, 자기 정체성이 처음으로 발달한다. 이 시기에는 안정적인 자아감이 발달하고 정체성을 형성하는 동시에 복측선조체 활동이 급격히 활발해지면서 심리학자들이 반사적 평가reflected appraisal라고 부르는 과정이 시작된다.[17] 요컨대 청소년기에는 자아 존중감self-esteem을 형성할 때 오로지 자신의 느낌이 아니라 다른 사람들의 평가에 대한 자신의 판단을 바탕으로 한다. 이를테면 같은 반 아이들이 모두 자기를 멋지다고 생각한다면 자기가 정말로 멋진 사람이라고 받아들인다. 또래 아이들에게 괴롭힘이나 무시를 당한다면 그 아이들이 못되고 무례하다고 해석하는 대신 자기가 보잘것없기 때문이라고 생각한다. 청소년기의 자아 개념은 단지 또래에게서 얻는 정보를 바탕으로 하는 정도가 아니라 또래들 사이의 경험에 엄청나게 의존하여 형성된다.

반사적 평가는 성인기에도 계속되지만 그런 경향이 특히 강한 사람들이 있다. 최근에 받은 긍정적, 부정적 피드백에 지나치게 영향을 받는 사람들도 많은 듯하다. 누가 자기를 좋게 생각한다는 말을 들으면 좋은 사람이 된 기분을 느끼고, 소외당하면 완전히 실패자가 된 기분을 느낀다. 명성, 아름다움, 권력, 부 등 높은 지위를 가지는 데 전념한 나머지 그런 요소에 정체성이 송두리째 흔들리는 것처럼 보이는 사람들도 있다. 신경과학 연구에서도 이런 양상이 관찰된다. 현재 알려진 바로는 복측 선조체의 신경 출력이 편도체와 해마의 일부를 포함하는 감정적 현저성emotional salience 연결망으로 이어진다고 한다.[18] 이 부분은 감정적 흥분, 가장 의미 있는 기억들, 무언가에 크게 영향받은 경험 등에 영향을 미치는 부위다. 그래서 우리는 사회적 보상을 일상적인 느낌으로 대한다기보다는 자존감의 바탕으로 여기게 된다. 심지어 지위가 곧 만족을 뜻한다고 생각하기도 한다. 유명하거나, 권력이 있거나, 아름답거나, 부유하거나, 영향력이 있지 않다면 자신이 쓸모없는 존재라고 생각하는 것이다. 이런 생각은 행복을 추구하는 데 그리 좋은 방법이 못 된다.

● 지위 중심의 인기를 쫓을 때 생기는 문제들

아직도 지위를 갈망하는가? 부유함이나 아름다움처럼 높은 지위와 연관되는 것들, 즉 동기부여의 자석을 원하는가? 외부적 보상에 대한 갈망을 동기 삼아 행동하는 일이 얼마나 자주 있는가? 주변 사람들 사이에서의 인기가 당신의 행복과 자아 존중감에 얼마나 영향을 미치게 하는가?

사실 우리는 모두 어느 정도의 지위를 원한다. 이것은 우리의 발달 과정과 신경 화학의 자연스러운 산물이다. 높은 지위를 누리며 사회적 보상을 즐기고 그것을 더욱 추구하는 행동은 지극히 정상이다. 문제가 생긴다면 높은 지위를 과도하게 추구하기 시작하면서부터일 것이다.

현대사회에서 지위를 높이기 위한 인기만을 추구하는 행동은 다음과 같은 문제들을 낳을 수 있다.

①내 인기를 지키기 위해 상대를 괴롭힌다

제인 구달Jane Goodall 박사는 우리와 DNA가 90퍼센트 이상 일치하고 진화적으로 가장 가까운 종인 침팬지를 관찰하기 위해 탄자니아의 곰베 숲으로 들어갔다. 구달의 연구는 동물행동학에서 일반적으로 받아들여지던 개념들에 의문을 제기했다. 인간에게서만 나타난다고 여겨졌던 많은 행동들이 다른 종에서도 흔하게 나타난다는 사실을 밝혀낸 것이다.

구달은 침팬지도 인간처럼 인기를 얻고 싶어 한다는 것을 발견했다.[19] 트위터 팔로워가 얼마나 많은지 자랑하지는 않지만 지위에 따라 어떤 개체가 먼저 자원을 차지할지 결정한다. 많은 동물들의 경우 무리에서 가장 인기 있는 개체는 젊고 다른 개체들에게서 충성을 받을 수 있는 부류다. 지위가 높은 수컷은 대개 힘이 세고, 암컷은 사회적 기술이 뛰어나다. 인기 있는 침팬지는 식량과 짝짓기 상대를 가장 먼저 고른다. 따라서 침팬지의 경우 지위는 생존상의 이점을 제공한다. 지위에 민감하고 지위에 따르는 사회적 보상을 열심히 추구할수록 기본적 욕구를 채울 수 있는 기회가 많아진다.

구달이 관찰하던 콩고 내 보호구역에는 침팬지 열 마리 정도가 공동체를 이루고 있는 무리가 있었다. 그 무리의 우두머리는 실라호라고 부르는 암컷 침팬지였다.[20] 그런데 보호구역에 침팬지 세 마리가 새로 들어왔다. 당연히 실라호는 손님을 맞이하는 주인이 할 법한 행동을 보였다. 신입 침팬지를 난폭하게 공격해서 굴복하게 만든 것이다. 그 후에도 실라호는 같은 행동을 한 번 더 했다. 구달의 설명에 따르면 실라호와 무리에 속한 침팬지 세 마리는 나중에 들어온 침팬지들이 반대편 지역 저 멀리 도망칠 때까지 그들을 괴롭혔다. 이 신입 침팬지들은 실라호의 지위가 건재한 몇 달 동안 무리에서 배척당했다. 많은 동물행동학자들이 이야기한 것처럼 구달 역시 동물들의 공격적 행동은 무리 가운데서 지배력과 지위를 확립하는 데 매우 효과적인 수단이라고 말한다. 이것은 타고나는 본능이다.

콩고에서 동쪽으로 약 1만 1천 킬로미터 떨어진 미국의 한 고등학교에서 인류학 교수 돈 머튼^{Don Merten}은 치어리더들을 관찰하고 있었다.[21] 이 학교에서는 치어리더가 최고였다. 다른 학생들에게 선망의 눈길을 받았고, 가장 인기 있는 남학생들에게 먼저 접근할 수 있었으며, 여학생들 사이에서 유행을 선도했다. 머튼의 기록에 따르면 인기가 없는 여학생이 응원단에 들어오려고 하자 치어리더들은 반사적으로 그 아이에게 공격적인 행동을 했다. 이들은 인기가 없는 여학생을 괴롭히고 따돌렸으며, 학년 전체에서 그 학생의 평판이 매우 나빠지게 만들었다.

치어리더들은 자신들이 그 학생에게 못되게 행동했다는 사실을 알고 있었고 그 일로 잘난 척하는 속물이라는 말을 들으리라는 것도 알고 있었다. 하지만 그건 중요하지 않았다. 머튼의 연구에 따르면 공격성의 기능은 지위의 본질적 특성인 독점성, 배타성을 지키는 것이다. 지배력을 유지하기 위해서는 독해질 필요가 있다. 치어리더들은 지위가 낮은 여학생을 무리에 끼워주려면 응원단 전체의 지위가 낮아지는 대가를 치러야 한다고 머튼에게 설명했다. 그 뒤의 연구에서는 지위가 높은 청소년이 상대가 같은 무리 안의 친구든, 비슷하게 지위가 높은 친구든 상관없이 공격적인 행동을 보이는 이유는 사회적 서열을 지키기 위해서라는 사실도 밝혀졌다. 얼굴에 주먹을 날린다든지 나쁜 소문을 퍼뜨리는 행동은 피해자와 구경꾼들 모두에게 그 학교 안에서 정해진 지위의 범위를 알려주면서 자신의 지배력을 강화하는 행동이었다. 그 사회적 질서에 위협이 되는 존재들은 공개적으로 복종을 강요당함으로써 제재를 받는다.

심리학자들은 이런 적대적 행동을 주도적 공격성proactive aggression이라고 부른다.[22] 이 행동은 매우 반복적으로 강해지는 경향이 있다. 대응적 공격성reactive aggression이 흔히 분노나 좌절에 대한 억제되지 않은 반응, 흥분, 충동으로 나타나는 반면 주도적 공격성은 냉정하고, 계산적이고, 자신의 지배력을 위협하는 사람을 정확히 표적으로 삼는다는 특징이 있다. 주도적 공격성은 지위를 얻거나 지킨다는 목표를 추구하는 목표 지향적 행동이다.

주도적 공격성이 표현되는 대표적인 예는 괴롭힘이다. 괴롭힘 가해자들의 말을 들어보면 주도적 공격성의 기능을 알 수 있다.

"친구들과 같이 있을 때 사람들을 놀림거리로 만들어요. 거짓말은 안 할게요. 우리 패거리 애들을 웃기려고 그런 거예요. 또 제가 더 높은 위치에 있으려고 그랬어요. 계속 그런 짓을 하지는 않지만, 그런 행동을 하면 제가 약간 높아지는 것 같은 기분이 들거든요."[23]

우리는 미국의 한 고등학교 10학년 학생 200명을 대상으로 한 연구에서 이런 행동을 직접 발견했다. 참가자들에게 같은 학년 학생 전체의 명단을 주고 친구들을 때리거나, 밀치거나, 겁을 주거나, 신체적으로 위협하는 학생, 그리고 다른 친구들을 따돌리거나, 배척하거나, 밀어내려고 일을 꾸미는 학생, 복수하는 의미로 친구 관계를 끊겠다고 협박하거나 소문을 퍼뜨리는 학생이 있는지 물었다. 여기에 더해 각자 가장 좋아하는 친구와 가장 덜 좋아하는 친구가 누구인지도 물었다.

이 아이들이 못된 친구들을 가려내는 것은 어렵지 않았다. 참가자들은 각각의 설명에 들어맞는 사람이 누구인지 정확히 알았고, 놀라울 정도로 일관성 있는 대답을 내놓았다. 우리는 공격적이라고 꼽은 학생들이 왜 그렇게 행동한다고 생각하는지 참가자들에게 물었다. 즉 좌절(대응적 공격성) 때문일지, 아니면 원하는 바를 얻기 위해서(주도적 공격성)일지 물어보았다. 그로부터 1년이 조금 지난 후 같은 집단에서 같은 자료를 한 번 더 수집했다.

우리 연구는 물론 다른 연구들의 결과에서도 제인 구달이 침팬지에게서 관찰했던 양상이 드러났다. 즉 공격적 행동은 10대들이 가장 확실하게 지위를 높이는 방법 중 하나였다.[24] 하지만 모든 공격성이 다 이런 경우에 해당하지는 않았다. 대응적 공격성을 표출한다고 묘사된 학생들은 지위가 낮았고 호감도도 낮았다. 반면 주도적 공격성을 표출하는 행동은 이와 정반대의 효과를 낳았다. 괴롭힘 가해자들의 경우 호감도는 낮았지만 이들의 주도적 공격성은 지위를 높이는 것과 관련이 있었다.

어른들도 지위를 높이기 위해 공격성을 이용할까? 물론이다. 이런 행동은 자신이 관심을 받을 만한 사람이라고 보이게 하려고 이웃의 험담을 하는 것 같은 개인적 차원에서도 일어나고, 도널드 트럼프^{Donald Trump}가 기자나 경쟁자에게 모욕적인 발언을 할 때마다 여론 지지도가 높아지는 것처럼 대중적 차원에서도 일어날 수 있다. 심지어 한 국가가 자국의 지배적 위치를 주장하기 위해 약소한 적국을 공격할 때처럼 국제적 차원에서 일어나는 일이기도 하다.

그러나 이런 사례들처럼 공격성을 표출하는 것은 근시안적 행동이다. 당장은 지위가 높아지고 약간의 사회적 보상을 얻게 해줄지 몰라도 궁극적으로 정말 중요한 바람을 이루는 행동은 아니기 때문이다.

②인기 있는 유명인에게 무분별한 영향을 받는다

2005년 6월 24일, 미국 방송에서 전 세계 언론의 관심을 사로잡은 사건이 일어났다.

활기찬 아침 뉴스 프로그램인 〈투데이 쇼^{Today Show}〉가 여느 때처럼 진행되고 있었다. 적어도 진행자인 매트 라우어^{Matt Lauer}가 다음 게스트를 소개할 때까지는 그랬다. 게스트는 바로 출연하는 영화마다 줄줄이 엄청난 흥행작으로 만든 톰 크루즈^{Tom Cruise}였다. 투데이 쇼에서는 그에게 정신 건강 관리법에 대한 의견을 물었다. 15분 동안의 인터뷰 중 후반부에서 톰 크루즈는 산후 우울증, ADHD의 증상 치료를 위한 리탈린^{Ritalin}이라는 약물, 정신과적 치료, 고통을 겪던 동료 배우가 정신 건강 치료를 받기 위해 선택했던 방식 등에 대한 사이언톨로지교^{Scientology}와 자신의 신념을 이야기했다.

이날 미국에는 눈길을 끌 소식들이 얼마든지 있었다. 헌법상 보장된 권리에 낙태가 포함되는지를 다툰 로 대 웨이드 사건^{Roe v. Wade}에서 로^{Roe}라고 불린 노마 맥코비^{Norma McCorvey}가 의회에서 증언하고 있었고, 상원에서 전면적인 에너지 관련 입법 승인을 앞두고 있었다. 9·11 테러사건에 대한 미국의 대응과 관련하여 당파 싸움이 극에 달하기도 했다. 하지만 매체에서 가장 대대적으로 다룬 것은 바로 톰 크루즈의 인터뷰였다. 톰 크루즈의 종교 이야기는 전 세계 여러 매체에서 다루어졌고 그다음 주까지《뉴욕타임스^{The New York Times}》와《워싱턴포스트^{The Washington Post}》에 등장했다.

다른 모든 중요한 이슈를 제칠 만큼 톰 크루즈의 인터뷰가 중요한가? 아니면 단지 그가 인기가 많기 때문에 그의 말에 관심을 가진 것일까?

몇 년 후, 텔레비전 스타 제니 매카시^{Jenny McCarthy}는 여러 토크쇼에 출연해서 새로 써낸 책에 대해 이야기했다. 이 책에서 그녀는 광범위한 의료계의 음모가 아들의 자폐증과 예방접종의 연관성을 감추고 있다고 주장했다. 매카시는 자신이 과학자라고 주장한 적이 없고 자신의 믿음을 뒷받침하는 증거는 오직 엄마로서의 본능에서 나온다고 순순히 인정했다.[25] 부모로서 아이가 충격적인 진단을 받았을 때 대응 전략을 세우고 의미를 찾는 것은 전적으로 이해할 수 있는 일이다. 자신이 아는 만큼 진심을 다해 다른 부모들을 도우려는 제니 매카시의 행동이 잘못되었다고 할 수도 없다.

하지만 제니 매카시가 유명인이라는 사실은 그녀의 의견에 확실히 힘을 실어주었다. 《패닉 바이러스*The Panic Virus*》의 저자 세스 누킨Seth Mnookin은 자폐증에 대한 제니 매카시의 이론이 다른 도움 없이 그 힘만으로 예방접종 회의론자들을 주류로 밀어 올렸다고 적고 있다. 제니 매카시는 몇 주에 걸쳐 오락 프로그램이 아니라 뉴스 프로그램에 출연했다. 그녀는 미국 소아과학회에서 나온 의사들과 나란히 앉아 있었고, 기자들은 예방접종에 관한 질병통제예방센터의 견해에 반박하는 연구와 발언들을 보도하는 것만큼 진지하게 그녀의 의견에 대해 논의했다.

대중은 그녀의 말을 귀 기울여 들었을 뿐만 아니라 의견을 바꾸기까지 했다. 매카시가 의료계를 향한 불신에 대해 이야기할수록 더 많은 부모들이 그녀처럼 회의적인 입장을 취하게 되었고, 결국 주치의의 조언에 따르지 않기 시작했다. 누킨은 매카시가 방송에 출연한 후 자녀에게 예방접종을 하지 않는 부모의 수가 급등했다고 밝혔다.

우리를 즐겁게 해주는 유명인들의 모습을 즐겨보는 것과 지위가 높은 인물들에게 매혹되어 무분별한 영향을 받기 시작하는 것은 완전히 다른 문제다.

현대사회에서 유명인은 가장 지위가 높은 축에 속한다. 이들은 매력과 막대한 부 같은 속성을 바탕으로, 흔히 지위와 연관되는 명망과 지명도 등을 모두 갖추고 있다. 당연히 관심이 생길 수밖에 없다. 우리는 고등학교 시절 인기 있었던 아이들에게 주목했듯 그들의 삶, 외모, 연애, 결별 등을 궁금해한다. 유명인의 삶을 다루는 매체를 소비하고 관심을 쏟는 것이 유치해 보인다면, 사회적 보상에 대한 갈망이 처음으로 꽃피기 시작하던 어린 시절이 생각나기 때문일 것이다.

우리는 단지 유명인들의 높은 지위 때문에 그들에게 쉽게 동조하게 끔 설계되어 있기도 하다. 마케팅 담당자들은 오랫동안 이런 경향을 이용해왔다. 상품과 서비스 판매, 기금 모금, 심지어 정치인 홍보에 유명인의 이미지나 목소리를 사용하는 방법은 수십 년 동안 사용된 흔한 전략이다.

하지만 높은 지위를 활용하여 관심을 끌거나 행동을 바꾸려는 시도가 도를 넘어서기도 한다. 일반인들이라면 결코 원하지 않을 정도로 유명인의 사생활이 너무 자세하게 노출되는 경우가 여기에 해당한다. 그럼에도 대중은 그들을 계속 지켜보고, 매체에서는 이런 이야기가 시청률을 높인다는 메시지로 받아들이게 된다. 다이애나 왕세자비^{Princess} ^{Diana}가 파파라치들에게 쫓기던 와중에 사망한 사건은 이와 같은 양상을 보여주는 유명한 사례다. 유명인들에게 선거 운동이나 의회 청문회처럼 자신의 전문 분야가 아닌 문제에 의견을 표명하도록 요청하는 것도 지위가 높은 인물을 과하게 이용하는 사례에 해당한다. 이쯤에서 우리는 높은 지위를 찬양하는 행동이 개인과 사회에게 어떤 의미가 있는지 자문해보아야 하겠다.

● **왜 갈수록 지위에 대한 집착이 강력해지는가**

2001년, 정치학자 로버트 퍼트넘^{Robert Putnam}은 《나 홀로 볼링^{Bowling} ^{Alone}》이라는 책을 출판했다. 이 책은 20세기 이후 40년 동안 미국인의

삶에서 일어난 사회적 변화를 살펴본 주목할 만한 작품이다. 퍼트넘의 연구에 따르면 우리는 그 어느 때보다도 지위에 높은 가치를 부여하는 사회로 옮겨가면서 급변하는 시대에 살고 있다. 퍼트넘은 '좋은 인생'에 대한 대중의 인식이 사회에 기여하고자 하는 마음에서 지위와 부에 대한 욕구 쪽으로 변했다는 사실을 발견했다. 1975년에는 좋은 인생이라는 개념에 '많은 돈'이 포함된다고 한 조사 응답자가 38퍼센트였고, 1996년에는 이 비율이 63퍼센트까지 올라갔다.[26] 같은 기간 동안 휴가용 별장, 더 많은 컬러 텔레비전, 아주 좋은 옷을 갖고 싶어 한 사람들의 비율은 두 배에서 세 배 늘어났다. 한편 행복한 결혼, 자녀, 타인과의 교감에 대한 바람에 대해 응답한 비율은 약간 떨어졌다.

코넬 대학교의 역사학자 조앤 브룸버그Joan Brumberg도 이와 비슷한 결과를 얻었다.[27] 브룸버그는 지난 100년간의 일기를 수집, 분석하여 한 세기 동안 사람들의 욕구가 어떻게 변해왔는지 밝혀냈다. 브룸버그에 따르면 1890년대의 젊은 여성들은 자신에게만 집중하는 대신 다른 사람들에게 더 관심을 갖겠다고 결심했다. 이들의 목표는 사회에 기여하고, 인격을 갈고닦고, 서로에게 만족스러운 인간관계를 맺는 것이었다. 반면 1980년대와 1990년대에 쓰인 일기에는 살을 빼거나, 새로운 헤어스타일을 찾거나, 새 옷, 화장품, 액세서리를 사는 데 필요한 일이라면 뭐든지 하겠다는 생각이 담겨 있었다. 최근의 경향도 이와 별로 다르지 않을 것이다. 짐작건대 이런 소망들은 모두 다른 사람들에게 더 많은 관심과 인정을 받기 위한 행동으로 보인다.

이제 사람들은 '인기는 필수지. 권력, 영향력, 명성은 선택. 인격, 배려, 사회? 그렇게 중요하진 않지'라고 생각한다. 우리는 왜 이렇게 지위에 목마르게 되었을까? 몇 세대 사이에 도대체 무슨 일이 일어난 것일까? 이 질문에 대한 답은 여러 가지 요소로 설명할 수 있다.

1943년, 에이브러햄 매슬로Abraham Maslow는 욕구 단계설을 제안했다.[28] 이 이론에 따르면 각각의 욕구는 아래 단계의 욕구가 충족된 후에야 비로소 채울 수 있다. 우리는 가장 먼저 음식, 주거지, 안전 등 기본적으로 생존에 필요한 기본적인 요건을 갖추려고 애쓴다. 매슬로는 이 다음 단계가 사랑과 애착을 추구하는 단계라고 본다. 그다음에는 매슬로가 존중 혹은 자기 존중esteem이라고 불렀던 가치를 추구하는 단계다. 존중은 사실상 지위에 해당하는 개념으로, 다른 사람들에게 존중과 인정을 받고 싶은 욕구를 말한다. 오늘날 지위에 대한 갈망이 높아진 현상은 굶주림과 소외가 점점 사라지고 있는 사회의 환경을 반영하는 것일까? 어느 정도는 그럴지도 모른다. 매슬로가 옳다면 지위를 갈구하는 경향은 좋은 일일 것이다. 그의 이론에 따르면 존중 욕구가 만족된 후에는 욕구 단계설의 마지막 단계인 자아실현으로 나아갈 수 있기 때문이다.

지위에 대한 욕구가 강해지는 이유를 점점 개인주의적 경향이 심해지는 문화 때문으로 해석할 수도 있다. 《나 홀로 볼링》에서 퍼트넘은 미국의 공동체 의식이 점점 자율과 자립이라는 규범으로 대체되면서 약화되는 양상에 대해 광범위하게 논의한다. 20세기로 들어설 무렵 서양 사회는 현재에 비해 훨씬 더 협력과 동반자 의식에 바탕을 둔 사회였다. 특히 산업화 시대의 노동 부문에서는 여럿이서 협력하는 작업반 없이 할 수 있는 작업이 거의 없었다. 1900년대 초반에는 각 지역에서 평등

주의 공동체가 모든 주민의 안전과 편안함을 확보했다. 이때도 높은 지위에는 당시 상황에 맞는 혜택이 따랐겠지만 집단에 대한 충성과 협력은 분명 삶에서 필요한 부분이었다.

반면 오늘날의 직장과 가정생활은 이와 대조적이다. 목표를 이루기 위해 여러 직원이 동시에 협력해야 하는 직업은 훨씬 줄어들었다. 사실 직원들이 굳이 같은 건물이나 시간대에 일할 필요조차 없는 경우도 있다. 가정생활에 대해 말하자면, 많은 사람들이 이웃에 누가 사는지 모른 채 살고 있다. 이제 웬만한 욕구는 거의 다 스마트폰이나 인터넷으로 해결할 수 있다.

공동체 의식이 희미해지고 상호 의존이 덜 필요한 문화에서는 남들과 나누려는 경향이 남들보다 더 많이 가지려는 욕구로 대체되고 있을까? 즉, 높은 지위에 대한 욕구가 강해진 것은 개인주의 때문일까? 만약 그렇다면 개인의 지위보다 집단의 조화를 강조하는 집단주의적 문화가 있는 사회보다 개인주의적 사회에서 지위를 추구하는 경향이 더 강하게 나타날 것이라는 가설을 세울 수 있다.

몇 년 전, 나는 뉴욕에서 일본으로 떠나며 흥미로운 점을 발견했다. 뉴욕의 케네디 공항으로 향하는 지하철 안에는 마치 명예로운 훈장처럼 개성적인 옷차림을 한 사람들이 가득했다. 그들의 옷, 머리 모양, 행동은 모두 "나를 봐!"라고 소리치는 것만 같았다. 하지만 도쿄의 나리타 공항에서 출발한 지하철 안의 분위기는 이와 사뭇 달랐다. 모든 사람들, 특히 어른들이 비슷하게 옷을 입고 행동하는 모습이 매우 인상적이었다. 개인의 성취보다 공동의 성취를 더 가치 있게 여기는 사회에서는 눈에 띄려는 시도가 불필요할 뿐만 아니라 매우 방해가 된다. 며칠 후 나는 나라 지역의 종교 기념품점에 들렀다. 기념품은 각자의 소원을 담아 맞춤형으로 만들어지는데 "가족들을 도와주고 싶다", "사회에 기여하는 사람이 되고 싶다" 등의 의미를 담은 문구를 선택하는 사람이 많았다. 미국에서라면 어떤 소원을 담은 문구를 가장 많이 선택할지 궁금하지 않을 수 없었다.

우리 연구실에서는 호감과 지위를 바탕으로 한 두 가지 유형의 인기를 미국과 중국에서 동시에 조사하여 지위와 문화의 관련성을 검증해 보았다. 나는 대학원생 크리스 셰퍼드Chris Sheppard, 소피 초우커스브래들리Sophie Choukas-Bradley와 함께 양국의 열다섯 살 청소년들에게서 모은 자료를 분석했다. 이 자료는 동료 연구자인 존 아벨라John Abela가 중국의 도시 지역인 창사와 시골인 류양에서, 그리고 내가 미국 내에서 같은 절차를 통해 수집한 자료였다. 총 800여 명의 청소년들은 학교에서 가장 좋아하는 친구와 가장 덜 좋아하는 친구, 가장 지위가 높다고 생각하는 친구와 가장 낮다고 생각하는 친구를 골라냈다.

그런데 이 단계에서 놀랍게도 지위라는 개념이 제대로 번역되어 전달되지 않았다. 사실 북경어에는 서양 국가의 청소년들 사이에서 인식되는 '인기'와 의미가 같은 단어가 없기 때문에, 우리는 중국 원어민과 북경어 전문가의 조언을 받아 호감과 지위를 설명하는 어구를 사용해야 했다.

서로 약 1만 2천 킬로미터 이상 떨어진 곳에 사는 청소년들의 응답을 살펴본 결과, 우리는 인기가 부분적으로라도 문화에 그 뿌리를 두고 있을지 모른다는 점을 발견했다.[29] 미국에서는 지위와 호감이 매우 뚜렷하게 구별되는 속성이었다. 한 속성이 두드러지게 나타나는 아이들과 다른 속성이 두드러지게 나타나는 아이들이 겹치는 경우는 그리 많지 않았다. 하지만 중국에서는 지위가 높은 아이들이 가장 호감 간다는 평가를 받은 경우가 많았다. 사실 미국 자료의 분석 결과에 따르면 높은 지위는 매우 공격적인 아이들과 관련이 있었다. 반면에 중국에서는 정반대의 결과가 나왔다. 매우 공격적인 아이들은 지위가 낮았다. 공동체를 중시하는 문화에서는 지위가 그렇게까지 중요하지 않을 수 있다.

사람들이 점점 지위에 집착하는 원인을 설명하는 세 번째 가설은 대중매체와 관련이 있으나 그 방식은 우리의 짐작과 다를 수 있다. 통신 연구 분야의 학자들 사이에서는 매체가 슈퍼 피어super-peer(강한 영향력을 미치는 또래와 같다는 의미로 대중매체를 일컫는 말-옮긴이)로 통한다.[30] 매체가 우리의 가치관을 반영하는 데 그치지 않고 형성하는 역할까지 하기 때문이다. 매체는 우리가 읽고, 보고, 주목하는 또래 친구인 셈이다. 지위가 높은 또래들을 접할 수 있게 해주는 매개체일 뿐만 아니라 지위가 높은 또래 그 자체의 역할을 한다. 이렇게 강력한 또래인 대중매체에게서 관심을 받는다는 것은 지위와 관련된 중요한 신호이자 엄청난 사회적 보상이 보장되어 있다는 의미다.

이 이론에 따르면 지위에 대한 욕구가 강해지는 경향은 1980년대에 일대 전환점을 맞았다. 이 시기에 들어서서 미디어는 결코 잠들지 않는 친구가 되었다. 한 종류의 신문과 소수의 라디오, 텔레비전 프로그램에 익숙했던 사회는 갑자기 24시간 내내 정보를 얻을 수 있는 수천 가지의 선택지 앞에 놓이게 되었다. 미디어의 힘이 기하급수적으로 커짐에 따라 시청자들의 관심을 계속해서 끌어오기 위해 온갖 수단을 활용하기 시작했다.

1980년 6월 1일, 미국 최초의 24시간 뉴스 채널인 CNN이 등장했다. 사회학자 조슈아 갬슨Joshua Gamson과 데니스 맥퀘일Denis McQuail이 관찰한 바에 따르면 이 현상은 제작자들이 시청자들을 최대한 오래 붙잡아둘 수 있도록 방송 시간을 채워 넣어야 하는 난제에 맞닥뜨리게 되었다는 의미였다.[31] 맥퀘일은 방송인들이 극도로 규칙적이면서도 다른 산업에 비해 훨씬 부담스러운 일정에 맞춰 창조적이거나, 참신하거나, 독특하거나, 예상을 뛰어넘는 이야기를 만들어내야 한다고 적었다. 그러기 위해 방송인들은 과거에 효과가 있었던 보도 전략에 훨씬 더 의존하게 되었다. 즉, 인간적인 사연으로 포장한 뉴스를 내보내게 되었다. 방송 구성상의 이런 변화는 지위에 대한 욕망에 엄청난 영향을 미쳤다.

개인적인 사연을 구성하는 것은 어떤 사건의 전개에 감정적 요소를 첨가할 수 있는 간단하고 효과적인 방법이다. 방송에서 기후 변화가 극지방의 얼음에 미치는 영향에 대한 이야기를 한다면 사람들은 채널을 돌려버릴 것이다. 하지만 지구 온난화로 홍수에 잠긴 마을에서 필사적으로 살아남으려고 애쓰는 한 가족의 이야기를 예고편으로 보여준다면 사람들이 방송을 계속 볼 가능성이 높다. 이런 식으로 실제 인물들에 초점을 맞추는 방송이 늘어났고, 오래지 않아 대중이 뉴스 속 인물로 등장하는 일이 그 어느 때보다도 많아졌다. 몇 분 동안 누구라도 매체의 초점을 한 몸에 받는 주인공이자 그 시간대에 가장 '눈에 띄는' 사람이 될 수 있었다. 높은 지위 덕분에 경외의 눈길을 받던 사람들, 멀게만 느껴졌던 그들과의 거리가 갑자기 좁혀진 듯 보였다.

지위가 높은 사람들과의 간극이 줄어들수록 지위에 대한 집착은 훨씬 더 심해졌다. 부유하고 유명한 사람들의 생활에 대한 관음증적 호기심이 늘어나고 이에 따라 연예계 소식을 전하는 선정적인 신문도 함께 급증하는 현상, 실제 상황을 담은 리얼리티 쇼와 SNS가 발달하는 현상은 사실상 누구나 갑작스럽게 높은 지위에 접근할 수 있게 되면서부터 일어난 일이라고 할 수 있다. 자신과 다를 바 없는 사람들이 상상할 수도 없던 사회적 보상을 받는 모습을 보게 되자 대중은 그밖에 다른 소망은 품을 수 없는 지경에 이르렀다.

오늘날 대중은 뉴스를 전하는 데 사용되는 서사의 장치가 아니라 뉴스 그 자체가 되어버린 듯하다. 단지 지위 때문에 유명해진 사람들이 등장했고, 이제 그들의 행동, 말, 생각이 그 자체로 뉴스거리가 되고 있다. 이런 현상은 상품과 사업의 인기는 물론 그로 인해 만들어지는 가치에도 영향을 주며, 현대의 마케팅과 산업의 양상을 바꾸어 놓았다. 이제는 우리 사회가 어디로 향하고 있는지 생각해보는 것도 무서운 상황까지 온 것만은 분명하다.

● 인기가 행복을 가져다줄 거라는 거짓말

우리는 앤디 워홀Andy Warhol의 말처럼(실제로는 워홀이 한 말이 아니라고 하지만 "미래에는 모두가 15분 동안 유명해질 것이다"라는 말을 남겼다고 알려져 있다─옮긴이) 각자가 반짝 유명해지는 순간을 잡으려고 애쓰는 세상에 살고 있다. 미국에서만 한 해에 110억 달러(약 11조 8,690억 원)가 넘는 돈이 성형 수술에 쓰이고, 막대한 부와 명성을 얻는 법에 대한 책이 베스트셀러 목록에 자주 올라온다. 사랑하는 사람들과 교류하고 시간을 보내야 할 순간에도 인기가 높아지리라는 희망을 품은 채 트윗을 날리고 게시물을 올린다. 2010년대 중반에는 SNS 팔로워 수를 늘리도록 도와주는 일만 전문으로 하는 회사도 등장했다. 지위를 높이는 데 들어가는 이 모든 시간, 에너지, 비용이 과연 그만한 가치가 있을까? 높은 지위는 정말로 우리를 행복하게 해줄까? 인기가 많으면 행복할까?

답은 'NO'다. 더 정확하게 말하자면 '대체로 그렇지 않다'다. 여기서 단호하게 아니라고 하지 않은 이유는 질문을 어떻게 생각하느냐에 따라 답이 달라질 수 있기 때문이다. 재산이나 권력, 아름다움이 부족하다는 이유로 자주 무시를 당하는 것 같은 낮은 지위로 경험할 수 있는 일들을 고려한다면 인기가 없는 사람은 살면서 많은 어려움을 겪게 되리라는 결론에 이르게 된다. 낮은 지위는 단지 문제를 일으킬 수 있는 요인들을 보여주는 것만이 아니다. 사회경제적 압박이나 문화적 불이익의 영향을 고려하더라도 우울증과 같은 결과와 연관되어 왔다.[32]

하지만 대부분의 사람들이 평균에만 겨우 미치는 삶을 소망하지 않듯, 먹고살기 위해서라든가 개인적 단점을 보완하려는 실용적인 목적으로 지위를 추구하는 사람은 거의 없다. 우리가 높은 지위를 갈망하는 이유는 마음속 깊은 곳에서 지위가 있으면 행복해지리라고 믿기 때문이다.

이 확신이 틀렸다면 어떨까? 최근의 연구에 따르면 지위가 높은 사람들의 삶이 그렇게 아름답지만은 않다. 심리학자들은 이름만 들으면 알 정도로 우리 사회에서 가장 인기 있는 인물 십여 명을 대상으로 인터뷰를 했다.[33] 연구 참가자들에는 영화배우, CEO, 텔레비전 스타, 주지사, 음악인, NBA와 NHL 선수, 언론인, 아역 출신 유명인이 포함되었다. 지위가 가장 높은 편에 속하는 이 인물들은 분야와 경력에 상관없이 '인기 있는 삶'에 대해 매우 비슷한 이야기를 들려준다. 그리고 이 이야기에서는 몇 개의 단계가 순차적으로 나타난다.

①기쁨: 높은 인기에는 관심과 동경의 소용돌이가 따라온다.

한 참가자는 이렇게 설명했다.

"제일 먼저 일어나는 일은 주위 환경과 사람이 전부 바뀌는 거예요…….
제일 친한 친구들까지도 변하는 게 느껴져요."

관심과 함께 많은 혜택도 따라온다.

"믿을 수 없을 정도예요. 갑자기 엄청 가치 있는 사람이 되죠. 중요한 사람이 돼요."

"공짜로 제공되는 물건들이 필요 없어질 정도의 재산을 갖게 되면 공짜 물건들이 쏟아져 들어와요."

이런 경험은 '길티 플레저guilty pleasure', '도취감', '황홀감' 등으로 묘사된다.

②압도: 갑자기 높아진 인기를 감당하기 힘들어진다.

한 참가자는 이렇게 경고했다.

"《페임 101*fame 101*》은 어떤 일이 일어날지 사람들에게 가르쳐주기 위해 필요한 책이에요. 몰려드는 사람들, 수도 없이 많은 요구들, 편지, 이메일, 길에서 인사하는 사람들, 차 안에서 알은체하는 사람들, 경적을 울리는 사람들, 이름을 외치는 사람들이 날 압도해요. 존재하는지도 몰랐던 세상이 통째로 다가오죠. 어느 날 갑자기 일어나는 일이에요. 작은 회오리바람처럼 조금씩 커지다가 이쪽으로 점점 다가오고, 코앞에 닥쳤을 때는 어마어마하게 커져서 우릴 완전히 휩쓸어가는 거예요."

예상하다시피 이것은 다음과 같은 단계로 이어진다.

③분노: 관심이 거슬리기 시작한다.

어떤 영화배우는 이렇게 말했다.

"우리 안의 동물 취급이죠. 스포츠 경기를 보러 가서 통로 쪽 자리에 앉잖아요? 갑자기 옆에 누가 무릎을 꿇고 앉아요. 나한테 말을 걸려는 거죠. 계단으로 확 밀어버리고 싶다니까요."

④중독: 인기에 대한 상반된 감정이 견딜 수 없을 정도로 강해진다.

"한때는 중독될 수 있는 거의 모든 것에 중독되어 봤는데, 그중에서 중독성이 제일 심한 건 명성이에요."

무언가에 중독된 사람들은 그 경험에 의존하게 되고, 그것을 원하는 자신을 혐오하면서도 어떻게 해서든 다시 그 즐거움을 맛보고 싶어 한다. 지위가 높은 사람들 중에는 이 단계를 극복하지 못하고 끝없이 더 큰 쾌감을 좇는 경우도 있다. 그 즐거움을 놓치면 자신이 그토록 절박하게 갈망하는 명성을 마지막으로 한 번이라도 맛보기 위해 뭐든 할 준비가 된 중독자가 되고 만다. 이것이 반복되면 심신이 망가질 수 있다. 다른 중독과 달리 지위에 대한 갈망을 채우기 위해서는 다른 사람들의 힘이 필요하기 때문이다.

⑤분열: 인기가 자신의 진짜 성격에 바탕을 두고 있지 않다는 것을 깨닫는다.

"내가 하는 행동 때문에 나를 좋아하는 사람이 엄청나게 많다는 걸 알게 돼요. 그 사람들은 내가 진짜로 어떤 사람인지에 대해서는 관심도 없어요."

"그건 진짜 내가 아니에요……. 작동하고 있는 나의 일부, 유명인으로서의 나, 결국 난 진열장 안에 있는 장난감인 셈이죠."

어떤 사람들은 진정한 의미에서 자아 개념을 유지하기 위해 인격을 분리하지 않을 수 없다고 말한다. 대중 앞에서의 모습, 가족과 친구들 앞에서의 모습이 따로 있는 한편 진정한 자아는 어딘가에 갇혀 있다. 오랜 시간이 지나면 자신의 어떤 모습이 진짜인지 기억하기가 점점 힘들어진다.

한 참가자는 이렇게 말한다.

"생각하는 것 따로, 말하는 것 따로예요……. 진정한 나 자신을 보여주고 싶지만 그렇게 안 돼요."

⑥외로움과 우울: 진정한 자신에 대해 제대로 알아주는 사람이 아무도 없다.

한 응답자는 이렇게 설명한다.

"전 친구들을 잃었어요⋯⋯. 사람들 있는 곳에 갈 때마다 선망의 눈길을 받지만, 친구들은 그렇지 않잖아요⋯⋯. 친구들이 나를 보고 열등감을 느껴요⋯⋯. 마치 저는 특별하지만 그들은 아닌 것처럼, 전 비범하지만 그들은 평범한 것처럼 되어버려요⋯⋯. 그러면 알게 되죠. 이제 친구들이 굳이 저와 어울리지 않으려고 한다는 걸요. 전 친구들을 이해해요. 이해해야죠."

수년간 국제적인 대규모 에너지 복합기업의 CEO이자 사장으로 재직한 필립 뷔르기에르Philip Burguières는 이와 같은 소외에 대해 자주 이야기했다.

"내 생각에 CEO 중에서 50퍼센트는 어느 순간에든 우울증을 겪는다고 봅니다.[34] 그런 문제로 거의 매일 전화가 와요. 우울증으로 고생하고 있거나 그런 경험이 있었던 CEO들을 최소한 일주일에 두 번은 만납니다."

이매진 드래곤스Imagine Dragons의 보컬 댄 레이놀즈Dan Reynolds도 지위가 높아진 경험을 이와 비슷한 표현을 사용하여 묘사했다.[35]

"지독하게 우울했죠⋯⋯. 인생이 이렇게 변하면 외로워요. 친구도 전부 잃었어요⋯⋯. 인간관계가 다 거짓인 것 같아요."

올림픽 수영 선수 이언 소프Ian Thorpe는 관심이라는 암덩어리 때문에 우울증에 걸렸다고 말한다.[36]

"가끔 사람들은 우리도 이런 기분을 느낄 권리가 있다는 생각을 안해요. 우리가 유명하거나 성공했기 때문이죠."

⑦다른 것에 대한 바람: 다른 사람들이 바라는 모든 것을 가지고 있지만 자신이
   가장 원하는 한 가지가 없다.

"인기는 원래 믿을 수 없는 댄스 파트너예요. 언제든 우릴 떠나 버릴 수
있거든요……. 굉장히 알 수 없는 것이죠. 그 댄스 파트너를 통해서 나
에게 다가오는 사람도 역시 알 수 없는 존재예요. 왜? 왜 나를 원하지?
왜 나에게 관심을 갖지? 그러다 혼자서 넘겨짚기 시작하죠. 전 주변에
벽을 쌓고, 그 밖에서만 사람들을 상대하고 안에는 들여놓지 않게 됐어
요."

한 참가자는 이렇게 설명하면서 눈물을 보였다.

"아들이 걱정돼요. 제가 유명하기 때문에 자기가 어딘가 더 특별하다
고 생각하지 않았으면 좋겠어요. 그리고 아이가 명성을 사람의 가치로
생각하지 않을지, 커서 명성 있는 사람이 되지 못하면 자기가 인정받지
못한다거나 사람들에게서 존중받을 가치가 없다고 생각하지 않을지
가끔 걱정도 되고요. 제 생각에는 많은 사람들이 명성과 가치를 혼동하
는 것 같아요. 우리 문화 전체가 그렇죠."

그래서 이 사람들은 진실함이 느껴지는 대상에 투자하기로 마음먹
는다. 인도적 활동이나 자원봉사를 하는 사람들도 있고 사회 운동을 적
극적으로 지지하기도 한다.

하지만 이들이 무엇보다도 절실히 갈망하는 것은 진정한 인간적 교
류인 경우가 많다. 자신의 존재 자체에 신경을 써주고, 받아들여주고,

함께 시간을 보내고 싶어 하는 사람들과의 관계 말이다. 지독히 모순적인 일이다. 세상 사람들은 지위를 원하는데 그것을 가진 사람들은 호감을 받고 싶어 하고, 호감을 바탕으로 진정한 인간관계를 맺고 싶어 한다. 게다가 호감으로 얻는 인기는 그들이 지금 누리고 있는 인기보다 훨씬 얻기 쉬운 것이라는 게 가장 큰 아이러니다.

'가장 인기 있었던' 아이들의 경우는 어떨까? 이런 아이들이 모두 스포츠 스타나 유명인, 고위 정치인이 되지는 않았다. 이 아이들은 어떤 사람이 되었을까? 이런 의문에 대해 다룬 최근의 과학적 자료가 있다. 버지니아 대학교의 조 앨런Joe Allen과 동료들은 한 고등학교에서 '잘나가는' 아이들을 추적하여 높은 지위가 장기적 이득이나 문제로 이어지는지 알아보고자 했다.[37] 앨런의 연구는 고등학교에 갓 입학한 아이들을 대상으로 시작되었다. 열세 살이 된 사춘기 아이들은 순진했고 청소년 특유의 어설픈 느낌이 있었다. 지위가 높은 아이들도 있었지만 대부분은 그렇지 않았다. 앨런은 다양한 척도를 사용하여 가장 인기 있는 아이들, 그리고 높은 지위에 가장 신경 쓰는 것 같은 아이들을 알아냈다.

고등학교 시절을 떠올려보면 알겠지만 지위 높은 청소년들은 전체 학년에서 가장 먼저 연애를 시작했고, 물건 훔치기나 극장에 몰래 숨어 들어 가는 등 사소한 일탈 행동의 징후도 가장 먼저 나타냈으며, 매력적인 외모의 친구들과 어울릴 가능성이 가장 높았다. 이것은 많은 청소년들이 멋지다고 여기는 속성들이고, 말할 것도 없이 이런 속성을 나타내는 아이들이 가장 인기 있는 친구로 꼽혔다. 앨런과 동료들은 이 집단을 유사 성숙pseudo-mature한 청소년으로 분류했다.

10년 후, 앨런과 연구팀은 과거의 유사 성숙 집단이 또래와 비교하여 어떻게 자랐는지 알아보았다. 20대가 된 참가자들을 만나기 위해 전국 곳곳으로 가서 그들은 물론 친구와 연인까지 인터뷰하고, 공식적인 기록과 SNS까지 살펴보았다.

이들의 발견에 따르면 열세 살에 모든 것을 가진 듯 보였던 유사 성숙 집단은 더 이상 그때처럼 살고 있지 않았다. 오히려 예전에 지위가 낮았던 또래들보다 훨씬 많은 문제를 겪고 있는 듯했다. 이 아이들은 20대가 되어 알코올과 마리화나를 남용할 가능성이 훨씬 더 높았고 음주 운전을 하거나 심각한 약물 관련 문제를 겪을 가능성이 더 높았다. 이들의 사회경제적 지위 그리고 청소년 시절에 겪은 음주나 약물 문제를 고려하더라도, 10대 시절 지위에 대한 관심은 성인이 된 후의 상황에 중요한 영향을 미쳤다.

예를 들어 열세 살에 경험한 높은 인기는 성인이 된 이후의 친구 관계가 부실한 것과 연관성이 높았다. 참가자의 삶에 대해 많은 이야기를 해줄 수 있는 친구들과 인터뷰한 결과 인기가 많았던 아이들은 성인이 되어 친구를 사귀는 데 더 많은 어려움을 겪었고, 그렇게 사귄 친구들은 그 관계를 그리 좋아하지 않았다.

이들은 만족스러운 연애를 할 가능성도 더 낮았다. 연인과 헤어진 이유에 대해서는 상대방이 자신을 인기 있는 사람이 아니라고 생각해서, 혹은 어울리는 무리가 별로라고 생각했기 때문이라고 여길 가능성이 높았다. 청소년기에 지위에 관심이 많을수록 평생 동안 더 높은 인기를 추구하는 경향과 연관이 있었다.

성인을 대상으로 한 종단 연구들에서도 이와 비슷한 결과가 발견되었다. 심리학자 리처드 라이언Richard Ryan과 팀 캐서Tim Kasser는 외부적 목표와 삶에 대한 만족도 및 행복의 신기한 연관성을 발견했다.[38] 이들은 북아메리카, 러시아, 크로아티아, 독일, 대한민국을 비롯한 세계 여러 나라 사람들의 소망을 조사했다. 연구가 수행된 장소와 관계없이 결과는 놀라울 정도로 일관성이 있었다. 친밀하고 애정 넘치는 인간관계, 개인적 성장, 타인을 돕기 등 내부적 보상을 소망하는 사람들은 행복, 활력, 자아 존중감, 심지어 신체적 건강 측면에서 훨씬 더 좋은 상태인 것으로 나타난다. 반면 명성, 권력, 막대한 부, 아름다움 등 외부적 목표를 추구하는 사람들은 불만족, 불안, 우울과 연관됐다. 연구자들이 오랜 세월에 걸쳐 참가자들을 추적해보니, 과거보다 사정이 더 악화된 삶을 살고 있을 가능성이 가장 높았던 사람들은 지위를 가장 강력하게 소망했던 사람들이었다.

그렇다면 21세기에 지위를 추구한다는 것에는 어떤 의미가 있을까? 우리가 지위를 추구하는 데는 두뇌가 처음으로 발달하기 시작한 시절과 같은 이유가 필요하지 않다. 대부분의 현대사회에서 인류는 동네 식료품점에 들르는 것만으로도 식량과 같은 필수적 자원을 얻을 수 있다. 또한 전산화된 만남 사이트의 등장과 달콤한 칵테일 덕분에 무리의 우두머리가 아니더라도 호의적인 짝짓기 상대를 더 쉽게 찾을 수 있게 되었다.

그럼에도 우리는 오래전에 형성된 뇌 구조 때문에 지위를 갈망하게 되고, 이런 갈망을 매일 충족하는 데 도움이 되는 새롭고 복잡한 방법들을 만들어냈다. 그리고 사회는 돈, 시간, 에너지를 들이면 누구나 높은 지위를 얻을 수 있다는 환상을 키워왔다.

하지만 행복해지는 데 필요한 인기는 그런 유형의 인기가 아니다. 이제는 높은 지위를 그토록 소망할 필요가 없다는 사실을 깨달아야 할 때다.

CHAPTER 4

가만히 있어도 상대를
내 편으로 만드는 사람들

—

인간관계의 역학은
네 살짜리 유치원생에서 고령자에 이르기까지
전 연령에서 놀라울 정도로 비슷하게 나타난다.
사무실, 학부모 모임 등 어떤 상황에서도 발견된다.
몇 살이든, 어떤 상황에서든 노력 없이
강력한 호감을 받는 것처럼 보이는 사람들이 있다.

이른 아침이었다. 에모리 대학교 대강당에는 수백 명의 학생들이 로스쿨에서의 첫날을 맞이하고 있었다. 대부분의 학생들에게 이 순간은 꿈꾸던 직업으로 한 발을 내딛는 출발점이었다.

서로 모르는 사이인 제프와 스티브는 큰 강당 뒤편에 앉아 있었다. 스티브가 가방에서 서류를 꺼내다가 놓친 종이를 주우려고 자기 쪽으로 몸을 굽히는 것을 본 제프는 그에게 인사를 건네기로 했다.

"젠장."

스티브는 제프의 발 쪽으로 손을 뻗으면서 중얼거렸다.

"내가 주워줄게. 괜찮아!"

제프는 종이 몇 장을 주워 건네주다가 에모리 대학교 로고가 있는 가방을 가리키면서 물었다.

"너 여기 학부 출신이니?"

"아니, 브라운 대학교."

스티브는 대답한 뒤 몸을 돌려 서류를 읽었다.

이후 스티브와 제프는 로스쿨 안에서 같이 시간을 보낸 적이 별로 없었다. 두 사람은 이제 직업적으로 매우 다른 길을 가고 눈에 띄게 다른 삶을 살 터였다.

스티브는 브라운 대학교를 매우 우수한 성적으로 졸업하고 로드아일랜드의 로펌에서 인턴 경험을 쌓았다. 어머니의 인맥으로 로드아일랜드 주지사와 몇 번 만난 적도 있고, 크게 화제가 되었던 몇몇 사건들의 보고서 초안을 작성하기도 했다. 연방법원 판사에게서 '법조계에 혜성같이 등장할' 지원자라고 적힌 추천서도 받았다. 스티브는 입학 첫날이라 긴장한 상태였지만 자기의 미래에 자신이 있었고, 마흔 전에 판사가 되고 싶다는 소망에 집중하고 있었다.

제프는 성공이 보장된 사람처럼 보이지는 않았다. 로스쿨도 뉴욕 주립대학교 올버니를 졸업하기 몇 달 전에야 지원하기로 마음먹었다. 머리가 좋은 편이었지만 대학 시절에는 공부보다 축구에 관심이 더 많아서 로스쿨 입학이 보장될 정도의 성적을 받지는 못했다. 다행히 대학생활 동안 교수들에게서 자기 연구실로 들어오라거나 법률 사무소에 인턴을 하러 오라는 제안을 많이 받았지만 대부분 거절했다. 로스쿨에 지원해야 한다고 제프를 설득한 것도 그런 교수들 중 하나였다. 결국 깊은 고민 끝에 로스쿨을 선택했지만 제프는 첫날 강당에 앉아서 생각했다.

'내가 여기서 뭘 하고 있지? 내가 정말 변호사가 되고 싶기는 한가? 내가 잘할 수 있을까?'

스티브는 로스쿨 생활 내내 집중력을 유지했다. 공부와 실무를 병행하며 이력서를 채워갔다. 스티브가 보기에 제프는 늘 나가서 친구들과 어울리는 것 같았다. 커피를 들고 데이트하러 가고, 복도에서 수다를 떠는 모습이 자주 눈에 띄었다. 로스쿨에서 첫 해를 보내던 어느 날 오후, 스티브는 도서관 창밖을 내다보다가 제프가 친구들 한 무리와 함께 웃고 있는 모습을 보았다. 스티브는 지금의 단계에 도달하기까지 착실하게 지내온 자신을 자랑스럽게 여기며 다시 공부를 시작했다.

그로부터 20년 정도가 지난 지금, 제프는 자기가 생각했던 것보다 훨씬 더 잘 해나가고 있다. 애틀랜타에서 유명한 로펌의 선임 이사인 그는 매일 아침 사무실에 가장 먼저 출근한다. 일찍 출근해야 해서가 아니라 빨리 동료들을 만나고 좋아하는 일을 하고 싶어서 더 기다릴 수가 없기 때문이다. 제프는 탁월한 변호사다.

스티브는 일이 그렇게 잘 풀리지 않았다. 로스쿨에서의 출발이 훌륭했음에도 불구하고 시간이 지날수록 자신감이 떨어졌고 급기야 법 공부에도 흥미를 잃었다. 스티브는 예전에 인턴으로 일했던 로드아일랜드의 중간 수준 로펌으로 돌아가 신입 변호사로 첫발을 내딛었다. 하지만 일을 감당하기 벅찼던 그는 몇 년 정도 그럭저럭 일하다가 한 동료와 함께 따로 사무실을 내기로 했다. 1년 후에는 이렇다 할 성과 없이 사무실을 그만두었다. 여기저기서 조금씩 일감을 얻어다 일했지만 결국에는 점점 짜증이 치밀어 올랐다. 지금은 자신의 경력에 매우 불만족스러운 상태로, 지역 부동산 회사에서 시간제 자문 일을 얻어 집에서 일하고 있다.

스티브와 제프가 마주한 뜻밖의 결과는 대학교 입학 사정관들이 머리를 쥐어뜯으며 고민하게 되는 문제를 보여준다.

어떤 학생이 가장 확실하게 성공할 재목인가?

로스쿨 첫날, 스티브는 분명 자격이 있고, 집중력 있고, 자신감 있는 학생으로 성공을 예측하는 궤도에 올라 있었다. 반면 제프의 전망은 훨씬 불투명했고, 그가 스티브보다 뛰어난 성과를 거두리라고 예상한 사람은 거의 없었다. 하지만 지금 그는 스티브보다 훨씬 유능한 변호사이자 행복하게 일하는 사람이다.

신입 사원을 채용하려는 사람들 역시 이와 같은 문제에 맞닥뜨린다. 이력서에 적힌 내용 외에, 성공할 사람과 실패할 사람을 구별하는 데 도움이 될 요소는 무엇일까?

지능, 사회경제적 지위, 학교 성적, 신체적 건강, 정신 건강 등 행복과 성공에 기여하는 일반적인 속성들을 모두 고려하더라도, 지원자가 어떤 삶의 궤적을 그릴지 놀라울 정도로 강력하게 예측하는 한 가지 요소가 있다. 이 요소는 어떤 아이가 잘될지, 어떤 직원이 성공할지도 예측한다. 심지어 어떤 사람이 더 만족스러운 연애를 하고 더 건강할지도 예측한다. 제프에게는 있고 스티브에게는 없었던 한 가지 요소다.

그 요소는 바로 호감, 지위가 아니라 호감이다. 여기서 더욱 흥미로운 점은 호감이 우리에게 '어떤' 영향을 미치는가 하는 것이다.

내가 한 고등학교에서 호감의 힘을 다룬 연구에 대해 강연을 시작하기 전, 한 학부모가 나에게 꾸짖듯 말했다.

"그건 편애잖아요! 어떤 사람들은 온갖 복을 타고나요. 그런 사람들은 가만히 있어도 세상이 좋은 것들을 갖다주죠."

대형 회계 법인에서 일하는 친구는 이렇게 주장했다.

"사람들은 원래 편파적이야. 우리 사무실의 모든 직원들이 테리라는 여자와 어울리고 싶어 하거든. 그래서 누가 일을 잘하냐고 물으면 다 테리라고 대답해. 우리도 엄청 열심히 일하지만 아무도 알아주질 않아. 너무 억울하다고."

이런 주장도 있었다.

"그건 사기야. 정말 성격 좋고, 두루두루 다 친하고, 사람들을 잘 웃기는 사람은 뭔가 꿍꿍이가 있는 거야. 연기하는 거지."

공교롭게도 모두 틀린 말이다. 호감 가는 사람들은 일을 더 잘하고, 더 만족스러워하고, 행복하고, 성취감을 느끼는 사람으로 '인식'되기만 하는 것이 아니라 실제로 그렇다. 호감 가는 사람들은 그렇지 않은 사람들과 완전히 다른 세상에 살고 있기 때문이다. 그들이 직접 만든 그 세상 안에서는 삶을 더욱 생동감 있게 빚는 경험들이 꼬리에 꼬리를 물고 일어난다.

이들이 사는 세상은 이해할 만한 가치가 있다. 호감 가는 사람들의 삶을 본보기 삼아 따라가다 보면 우리의 삶도 바뀔 수 있을지 모르기 때문이다.

● 행복과 성공을 좌우하는 결정적 요소는 호감이다

심리학자들은 수십 년 동안 호감의 힘을 연구해왔다. 또래들에게 계속

'가장 호감 가는' 친구로 꼽힌 아이들은 '가장 덜 호감 가는' 친구로 꼽힌 경우가 비교적 적었다. 이 아이들은 2장에서 논의한 인정/수용형 아이들로 어디에서나 호감을 얻는다. 하지만 호감의 힘은 아이들에게서만 분명하게 나타나는 것이 아니다. 어떤 연령대에서도 인정/수용형에 해당하는 사람들이 있고, 인간관계의 역학은 네 살짜리 유치원생에서 노년층 공동체의 고령자에 이르기까지 전 연령에서 놀라울 정도로 비슷하게 나타난다.[1] 또한 인정/수용형은 교실, 사무실, 소프트볼팀, 예배 장소, 학부모 모임 등 어떤 상황에서도 발견된다. 몇 살이든, 어떤 상황에서든 노력 없이 강력한 호감을 받는 것처럼 보이는 사람들이 있다.

심리학 분야에서는 인정/수용형에 해당하는 사람들이 누리는 장기적 이득과 관련된 발견들이 넘쳐난다.[2] 1987년, 발달심리학자 제프 파커Jeff Parker와 스티브 애셔Steve Asher는 수십 건의 연구를 요약하여 호감의 장기적 효과를 검토한 중대한 보고서를 발표했다. 그 결과에 따르면 거부/배척형에 비해 인정/수용형 아동은 성인이 되어 학교를 중퇴하거나, 범죄를 저지르거나, 정신 질환을 경험할 가능성이 훨씬 낮았다. 또 다른 연구에서 펜실베이니아 주립대학교의 심리학자 스콧 제스트Scott Gest와 동료들은 3학년에서 6학년까지의 아동 205명에게 서로의 호감도에 대해 물었다. 그로부터 10년 후, 제스트는 모든 참가자들에게 어떻게 살고 있는지 물었다. 또래들에게 가장 호감 가는 친구로 꼽혔던 아이들은 취업하고 승진했을 가능성이 가장 높았다. 그뿐 아니라 만족스러운 친구 관계와 연인 관계를 오래 지속하고 있을 가능성도 더 높았다. 중국 상하이에서 청소년을 대상으로 7년 동안 진행된 연구에서도 비슷한 결과가 나왔다. 이런 현상들은 전 세계에서 공통으로 나타나는 듯하다.

하지만 이와 같은 연구들은 답을 주기보다 의문을 더 많이 불러일으킨다. 내가 가장 자주 듣는 질문은 다음과 같다.

호감 그 자체가 긍정적 결과로 이어진다는 것을 입증하는 연구가 있는가? 그들에게 호감을 갖게 하는 다른 요소들이 그들을 행복하고 성공하게 하는 진짜 이유가 아니라는 것을 어떻게 아는가?

먼저 누군가가 매우 높은 호감을 받는 사람이라고 확신할 수 있게 하는 특질들이 존재한다는 사실은 여러 연구로 이미 밝혀져 있다.[3] 이 특질들은 너무나 당연해 보이는 것들이고, 일반적으로 성인과 아동에게 비슷하게 적용된다. 가장 호감 가는 사람들은 타인과 협력하고, 잘 도와주고, 나눌 줄 알고, 규칙을 따르는 사람이다. 그들이 가진 특질은 다음과 같다.

- 일반적으로 정서가 안정되어 있다.
- 똑똑하다(지나치게 똑똑하지는 않다).
- 기분이 좋을 때가 많다.
- 대화에 열심히 참여할 수 있다.
- 하지만 다른 사람들에게도 말할 기회를 준다.
- 창의적이고, 특히 난감한 사회적 딜레마를 해결해야 할 때 더욱 그렇다.
- 집단에 거스르는 행동을 하거나 피해를 주지 않는다(아마도 가장 중

요한 점일 것이다).

이런 행동들이 행복과 성공으로 이끄는 진짜 요인일까? 호감과 인기에는 삶을 직접적으로 개선하는 요소가 있는 것일까?

과학자들의 관점에서 보면 이런 의문을 해결하는 이상적인 방법은 무작위 임상 시험일 것이다. 예를 들면 한 학급 아이들을 무작위로 인정/수용형과 거부/배척형 집단에 배정한다. 일정 기간이 지나면 연구자들은 각 집단의 구성원들이 어떻게 변했는지 확인할 수 있다. 다행히도 연구자들은 사람의 인생을 대상으로 이런 실험을 하지 못하게 하는 윤리 규정의 제재를 받는다.

하지만 1968년 아이오와에서 제인 엘리엇Jane Elliot이라는 3학년 교사가 마틴 루터 킹Martin Luther King의 암살 사건이 일어난 지 얼마 되지 않아 위와 같은 시도를 한 적이 있다. 그 유명한 '갈색 눈, 푸른 눈' 실험 사례[4]는 아이들에게 차별에 대해 가르쳐주기 위해 꾸민 것이었고, 단 며칠 동안의 일이었다. 첫날, 엘리엇은 눈동자가 갈색인 아이들이 푸른색인 아이들보다 우월하다고 말했다. 그런 다음 갈색 눈의 아이들 집단에게 푸른 눈의 아이들과 놀거나 함께 앉지 않도록 지시하고 푸른 눈의 아이들에게 결점이 있다고 지적했다. 그러는 동안 그녀는 갈색 눈의 아이들에게 특별히 관심을 보이고 칭찬해주면서 그들끼리 신나게 놀라고 했다. 여기서 특히 주의해야 할 점은 엘리엇의 의도가 호감이 아니라 편견의 영향을 보여주려던 것이었고, 소수 집단이 열등하다는 억측이 널리 퍼져 있음을 보여주기 위해 일부러 두 집단 사이에 불평등을 조장했다는 사실이다.

어쨌거나 흥미로운 점은 고작 하루 동안 또래들 사이에서 더 호감을 받은 갈색 눈의 아이들이 더 당당하게 행동하고 공부도 더 잘하기 시작했다는 것이다. 그러는 동안 푸른 눈의 아이들은 소심해지고, 침울해졌으며, 고립되었다. 쪽지 시험에서도 바로 전날에 비해 정답을 맞힐 가능성이 훨씬 낮았다. 그다음 날 엘리엇이 실험 조건을 뒤집어서 이번에는 푸른 눈의 아이들이 갈색 눈의 아이들보다 우월한 대접을 받게 했을 때도 똑같은 결과가 나타났다.

호감 역시 평생에 걸쳐 이와 비슷한 효과를 발휘할 수 있을까? 호감이 정말로 장기적 행복이나 성공과 관련이 있을까? 아니면 둘 다 설명할 수 있는 또 다른 변수가 있는 것일까?

물론 인생의 행복을 결정하는 데는 호감 외에 지능, 사회경제적 지위, 정신 건강 등 수많은 요소가 있다. 그런 점을 고려하더라도 인정/수용형에 해당하는 사람들에게는 몇 년 후의 행복, 성취감, 성공을 직접적으로 예측하는 무언가가 있다.

한 연구에서는 1만 명 이상의 스웨덴 청소년들을 조사한 후 30년에서 40년 동안 그들의 삶을 추적했다.[5] 연구자들은 열세 살인 참가자들의 호감도를 측정했고, 호감과 미래의 인생을 함께 설명할 수 있을 만한 요소들을 함께 측정했다. 이 요소들에는 참가자의 지능, 공격적이고 파괴적인 행동, 신체적 건강과 정신 건강 이력, 부모의 학력과 수입, 심지어 아이들의 장래 희망까지 포함되었다. 그러나 성인이 된 후의 삶에 영향을 미칠 수 있는 요인을 모두 고려해도 수십 년 후의 행복, 취업 여부,

수입을 예측한 요소는 호감이었다. 사실 어린 시절에 어디에서나 호감을 얻은 사람들에 비해 거절과 배척을 당했던 사람들은 직업이 없거나 복지 지원을 신청할 가능성이 두 배에서 다섯 배 높았다. 호감을 받은 아이들은 성인이 되어 당뇨, 비만, 높은 콜레스테롤 수치, 고혈압 등으로 진단받을 확률도 더 낮았다.

● 호감 가는 사람들의 세상이 반짝일 수밖에 없는 이유

노스캐롤라이나 대학교 채플 힐의 화창한 어느 날이다. 똑같은 진분홍색 티셔츠를 입은 학생 200명이 함께 어디론가 걸어가고 있다. 그러다 학생회관 바로 옆 학생들이 모여서 수다를 떨곤 하는 공터에 서 있는 내 앞에 와서 멈춘다. 나도 똑같은 티셔츠를 입고 있다. 지나가던 사람들은 캠퍼스에 갑자기 나타난 이 이상한 무리들을 쳐다보고 사진을 찍는다.

이들은 모두 내 수업의 수강생들이고, 우리는 매년 진행하는 실험에 참여하는 중이다. 이 실험은 우리와 환경 사이에서 끊임없이 일어나는 '상호 교류transactions'를 이해하기 위해 고안된 것이다. 인기와 관련된 실험은 아니지만 심리학자들이 상호 교류 모형transactional model이라고 부르는 이론적 틀을 보여주기 위한 것이다.

상호 교류 모형은 다른 사람들이 우리를 대하는 방식과 그에 대응하여 우리가 행동하는 방식, 이렇게 차례로 일어나는 서로에 대한 반응이 누적되면서 새로운 행동을 이끌어내는 연쇄 반응을 나타낸다. 이 상호 교류 모형은 우리가 세상을 대하는 방식과 다른 사람들이 그것에 반응하는 방식이 서로 영향을 주고받으면서 달라질 수 있음을 보여준다. 내 실험은 이 역학 관계에 아주 간단한 변화를 주는 것만으로도 인생이 어떻게 달라질 수 있는지 보여주려는 의도를 담고 있다.

실험 첫날, 비교의 기준이 될 수 있도록 이날은 평소대로 옷을 입고 와서 자신의 사회적 교류 양상과 기분을 기록한다. 학생들은 다른 사람들과 대화를 시작했다거나, 새로운 사람을 만났다거나 하는 일을 적고 당시에 행복, 지루함, 슬픔, 불안 등 어떤 기분을 느꼈는지를 약 한 시간 간격으로 기록한다.

두 번째 날에는 약간의 변화를 가한다. 모든 학생들과 내가 같은 티셔츠를 입는다. 우리는 해마다 최대한 사람들의 주의를 끌 수 있는 티셔츠를 함께 구상한다. 형광 녹색일 때도 있고 밝은 주황색이나 쨍한 분홍색으로 만드는 해도 있다. 앞에는 약간 뻔뻔하고 농담처럼 보이기도 하는 메시지를 넣는다. 어떤 해에는 '우리 학교 사람은 모두 나를 좋아한다!'라고 쓴 적도 있고 '최고의 인기인'이라고 쓴 적도 있다. 하지만 이 티셔츠는 우리에게 호감을 갖게 하려는 의도로 디자인된 것이 아니다. 일차적 목적은 하루 동안 평소와 다른 사회적 경험을 하는 것, 즉 새로운 상호 교류를 이끌어내려는 것이다. 몇백 명이 똑같이 눈길을 끄는 복장으로 학교를 활보하고 있으면 평소와 다른 취급을 받을 수밖에 없다. 사람들은 쳐다보고, 키득거리고, 눈을 굴리기도 한다. 티셔츠의 의미가 뭔지 물어보러 오는 사람도 많다.

우리가 알고 싶은 점은 이런 새로운 반응이 우리의 행동을 어떻게 바꾸는지와 어쩌면 우리의 감정에도 영향을 미칠 수 있는가 하는 점이다. 이번에도 학생들은 시시각각 자신의 행동과 기분을 기록한 다음 그 자료를 검토하고 발견한 점에 대해 보고서를 쓴다. 나는 학생들에게 평생 동안 그렇게 눈에 띄는 셔츠를 입은 것처럼 산다면 삶이 어떻게 바뀔지도 생각해보라고 한다.

학생들은 하나같이 그 티셔츠의 날에 자신의 행동이 그토록 많이 변했다는 데 충격을 받았다고 쓴다. 그리고 그런 변화가 일으키는 연쇄적인 효과를 보고 더욱 놀란다. 이들의 행동은 다른 사람들에게서 예상치 못한 반응을 이끌어내고, 또 그런 반응이 평소 본인의 반응과는 다른 반응을 이끌어내는 식으로 계속되어 끝없는 피드백 순환이 일어난다. 예컨대 수줍음이 많은 학생들은 몇 주 동안 말을 걸고 싶었던 사람들에게 먼저 접근해 인사를 했다. 그들은 이 대화에서 더 자신 있고, 행복하고, 낙천적인 기분을 느꼈다. 그뿐 아니라 친구들이 자기의 농담에 웃어주었고, 자기의 말에 관심이 있어 보였고, 또 같이 어울리자고 제안한 데 놀라기도 했다.

평소 학교 사람들과 그다지 유대감이 없었고 화가 많은 편이었던 학생들은 자기가 그 티셔츠를 입은 날 그토록 자주 미소를 지었다는 사실을 믿을 수 없었다고 말한다. 놀랍게도 다른 사람들 역시 자신에게 웃어주었고 그 순간 갑자기 화가 누그러지거나 외롭지 않다는 기분이 들었다는 것이다. 몇 주 만에 기숙사 밖으로 나와 번화가에서 다른 사람들과 어울리기로 했다고 쓴 학생도 있었다.

학교 안을 다닐 때 휴대전화 화면만 쳐다보던 학생들은 그날 고개를 들고 다른 사람들과 친근하게 눈인사를 주고받았다. 이 학생들은 공동체 의식을 더 강하게 느꼈고, 다른 수업에서 평소보다 훨씬 더 많이 손을 들었다고 했다. 전반적으로 매년 수강생들에게서 공통적으로 나오는 의견은 하루뿐이었지만 세상이 자신을 다르게 대했고, 그 덕분에 자신의 행동과 감정이 놀랍게 바뀌었다는 이야기다. 한 학생은 이렇게 적었다.

"어렸을 때 그런 티셔츠를 매일 입었으면 아마 지금쯤 완전히 다른 인간이 되었겠죠."

이 실험은 단 하루만이라도 세상에 접근하는 방식을 바꾸면 우리의 행동과 기분이 얼마나 달라질 수 있는지 배우는 기회를 제공한다. 그리고 호감의 힘을 설명하는 데 도움이 되기도 한다. 호감 가는 사람이 된다는 것은 다른 사람들이 우리를 대하는 방식뿐만 아니라 결국 우리가 성장하고 인생 전체에 걸쳐 발전해나가는 방식까지 변한다는 의미이기 때문이다. 단순하게 말하면 호감 가는 사람들은 매우 좋은 대우를 받는다. 하루만이 아니라 매일 그런 일을 경험한다.

물론 이것은 지위가 높은 사람들에게도 해당하는 이야기일 수 있다. 또 다른 유형의 인기를 가진 지위가 높은 사람들 역시 긍정적인 관심을 한몸에 받는다. 하지만 공통점은 거기까지다. 지위가 높은 사람들과 달리 호감을 많이 받는 사람들은 친구가 더 많고, 여기저기서 그를 찾는 사람이 많고, 진정한 의미의 긍정적인 교류를 더 많이 한다.

상호 교류 모형의 관점에서 보면 친구 관계와 사교상의 약속들은 하나하나가 모두 더 섬세하고 세련된 대인 관계 기술을 연습하고 배우는 기회인 셈이다. 연구에 따르면 호감을 많이 받는 아이들은 또래에 비해 사교성이 더 빨리, 더 높은 수준으로 발달한다. 예컨대 9세에서 10세 정도의 아이들 중 호감을 받는 아이들은 다른 아이들이 유치한 놀이를 하고 있을 때 감정적으로 친밀한 친구 관계를 가장 먼저 형성한다.[6] 또한 청소년이 되면 또래들이 아직도 스쳐가는 풋사랑을 시도하고 있을 때 독점적 연인 관계를 가장 먼저 시작한다.[7] 물론 이 아이들은 정교한 사회적 기술을 익혔기 때문에 훨씬 더 호감을 받고 그래서 더 앞서가는 것이기도 하다.

반면에 비호감의 대상이 되는 사람들이 왜 기회를 얻지 못하고 불리한 인생을 살 가능성이 있는지도 상호 교류 모형으로 설명할 수 있다. 비호감을 유발하는 행동은 여러 연구로 입증되어 있다.[8] 공격적으로 행동하거나, 미안한 마음도 없이 사회적 규범을 심하게 어기거나, 이기적으로 행동하거나, 집단에서 요구하는 것보다 개인적 이익만 우선해서 자기 문제를 과도하게 공유하는 경우 다른 사람들과 멀어질 가능성이 있다. 이런 행동들은 그렇게 행동하는 본인은 물론 타인들에게도 영향을 미친다. 그리고 바로 그 타인은 비호감인 사람들이 지속적으로 경험하는 문제의 원인이기도 하다.

이 개념을 받아들이기 어려울 수도 있다. 불공평한 인생이나 다른 사람들에게 일방적으로 피해를 받는 경우처럼, 거부당하는 것은 스스로 통제할 수 없는 환경 때문이라고 비난하기 쉽다. 물론 그럴 수도 있다. 하지만 상호 교류 모형에 따르면 행복과 성공, 혹은 불행과 실패는 일상의 사회적 교류에서 우리가 어떻게 처신하느냐에 따르는 직접적 결과

이기도 하다.

나이가 아주 어린 아이들도, 거부/배척형인 아이들은 모여서 놀기로 약속하거나 생일 파티에 초대받는 일이 비교적 적다. 이런 일이 일어날 때마다 새로운 사회적 기술을 익힐 기회를 잃는 셈이다. 물론 사교술이 부족할 경우 호감을 사기는 더 어려워지므로 안타깝고 파괴적인 악순환이 자리를 잡게 된다. 당연한 일이지만 중학교에서도 거부/배척형 아이들은 집단의 규칙을 따르거나, 친구들과의 갈등을 해결하거나, 여럿이서 하는 대화에서 말할 기회를 잡는 데 능숙하지 못하다. 본격적인 청소년기에 들어서면 데이트를 가장 늦게 시작하는 축에 속하게 되고, 자신과 비슷하게 어린 시절에 자주 거부당했던 아이들하고만 친구가 되는 경우가 많다.

이런 순환적 양상은 유치원 시절부터 시작될 수 있다.[9] 듀크 대학교의 제니퍼 랜스포드Jennifer Lansford는 585명의 유치원생을 3학년이 될 때까지 관찰하여 상호 교류 모형을 연구했다. 랜스포드와 동료들은 참가자의 친구들에게 각 참가자들의 호감도를 물었고, 교사들에게는 학교에서 나타나는 아이들의 공격적 행동을 평가해달라고 요청했다. 그리고 참가자들의 사회적 기술에 대해 알아보기 위한 인터뷰를 했다. 예상하다시피, 랜스포드는 공격적으로 행동하거나 공격적인 색안경을 통해 세상을 바라보는 아이일수록 일정 기간 동안 또래에게서 거부당하는 일이 많다는 사실을 발견했다.

하지만 더욱 중요한 점은 거꾸로 봐도 마찬가지라는 점이었다. 즉, 더 많이 거부당하는 아이일수록 시간이 지남에 따라 더 공격적인 성향을 나타냈다. 그 결과 또래들에게 훨씬 더 소외되었고, 세상을 전보다 훨씬 더 적대적인 곳으로 보게 되었다. 예컨대 대부분의 또래 아이들이 무해하다고 판단한 장면을 보여주었을 때, 거부/배척형 아이들은 잔인한 행동을 볼 확률이 높았던 반면 인정/수용형 아이들은 같은 장면을 더 호의적으로 보는 경향이 있었다. 당연히 이런 사회적 기술의 차이는 이후 훨씬 더 커지는 호감도의 차이와 관련이 있었고, 그 과정이 계속되었다.

제프가 스티브보다 훨씬 더 유능하고 스스로 만족하는 변호사가 된 이유 역시 상호 교류 모형으로 설명할 수 있다. 제프의 성격은 두 사람이 로스쿨 첫날 강당에서 함께 앉아 있을 때도 분명히 드러났다. 제프는 스티브에게 먼저 말을 걸고 종이를 주워주는 배려를 보였다. 스티브에게만 그렇게 했던 것은 아니다. 많은 사람들과 서로를 소개하고, 미소를 주고받고, 악수를 했다. 제프는 앞뒤에 앉은 학생들에게 이런저런 말을 걸었다.

"너 시카고에서 왔어? 우리 삼촌이 거기 사는데!"

"나도 축구 좋아해! 여기서 축구하는 사람 또 찾아보자! 같이 축구 동아리를 만들면 재미있을 거야."

제프는 늘 다른 사람들을 자연스럽게 도와주었고, 행복했고, 친절했다. 어렵거나 고통스러울 수 있는 상황에서도 누구하고나 어떤 이야기든 할 수 있는 사람이었고, 진심 어린 미소로 매력을 발산하며 소탈하게 웃었다. 사람들은 그와 함께 있기만 해도 마치 자신이 그 공간에서 제일 호감 가고 재미있는 사람이 된 기분이 들었다.

제프는 로스쿨에서 그렇게 호감을 산 덕분에 많은 스터디팀에서 함께하자는 권유를 받았고, 그곳에서 다양한 관점을 접하게 되었다. 교수들도 그에게 호감을 갖고 수업 시간 외에 함께 토론할 기회를 주었다. 덕분에 제프는 수업 시간에 들을 수 없는 내용들을 더 자세히 배울 수 있었다. 이렇게 풍부한 지식을 갖춘 그는 더 자신감 넘치는 학생이 되었고, 다른 학생들과 함께 공부하고 교수들과 만날 기회를 훨씬 더 많이 얻을 수 있었다. 1년이 채 못 되어 그는 교수 회의에 참석할 학생 대표로 뽑혔으며 나중에는 전국적인 변호사협회의 대표가 되었다. 이 모든 상호작용들은 로스쿨에서의 경험에 중요한 영향을 주었다. 학생 시절 제프의 호감도가 높았던 점은 오랜 세월 후 행복과 성공으로 이어지는 순환의 출발점이 되었다.

스티브 역시 에모리에 입학했지만 둘은 완전히 다른 학교에 다니는 것 같았다. 스티브가 공부하는 세계는 여럿이 팀을 꾸려 공부하거나 교수와 만나는 것과 거리가 멀었다. 같은 수업을 듣는 수강생이 조언을 구하자 스티브는 자신의 희생을 발판으로 그들이 성공하지 않을까 두려워 차갑고 얼버무리는 태도를 보였다. 주변 사람들은 스티브와 함께 있으면 불편하고 긴장감이 들었다. 곧 누구랄 것 없이 스티브를 피했다. 스티브는 수업 시간에 이의를 제기하고 싶은 부분이 있으면 번개같이 손을 들었고, 그의 발언은 친구들의 주장에서 타당한 점을 인정하기보다 자신의 지식을 드러내는 데 초점이 맞춰져 있었다. 협동 과제를 배정받으면 팀원들 사이에서 도출된 합의에 어긋나더라도 개의치 않고 자기 의견을 주장했다.

결국 스티브는 다른 학생들과 공부할 기회가 점점 줄어드는 바람에

첫해부터 예상보다 낮은 성적을 받았고, 자신감도 흔들렸다. 이런 일들로 교내 활동이 점점 뜸해지고 성취도도 떨어지는 등 그의 학교생활은 악순환에 빠졌다. 사람들에게서 비호감을 사는 성격 때문에 스티브에게 로스쿨은 배울 기회가 많지 않은 외로운 곳이 되었고, 그 영향으로 결국 그는 지금과 같은 변호사가 되었다.

● 최소한의 노력으로 인간관계를 개선시키는 법

혹시 내가 스티브와 비슷한 유형인 것 같다고 느낀 사람들은 이 장을 읽고 우울해질지도 모른다. 앞서 살펴본 내용들은 어린 시절 어색한 사회적 접촉이 시작된 후로 세상이 자신에게 불리하게 돌아간다는 믿음을 확인시켜주는 것처럼 보이기도 한다. 지금까지 부정적 상호 교류와 놓쳐버린 기회들로 가득한 삶을 살아온 사람들에게는 더 호감 가는 방식으로 행동하려는 것이 불가능한 도전으로 보일 수도 있다.

하지만 꼭 그렇지만은 않다. 상호 교류 모형에 비추어 보면 스티브가 어떻게 불행한 결과에 맞닥뜨리게 되었는지 알 수 있지만, 한편으로는 스스로 쉽게 변화할 방법을 알 수도 있다. 이런 사실을 알면 약간의 위안을 얻을 수 있을지도 모르겠다.

과거에 호감을 받지 못했던 경험은 분명 우리에게 영향을 미치지만, 그런 경험이 현재의 행동 방식을 얼마나 좌우할지 우리 스스로 결정할 수 있다. 현재의 행동에 아주 작은 변화만 주어도 미래를 바꿀 수 있다. 지나가는 사람에게 친근하게 말을 건다거나, 사소하지만 친절한 행동을 한다거나, 단순히 미소를 짓는 것만으로도 가능하다. 우리는 의식하지 못한 채 아주 사소한 사회적 신호를 감지하고, 호감을 바탕으로 한 다른 사람들의 인기에도 하루 종일 영향을 받기 때문이다.

심리학 실험에 참여하기 위해 한 연구실로 걸어가고 있다고 상상해보자. 당신은 대기실에서 같은 연구에 참가하러 온 비슷한 나이의 사람을 만난다. 대화를 시도해 보지만 그녀는 거의 눈도 마주치려 하지 않는다. 질문에 마지못해 대답은 해도 여전히 팔짱을 꼬고 있고, 냉정하고 시큰둥하며 재미없어 보인다. 이때 연구자 중 한 명이 나와서 당신을 연구실로 데려간다. 연구자는 현재 당신의 감정과 관심 가는 것들에 대해 말해보라고 한다.

이번에는 같은 실험에 참여하되, 대기실에서 만난 사람이 눈을 마주치면서 미소를 짓고 편하게 대화를 나누며 당신의 모든 질문에 친절하게 대답해준다고 상상해보자. 대화의 내용은 별다를 게 없지만 이 사람은 자신감과 열의를 내뿜는다. 한마디로 매우 호감이 가는 사람이다. 얼마 뒤, 위의 상황과 똑같이 연구자와 대화를 나눈다.

사실 이것은 꾸며낸 상황이다. 대기실에서 만난 사람은 또 다른 참가자가 아니라 어떻게 행동할지 지시받은 실험 공모자다. 이 연극은 호감가는 사람 혹은 그렇지 않은 사람과의 사회적 교류가 어떤 영향을 미치는지 검증하기 위한 것이다. 공모자가 호감 가는 사람인지 아닌지에 따라 참가자의 행동, 기분, 관심과 흥미마저 영향을 받을 수 있다.

아예 모르는 사람과의 평범한 마주침이 어떻게 그토록 놀라운 효과를 발휘할 수 있을까? 이것은 사회적 모방social mimicry으로 알려진 현상의 효과다.[10] 사회적 모방이란 별 의미 없이, 혹은 자기도 모르게 순간적으로 다른 사람을 따라 하는 경향을 말한다.

사회적 모방의 영향은 감지하기 어려우면서도 폭넓게 배어든다는 특징이 있다. 위와 같은 연구들을 통해 밝혀진 바로는, 팔짱을 낀 공모자와 함께 있으면 똑같이 팔짱을 낄 가능성이 상당히 높아진다. 그 사람이 얼굴을 찡그리면 나도 같이 찡그리게 된다. 이 현상은 말하는 속도와 어조에도 적용된다. 이와 같이 의도치 않은 모방이 일어나는 이유는 아마도 지각과 신체적 동작에 관련된 뇌의 부위들이 상당히 겹치기 때문인 것으로 보인다.[11] 이런 관점에서 보면 다른 사람들이 어떻게 행동하는지 '생각'하기만 해도 모방이 일어나는 현상을 설명할 수 있다. 한 실험에서는 노인에 대해 상상하라는 요청을 받은 참가자들이 실험 후 더 느린 속도로 걸어나가기도 했다.[12]

어쩌면 더욱 흥미로운 점은 사회적 모방이 무의식적으로 감정에 영향을 미칠 수도 있다는 사실일 것이다. 이 현상은 우리가 왜 호감 가는 사람들과 함께 시간을 보내려고 하는 반면 어색하거나, 심술궂거나, 슬픈 사람들을 피하는지 설명하는 데 도움이 된다. 아마 누구나 부정적인 기운을 자석처럼 끌어당기는 사람을 만난 경험이 있을 것이다. 이런 사람들은 가는 곳마다 절망적이고 비관적인 분위기를 뿜어낸다. 그들이 떠나고 난 후에도 사람들은 한동안 기분이 처지고, 자기가 왜 그렇게 기분이 나쁜지 의아해하기도 한다. 이런 현상은 과학적 연구를 통해서도 확인되었다. 참가자들은 쭈뼛거리고 침울한 실험 공모자와 단 몇 분 동안만 교류해도 대개 그들과 비슷한 기분을 느낀다고 말한다. 이들에게서 나타나는 태도의 변화는 단지 공감하기 때문이 아니다. 한 연구에서는 연구자가 침울한 태도로 지루한 글을 읽어주었는데, 그것만으로도 참가자들은 똑같이 슬픈 감정을 느꼈다.

이 효과는 우리가 최선을 다해 유쾌하고 친근하게 행동하려고 할 때도 발생한다. 벨기에에서 열린 한 스피드 데이트(애인이 없는 남녀가 여러 사람을 잠깐씩 만날 수 있게 하는 파티-옮긴이) 행사에서,[13) 연구자들은 참가자들에게 한 사람과 4분씩 대화를 나눈 후, 그 순간의 기분과 새로운 사람을 만나 데이트를 하는 것에 대한 관심이 어느 정도인지 자체 평가를 하게 했다. 그 결과, 어색하고 우울한 사람과 만난 참가자들은 자기도 덩달아 덜 행복해지고 힘이 빠졌을 뿐만 아니라 다음 데이트에 대한 흥미도 훨씬 떨어졌다고 대답했다.

이와 같은 결과들은 우울하고 호감이 가지 않는 사람들에게 세상이 정말로 꽤 암울한 곳임을 보여준다. 그들이 경험하는 모든 상호작용은 필요 이상으로 우울하고, 자신의 행동이 다른 사람들의 기분에 영향을 미쳐서 거절당하기가 더 쉬워진다는 사실을 깨닫지 못한다.

한편 행복하고 호감을 사는 사람들은 늘 긍정적이고, 활기차고, 수용적인 분위기에 둘러싸이는 듯하다. 그들의 유쾌한 성격은 쉽게 전염되기 때문에 사람들은 그들이 자신에게서 가장 좋은 모습을 끌어낸다고 느끼고 그들과 함께 있을 기회를 엿본다. 그러면서도 자신이 느끼는 묘한 긍정적 에너지가 단지 사회적 모방의 결과라는 사실은 의식하지 못한다. 심지어 웃음에도 전염성이 있기 때문에 텔레비전 프로그램에 웃음소리를 넣는다. 다른 사람들이 웃는 소리를 들으면 똑같이 웃게 될 가능성이 높다.

그렇다면 사회적 모방을 이용해서 우리 삶에서 새로운 상호 교류 패턴을 형성하고 나아가 새로운 연쇄반응을 이끌어낼 수도 있을까? 지금까지 모방의 장기적 효과를 밝혀내려는 연구가 그리 많지 않았기 때문에 이 문제에 답하기는 어렵다. 그래서 나는 직접 비공식적인 실험을 해보기로 했다.

이 아이디어는 내 사무실 인터넷이 자꾸 끊기는 바람에 고객 센터에 전화를 거는 일에서 시작되었다. 이런 기술 지원 서비스를 받아본 사람은 알겠지만, 처음에 한참 동안 자동 안내 메뉴에서 온갖 숫자 버튼을 누르며 헤매다가 결국 개인적으로 제일 싫어하는 상황에 빠졌다. 상담원들은 내가 문제를 해결하기 위해 이미 다 시도해본 뻔한 단계들을 처음부터 하나하나 다시 시도하게 하려고 했다. 말할 필요도 없이, 한 시간이 지났을 무렵에는 내가 그리 호감 가는 태도로 행동하고 있지 않았다.

나는 이 상호 교류 과정에서 내가 말하는 방식을 바꾸려고 시도한다면 어떤 일이 일어날지 궁금했다. 그래서 이후 한 시간 동안 적어도 대여섯 명의 상담원들과 통화하면서 의도적으로 내 행동을 바꿔보기로 했다. 어떤 상담원들에게는 거부/배척형처럼 공격적이고 조급하며 심지어 대립적인 태도로 대했다. 하지만 다른 상담원들에게는 인정/수용형처럼 쾌활하고 협조적인 태도로 대했고 그들에게 관심을 보이기도 했다.

예상대로 내가 호의적으로 행동할수록 상담원들도 그에 대응하여 더 친절하게 대해주었고 나에게 관심을 가져주었다. 반대로 회피하는 태도를 보일수록 상담원들도 똑같이 퉁명스럽게 나왔다. 내 행동은 나에 대한 상담원들의 태도뿐만 아니라 그들이 제공하는 도움의 수준에도 영향을 미쳤다. 내가 불쾌한 태도를 보일 때마다 상담원들은 대화에 덜 집중했고 실수도 곧잘 저질렀다. 상담원들이 나에게 호감을 느꼈을 때는 더 유익한 방법들로 도움을 받을 수 있었다.

하지만 예상치 못한 결과가 발생하기도 했다. 그들과의 대화는 궁극적으로 나에게도 놀라운 영향을 미쳤다. 상담원들이 제안하는 해결책을 긍정적으로 보게 되었으며, 더 진득하게 그 과정을 견딜 수 있었다. 불쾌했던 감정도 차차 사그라들었고 심지어는 혼자 심심하게 일하던 사무실에서 수다 떠는 기분까지 들어 통화하는 경험 자체가 훨씬 견딜 만한 일로 느껴졌다. 하지만 불쾌한 태도로 행동할 때는 혈압이 높아지는 느낌이 들었고 심지어 통화와 아무 상관없는 일에도 짜증이 났다. 아마 계속 그랬다면 인터넷 연결을 원래대로 돌려놓는 일이 훨씬 더 오래 걸렸으리라 생각한다.

즉 호감 가는 태도를 통해 나에 대한 타인의 느낌이 바뀌었을 뿐만 아니라 나의 행복과 성공에도 변화가 생겼다. 이 경험을 바탕으로 의식적으로 호감 가는 태도로 행동해 보았다. 직장에서, 집에서, 낯선 사람들이나 친구들 사이에서 단지 사람들이 좋아할 만한 방식으로 행동하는 것만으로도 그토록 많은 결과에 쉽게 영향을 미칠 수 있었다는 것이 놀라웠다. 각각의 사례마다 놀라울 정도의 눈덩이 효과^{snowball effect}(어떤 현상이나 사건이 사소한 일에서 출발하여 순식간에 기하급수적으로 커지는 효과—옮긴이)가 나타났다. 칭찬을 받을 때마다 계속되는 상호작용 과정에서 기운이 나고 자신감이 솟았으며, 이와 같은 순환은 몇 시간에서 며칠까지도 지속되었다.

우리는 평소 사람들과의 관계에서 빠르게 일어나는 복잡한 상호 교류를 끊임없이 경험한다. 우리를 둘러싼 세상에 사회적 행동, 태도, 교류에 대한 욕구 등을 보내면 대개 세상도 같은 것을 돌려준다. 이 과정은 계속해서 매우 빠르게 일어나고, 그런 일이 일어나는지도 모를 때가 많을 만큼 자동적으로 일어난다. 우리는 단순히 그것이 인생이라고 여기면서, 그동안 스스로 인생의 방향에 원인을 제공하고 있었다는 사실은 좀처럼 깨닫지 못한다.

● 말하는 대로 이루어진다

호감 가게 행동하기란 쉽지 않을 때도 있다. 자신의 행동이 다른 사람들을 얼마나 지루하게 하는지 모르기도 하고, 인기를 향한 욕망이 만든 자신의 운명이 실은 자신 스스로 원인을 제공하고 만든 것이라는 점을 결코 이해할 수 없기 때문이다.

30대 중반의 성공한 면역학자인 팸은 쾌활한 성격으로 활발한 사교 생활을 하고 있다. 그녀는 친구도 많고 각종 모임을 주최해서 그녀의 일정표는 즐거운 계획과 야외 활동 일정으로 꽉 차 있다. 팸은 재미있고 매력적이며 재주가 많은 사람이다.

하지만 바쁜 사교 생활에도 불구하고 팸은 외롭고 종종 불행하기도 하다. 언젠가 결혼해서 가정을 꾸리고 싶지만 아직 제대로 된 남자를 만나지 못했다고 생각한다. 그런데 사실은 팸이 전반적으로 호감 가는 사람이면서도 가끔 유쾌하지 않은 행동을 하기 때문인지도 모른다. 이런 면이 그녀의 모든 관계에 영향을 주지는 않더라도 불만스러운 연애 생활의 원인일 수는 있다. 도대체 뭐가 문제인 걸까? 그녀의 연애를 구체적으로 들여다보면 이렇다.

새로운 남자를 만나면 팸은 충분히 애정을 쏟는다. 데이트할 때는 미술관, 콘서트, 새로 생긴 식당에 간다. 남자들은 매력적으로 접근하고 능숙하게 농담을 던지는 그녀에게 금방 빠져든다. 하지만 남자들이 어떤 행동을 하거나 하지 않으면 팸은 꼭 그들이 자기에게 흥미를 잃고 있다고 생각하기 시작한다. 이를테면 남자가 데이트에 늦거나 파티에서 그녀보다 친구들에게 더 신경을 쓸 때도 있고, 그녀를 위해 예전만큼 자주 문을 잡아주지 않을 때도 있다. 그러면 팸은 부정적 상호 교류 패턴을 형성하는 데 특히 강력하게 영향을 미치는 방식으로 행동하기 시작한다.

처음에는 별 뜻 없는 이야기로 시작된다.

"우리 사이 괜찮은 거지? 요즘 우리 관계가 예전 같지 않다는 느낌이 들어서."

팸의 직감이 맞을 때도 있다. 가끔은 남자들이 정말로 흥미를 잃었거나 그녀와 맞지 않는 것 같아 위축된 적도 있었다. 하지만 대부분의 경우에는 아무런 문제가 없고, 그녀의 남자 친구는 그 사실을 확인시켜주려고 한다. 문제는 여기서 시작된다.

팸은 자기가 바라는 만큼 다른 사람들이 자신을 좋아할 거라고 믿지 못하기 때문에, 확신을 주려는 남자 친구의 말도 믿지 못한다. 그녀는 이렇게 설명한다.

"머리로는 남자 친구가 아무 문제 없다고 한 걸 아는데도 그게 아닐까 봐 무서워요. 그 사람이 흥미를 잃으면 어떻게 하죠? 어떻게 해야 할지 모르겠어요."

보통 그녀는 이때쯤 남자 친구에게 다시 확신을 달라고 요구한다. 다시 한 번 장담을 받지만 이번에도 의심은 사라지지 않는다. 이런 식으로 스스로 문제를 만드는 패턴이 시작된다. 이 악순환은 가끔 몇 주나 몇 달에 걸쳐 확대되지만 한 번의 대화로도 시작될 수 있다. 어떤 경우든 거부당했던 과거의 경험들은 망령처럼 되살아나 잘될 가능성이 있는 관계에도 그림자를 드리우고 명백히 끝이 보이는 상호작용을 하도록 이끈다.

심리학자들은 이런 패턴을 가리켜 과도한 재확인 추구excessive reassurance seeking라고 부른다.[14] 이 현상은 연인 관계에서 일어나는 경우가 많지만 친구 사이, 혹은 직원과 관리자 사이에서도 일어날 수 있다. 전문가들은 이런 행동이 실패에 대한 자기 충족적 예언을 만들어낸다고 말한다. 재확인을 추구하는 사람의 계속되는 질문과 의심은 상대로 하여금 신용받지 못하는 느낌, 스트레스, 무력감을 경험하게 하는 동시에 "왜 나는 그토록 신경 쓰는 사람을 도와주지 못하지? 그 사람은 왜 나를 믿지 않는 걸까?"라고 의아해하게 한다. 결국 이들은 끊임없이 확신을 주어야 한다는 압박에 못 이겨 뒷걸음질치게 된다. 답장 속도가 느려지고 사랑한다는 말에 확신이 없어진다. 즉 이들은 더 이상 믿음을 주도록 행동하지 않고, 이것이야말로 재확인을 추구하는 사람들이 극도로 예민하게 감지하는 징후다.

"그럴 줄 알았어! 그렇게 발 빼고 있는 줄 알았다니까!"

이것이 남자 친구에게 차였을 때 팸이 으레 보이는 반응이다. 하지만 분노에 차서 자신이 옳았음을 확인하는 동안, 그녀는 어쩌면 이 상황이 스스로 시작한 상호 교류 과정의 결과일지 모른다는 사실을 깨닫지 못한다. 거부를 이끌어낸 것은 다름 아닌 자신의 행동이었다. 그리고 그 거부당한 경험은 그녀가 미래의 관계에서도 끊임없이 재확인을 추구하는 것이 옳다고 느끼게 한다. 실패한 연애가 다음 연애도 망하게 하는 것이다.

우리 연구실에서는 과도한 재확인 추구 행동이 얼마나 지독하게 인간관계를 갉아먹을 수 있는지, 그리고 이런 상호 교류 패턴이 얼마나 일찍 시작될 수 있는지를 연구했다. 우리가 얻은 결과에 따르면 과도한 재확인 추구는 부정적 상호 교류로 이어질 수 있고 일찍이 청소년기에 시작되며, 어떤 아이가 비호감의 대상이 될지 예측하는 지표의 역할을 한다.[15] 과도한 재확인 추구 행동을 하던 참가자들은 친구가 자기의 행동에 화를 내기 시작했고 그만하라고까지 했다고 말했다. 하지만 이들은 이것이 어떻게 친구와의 관계에 부정적인 영향을 미치고 있는지 이해하지 못했다. 이 아이들은 여전히 친구와의 관계를 좋게 생각하고 있었지만 친구들은 달랐다.

구체적으로 말해서, 연구 첫해 동안 참가자들이 재확인을 추구하는 행동을 자주 했을수록 그다음 해에 친구들이 두 사람의 관계에 문제가 있다고 대답하는 경우가 많았다. 이 친구들은 참가자와 함께 있어도 전보다 덜 재미있다고 느꼈다. 많은 친구들이 관계에서 점점 물러나기 시작했고, 아예 절교를 한 경우도 있었다. 연구가 끝날 무렵에는 재확인을 추구하던 참가자들이 다른 참가자들에 비해 훨씬 더 우울해진 것으로 나타났다. 어쩌면 이것은 당연한 결과다.

서로 영향을 주고받는다는 인간관계의 특성을 이해하면, 인기라는 것은 타인이 나를 어떻게 생각하는지를 반영하기도 하지만 어떤 면에서는 내가 다른 사람들을 대하는 방식에서 발생하는 결과이기도 하다는 사실을 알 수 있다. 우리의 사회적 상호작용과 다른 사람들의 반응이 돌고 돌면서 영향을 주고받는 과정은 단순히 일상의 경험에만 영향을 미치지 않는다. 그것은 실제로 인생의 방향을 바꿔놓을 수 있으며, 이런 이유로 수많은 인생의 결과들을 놀라울 정도로 강력하게 예측하는 지표가 바로 인기인 것이다.

나는 인기에 대해 말할 때마다 어김없이 두 집단의 사람들과 이야기를 나누게 된다. 첫 번째는 어릴 때 경험한 인기 수준이 평생 비슷했다고 말하는 사람들이다. 예를 들면 유치원에 간 첫날부터 거부를 당했고 이후 모든 학교, 인간관계, 직장에서 똑같은 느낌을 경험했다고 말한다. 그들은 자신이 평생 거절당할 팔자라고 확신한다.

또 하나의 집단은 어린 시절 경험한 자신의 인기 수준이 나중에 달라졌다고 말한다. 이들은 호감이나 비호감의 대상이었지만 어찌된 일인지 상황이 바뀌었다. 이제 이들은 더 이상 예전의 모습이 아니다. 이들이 어린 시절의 기억 속에서 바라보는 그 인물은 이제 사라진 지 오래된 듯하다. 이 집단은 인기의 패턴을 깰 수 있는 방법이 존재한다고 믿는다.

그야말로 옳은 생각이다. 우리는 우리의 행동, 생각, 나아가서는 삶의 모습까지 바꿀 수 있다.

PART 2

마음을 지배하고
행동을 바꾸는
인기의 비밀

—

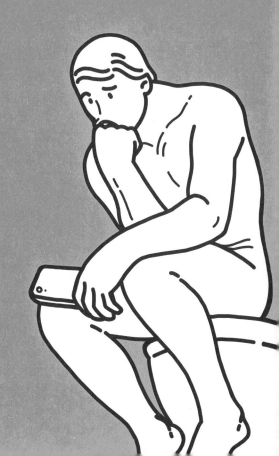

CHAPTER 5

본능:
인간의 몸은 인기라는
욕망에서 자유로울 수 없다

—

나는 얼굴도 모르는 사람 1만 명이 좋아하는
기사가 아니라 내가 관심 가는 기사를 읽고 싶고,
흥행 1위 영화가 아니라 내 취향에 맞는 영화를 보고 싶다.
그런데도 '이게 사람들이 좋아하는 거래',
'이게 인기 있대'라는 말에서 자유로울 수 없다.

간단한 질문을 하나 하겠다.

-아이폰이나 아이패드를 가지고 있는가?

-혼다 자동차를 모는가?

-최근 아마존에서 무언가를 구입한 적이 있는가?

-질레트 면도기를 사용하는가?

-최근 디즈니의 상품을 구입한 적이 있는가?

-이번 주에 코카콜라를 마셨는가?

-구글의 지메일 계정이 있는가?

이 질문들에 한 번이라도 '예'라고 답했다면 당신은 대다수의 세상 사람들과 꽤 비슷하게 살고 있는 셈이다. 위의 목록은 세계적인 브랜드들에 대한 보고서에서 인용한 것이다.[1] 이 브랜드들의 성공은 그들이 훌륭한 상품과 서비스를 제공한다는 의미이기도 하지만, 인기와도 관계가 있다. 유행을 따르려는 것은 인간의 본성이다. 우리는 무리의 의견에 따르기를 좋아하고 결정을 내릴 때도 다른 사람들에게 상당히 의존하는 경향이 있다. 인기에는 본질적으로 사람의 마음을 끄는 무언가가 있다.

● '이거 인기 있대'라는 말은 이성적 판단을 방해한다

프린스턴 대학교의 사회학자 매튜 샐가닉Matthew Salganik과 야후에서 일하는 던컨 와츠Duncan Watts는 우리가 인기에 얼마나 강하게 끌리는지 검증하기 위해 일련의 실험을 수행했다.[2] 이들은 북아메리카, 남아메리카, 유럽에서 1만 2천 명 이상의 참가자들을 모집해 새로 발표된 곡들을 평가하고 무료로 다운로드할 수 있는 사이트에 접속하게 했다. 이 사이트는 실제로 존재하던 것이 아니라 아이튠즈와 비슷하게 보이도록 만든 사이트였다. 샐가닉과 와츠는 이 연구로 우리의 취향이 다른 사람들의 평가에 따라 얼마나 달라지는지 알아보고자 했다.

이들은 참가자들에게 처음 들어보는 음악 48곡의 목록을 주고 곡을 하나씩 들어본 다음 별 1개에서 5개까지 점수를 매겨달라고 요청했다. 그리고 원한다면 노래를 무료로 다운로드할 수 있다고 설명했다. 이 첫 단계에서는 각 곡의 인기가 어느 정도인지 알 수 있는 자료가 수집되었다. 예를 들면 독보적인 인기를 얻은 곡은 파커 시어리Parker Theory라는 그룹의 '그녀가 말했지She Said'라는 노래였고, 모든 참가자 중 15퍼센트가 이 곡을 듣고 다운로드했다. 가장 인기가 없었던 곡은 포스트 브레이크 트레지디Post Break Tragedy라는 그룹의 '플로렌스Florence'라는 곡으로, 이 곡을 받은 사람은 1퍼센트에 불과했다. 연구자들은 이 자료를 토대로 노래들을 인기순으로 정렬한 목록을 만들었다. '그녀가 말했지'는 목록 맨 위에, '플로렌스'는 맨 아래에 들어갔다.

그런 다음이 순위를 조작했을 때 어떤 일이 일어날지 살펴보기로 했다. 다른 참가자 집단에게 다운로드 순위를 거꾸로 뒤집은 자료를 보여 주었다. '플로렌스'는 사람들이 가장 많이 다운로드한 곡이 되었고 '그녀가 말했지'는 가장 적게 다운로드한 곡이 되었다. 사이트에 조작된 순위를 올려놓으면 어떻게 될까? 예상하다시피 인기는 중요했다. '플로렌스'를 다운로드한 사람의 비율은 열 배 증가한 반면 '그녀가 말했지'를 다운로드한 비율은 2퍼센트로 곤두박질쳤다. '플로렌스'는 다운로드한 사람이 많아질수록 점점 더 인기 있어 보이게 되면서 계속해서 다운로드로 이어진 반면, '그녀가 말했지'의 다운로드 순위는 계속 하위에 머물러 있었다. 이런 결과는 인기 그 자체가 가치 있는 상품이 되는 이유를 설명하는 데 도움이 된다.

최근 인터넷에서 기사를 읽어본 적이 있다면 페이지 맨 위에 제목 말고도 주의를 끄는 아이콘들이 있다는 사실을 눈치 챘을 것이다. 이 아이콘들은 각각 SNS를 의미하는 것으로 기사가 이메일로 전달된 횟수, 페이스북에서 '좋아요'를 받은 횟수, 트위터를 통해 전달된 횟수 등을 보여준다. '많이 본 주제' 목록 역시 SNS뿐만 아니라 언론 매체에서도 흔히 볼 수 있다. 이런 정보는 우리의 흥미를 자극하려는 의도로 제공된다. 마치 다른 사람들에게 인기 있는 이야기면 우리에게도 더 매력적으로 느껴지리라고 가정하는 듯하다. 이 전략은 '전미 흥행 1위 영화'라든가 '두통약의 대표 브랜드'라고 선전하는 광고와도 크게 다르지 않다. 각각의 사례에서 우리는 무리를 따르도록 요구받는 셈이다.

반대로 우리 역시 무엇을 좋아하는지, 무엇을 샀는지, 무엇보다 무엇을 더 선호하는지 다른 사람들에게 말하도록 유도받고 있다. 무리도 우리를 따라할 수 있게 하기 위해서다. 인상적인 기사를 읽고 나면 '좋아요'를 누르거나 친구들에게 이메일로 전달하도록 재촉을 받는다. 마찬가지로 어떤 상품을 구입하면 그 소식을 페이스북에 올려달라는 요청을 받는다. 나는 내가 방금 면도 크림을 샀다는 이야기에 친구들이 흥미를 보이리라고는 전혀 생각하지 않지만, 제조자나 판매자들이 나에게 그런 행동을 기대하는 이유는 알 수 있다. 사람들이 인기와 품질을 연관 짓기 때문이다.

논리적으로 말이 안 되는데도 이런 전략이 그토록 효과적인 이유는 무엇일까? 다른 사람들이 뭘 읽는지 내가 왜 신경을 써야 할까? 나는 얼굴도 모르는 사람 1만 명이 좋아하는 기사가 아니라 내가 관심 가는 기사를 읽고 싶다. 내 취향에 맞는 영화를 보고 싶고, 약을 고를 때는 내 몸 상태가 가장 중요한 기준이라고 생각한다. 그런데도 '이게 사람들이 좋아하는 거래', '이게 인기 있대'라는 말에 자유로울 수 없다.

이런 경향은 사람들은 대개 본질적으로 비슷하게 느끼므로 많은 사람들이 좋아하는 것이라면 우리도 좋아할 것이라는 가정을 바탕으로 설명할 수 있다. 혹은 인기를 지향하는 인간의 타고난 성향이 타인과 연결되고자 하는 욕구 혹은 공동체 의식에서 출발한다고 설명할 수도 있다. 모든 사람들이 어떤 소식이나 영화에 대해 말한다면 그 대화에서 소외되고 싶은 사람은 별로 없을 것이다.

분명한 이유를 댈 수는 없어도 인간이 인기에 이토록 신경을 쓰는 것은 흥미로운 일이다. 하지만 이 본능이 항상 도움이 되지는 않는다. 무리를 따르려는 경향은 때로 심각한 결과를 초래할 수 있다.

경제학자들의 견해에 따르면 인기를 향한 집착은 역사상 가장 괴상하고 파괴적이었던 유행의 원인이기도 했다. 1841년, 스코틀랜드의 언론인 찰스 맥케이Charles MacKay는 저서 《대중의 미망과 광기Memoirs of Extraordinary Popular Delusions and the Madness of Crowds》에서 무리를 따르려는 인간의 충동에 대해 썼다.[3] 이 책에서 그는 단지 인기가 있다는 이유만으로 자산이 본래의 가치보다 훨씬 높은 가치를 얻게 되는 경향, 현대에는 시장 거품market bubble이라고 일컫는 현상에 대해 파헤쳤다. 그 예로 17세기 초 네덜란드로 수입된 튤립 종에 대한 엄청난 열기에 대해 이야기한다. 이 튤립은 국산 종에 비해 아름다움, 향기, 수명 등에서 딱히 뛰어난 점이 없었음에도 불구하고 인기가 날로 높아졌다. 이 열기가 귀족에서 중류 계급으로, 이어서 서민들에게까지 퍼짐에 따라 튤립의 가치는 치솟았고, 결국 1그램도 되지 않는 극히 적은 양에도 엄청난 가격이 매겨지기에 이르렀다. 전하는 말에 따르면 이 튤립 종이 너무 비싸지는 바람에 네덜란드에 온 관광객이 어쩌다 꽃 한 송이를 꺾으면 투옥될 정도였다고 한다.

맥케이가 튤립 광풍Tulipomania이라고 불렀던 이 현상으로 인해 튤립의 인기는 높아만 갔고 가격도 계속 올라갔다. 네덜란드인들은 유럽인들도 이 열기에 동참하리라고 생각하고 계속 튤립에 투자했다. 튤립 매매자들은 집을 저당 잡혀 빌린 돈으로 더 많은 튤립 구근을 사들였고 사업가들은 다른 산업들을 외면했다. 튤립에는 사람들이 지불하는 엄청난 비용만큼의 가치가 없으니 튤립 가격이 폭락하기 시작했다. 그러자 시장 거품이 꺼지면서 네덜란드 경제가 송두리째 흔들렸다. 맥케이는 이 현상에 대해 이렇게 결론을 내렸다.

"인간은 무리지어 생각한다. 무리지어 광기에 빠지지만 정신이 돌아올 때는 한 사람 한 사람씩 느리게 돌아온다."

나 역시 연구를 통해 인기 있는 사람들을 받아들이고 따르려는 본능이 매우 나쁜 결과를 초래하는 행동으로 이어질 수 있다는 사실을 발견했다. 나는 무리를 따르는 행동 양상이 어린 시절에 어떤 식으로 시작되는지, 특히 청소년들이 서로를 따라 하기 위해 어떤 행동까지 할 수 있을지 궁금했다. 인기 있는 친구들이 위험하거나 불법적인 행동을 지지할 때 다른 아이들도 그 의견에 동의할까? 그리고 친구를 괴롭히는 것이 잘못된 행동임을 알고 있는 상황에서 서로에게 못되게 굴도록 요구받는다면 어떻게 반응할까?

나는 스탠포드 대학교의 심리학자인 제프 코언Geoff Cohen과 함께 청소년들을 대상으로 음주, 콘돔 없는 섹스, 마리화나 사용, 헤로인이나 코카인같이 더 센 약물 사용 등에 대해 의견을 물었다.[4] 그리고 친구를 괴롭히는 행동, 폭식이나 구토 같은 위험한 섭식 행동, 호르몬과 약물을 사용하여 몸매를 가꾸는 행동에 대해서도 물었다.

미국에서는 청소년 중 25퍼센트가 정도가 14세 이전에 음주 경험이 있었고, 20퍼센트 정도가 마리화나를 피웠다.[5] 10대 중 40퍼센트가 마지막으로 성관계를 가졌을 때 콘돔을 사용하지 않았으며 10퍼센트가 단지 날씬해 보이기 위해 식사를 거른 적이 있다고 말한다. 그렇지만 연구에서 아이들에게 이런 행동들을 할 것 같은지 물었을 때는 대다수가 약물은 나쁜 것이고, 모두가 콘돔을 사용해야 하며, 타인에게 친절하게 대해야 하고, 외모에 관해 건전한 태도를 취해야 한다고 대답했다.

우리는 각 참가자들을 가장 인기 있는 친구들 세 명과 함께 모의 채팅방에 초대했다. 사실 이것은 진짜 채팅방이 아니라 학교에서 가장 인기 있는 아이들과 실시간으로 대화하고 있다고 착각하도록 만든 컴퓨터 프로그램이었다. 함께 채팅방에 있는 세 학생은 실체가 없는 일종의 실험 도우미이지만 실제로 인기 있는 아이들의 이름을 넣어 그들처럼 보이게 했다.

우리는 이 가짜 채팅방에서 위험한 행동에 대해 같은 질문을 했다. 하지만 이번에는 가짜 친구들이 먼저 입을 열어 자기가 그 나쁜 행동들을 할 가능성이 매우 높을 것 같다고 대답했다. 그다음에는 실험 참가자들에게 아까와 같은 질문을 하되 처음에는 친구들이 그 대화를 보고 있다고 생각하는 상황에서, 두 번째는 친구들이 퇴장했다고 생각하는 상황에서 대답하게 했다. 이렇게 해서 참가자들이 인기 있는 친구들 앞에 보이기 위한 대답만 하지 않았다는 점을 확인할 수 있었다.

여기서 우리는 단지 인기 있는 친구들이 음주, 마리화나 사용, 콘돔 없는 섹스를 할 것 같다고 대답한 사실을 알게 된 것만으로도 청소년들의 대답이 충분히 달라질 수 있고, 매우 극적으로 달라진다는 점을 발견했다. 참가자들은 연구 초반의 태도에 비해 위험한 행동들을 하겠다고 대답할 확률이 갑자기 훨씬 높아졌다. 친구들이 채팅방을 나가고 나서 아무도 보고 있지 않다는 말을 들은 후에도, 위험한 행동을 할 것 같다고 대답했다.

우리는 여기서 한 발 더 나아가, 가상의 상황에서 어떻게 하겠느냐고 묻는 대신 현실에서 행동으로 옮길 수 있는 기회를 제공했다. 즉, 채팅방에서 관심사에 대해 가벼운 대화를 하다가 가상 친구들 중 한 사람의 의견과 다른 친구들의 의견을 어긋나게 만든 다음, 참가자들이 친구들 중 한 명을 실험에서 제외하는 투표에 참여하게 했다. 참가자들은 만장일치로 한 사람을 퇴장시켜야 하며, 퇴장을 당한 친구는 다른 친구들을 만날 기회도 잃고 과제 수행 후 보상도 받지 못한다는 이야기를 들었다.

이때 참가자들은 결정적인 표를 던지는 상황에 놓이게 되었다. 친구의 운명을 자기 손으로 결정해야 했고, 친절하게 대하느냐 못되게 대하느냐 하는 선택의 기로에 서야 했다. 참가자들은 인기 있는 친구들이 한 친구를 퇴장시키는 데 표를 던지는 것을 본 후 열 명 중 여덟 명 꼴로 같은 표를 던졌다. 우리가 이토록 쉽게 무리의 의견을 따르게 되는 이유는 무엇일까?

● 무리에 따르도록 프로그래밍된 인간의 신체

기원전 6만 년 무렵의 어느 화창한 날, 한 여자가 동굴 속으로 들어간다. 그 안에는 많은 동족들이 앉아서 갓 잡은 사냥감을 먹고 있다. 하지만 동족들이 앉아 있는 바위에 자리를 잡으려던 여자는 이내 제지당한다. 이 무리에서는 보름달이 뜨는 시기에 여자들이 털옷을 입어야 한다는 규칙을 지켜야 한다. 여자는 동물 가죽을 두르고 있다.

동굴 안의 여자들은 "넌 우리와 같이 앉을 수 없어!"라고 으르렁대는 듯하다.[6] 결국 앉을 곳을 찾지 못한 여자는 동굴에서 나와 수십 미터 떨어진 곳에 혼자 앉는다. 몇 분 후, 여자는 털북숭이 매머드에게 공격을 받아 다시는 그 모습을 찾을 수 없게 된다.

물론 이 이야기는 상상이다. 하지만 인기가 없이 고립된다는 것은 현재의 인류와 밀접하게 관련된 중요한 의미가 있다.

다시 기원전 6만 년으로 돌아가 보면, 우리는 지구상에서 유일하게 인류에 가까운 종이 아니었다.[7] 인류학자들의 견해에 따르면 오늘날의 인류와 매우 닮았고 아프리카에서 이주해온 종에 더하여 네안데르탈인Neanderthals, 데니소바인Denisovans 등이 있었다고 한다. 하지만 결국에는 우리 인류만이 살아남았다. 우리가 살아남은 이유는 가장 강해서가 아니었다. 오히려 네안데르탈인들이 덩치와 치아가 더 컸고, 상대적으로 약한 인간과의 싸움에서도 이길 가능성이 컸다. 그렇다고 인류의 뇌가 더 컸기 때문에 살아남은 것도 아니었다.

인간에게는 독특한 한 가지 특성이 있었고, 이것은 진화에 유리한 근본적 요인이 되었다. 그것을 바로 무리지어 사는 것이다. 다른 종들이 더 크고, 강하고, 더 혹독한 기후에 견딜 수 있도록 변해간 반면 우리 인류는 함께 살아가는 법을 배웠다. 다른 종들과 달리 인류에게는 복잡한 소리를 내고 이해하는 유전자가 있었다. 언어 능력은 더 정교한 사회적 교류를 위한 기반을 형성했다. 우리는 곧 다른 종에 비해 훨씬 우월한 방식으로 집단을 이루고 동료들끼리 관계를 형성할 수 있는 종이 되었다.

무리 생활은 생존하기에 유리한 점이 많았다. 도구를 공유하고 협력해서 더 효율적으로 사냥할 수 있었고, 사냥감을 나눠 신선하고 안전하게 보관된 식량을 먹을 수 있었다. 또한 무리지어 다니면서 약탈자나 맹수의 위협을 경고해주고 서로를 지킬 수 있었다. 우리는 곧 사회적 신호에 매우 예민해지는 쪽으로 진화했고, 자연 선택 과정을 통해 결국 무리에 잘 따르는 개체들만이 남고 고립된 개체들은 사라지게 되었다.

우리가 일상에서 살아남기 위해 서로에게 의지한 지는 아주 오래되었다. 이제는 혼자 스타벅스에 갔다가 매머드에게 공격당하는 일은 없다. 하지만 우리가 사회적 존재로 진화해온 흔적은 여전히 여러 가지 미묘한 방식으로 나타난다. 하품이 전염되고 같이 사는 여자들의 생리 주기가 비슷해지는 이유가 궁금하지 않은가? 어떤 사람들은 이런 현상에도 사회적인 종을 지향하는 유전자 프로그래밍이 반영된다는 가설을 내놓는다. 무리는 모든 구성원이 단일 개체로 움직일 수 있되 함께 멈춰서 쉬고, 짝짓기를 하고, 출산할 수 있을 때 가장 효율적으로 운영되었다. 오늘날에도 우리에게는 동시에 피곤해지거나 임신을 가능하게 하는 본능이 남아 있다.

그럼 우리가 무리를 따르지 않고 고립된 채 인기 없는 존재로 혼자 지내기를 선택한다면 어떻게 될까?

①건강: 고립될수록 수명이 짧다?

지난 수십 년간 과학자들은 인기 없는 상태가 실제로 건강에 해로울 수 있다는 사실을 밝혀냈다. 고독이 어떻게 정서적 문제로 이어질 수 있는지 상상하기는 어렵지 않다. 배척당하거나, 소외당하거나, 괴롭힘을 당하거나, 피해를 당하는 사람들은 외로움, 낮은 자아 존중감, 불안, 우울을 경험할 가능성이 더 높다. 그런데 이제는 인기 없는 상태가 신체적 건강에 매우 해로운 결과를 초래할 수 있고 심하면 사망에 이르게 할 수 있다는 증거까지 나왔다.

브리검 영 대학교의 심리학자 줄리앤 홀트런스태드Julianne Holt-Lunstad는 '인기 없는 상태가 사망 위험을 높이는가?'라는 질문에 답을 찾기 위해 148건의 연구 자료를 통합하는 작업을 수행했다.[8] 모든 연구를 종합하면 전 세계에서 6세에서 80세 사이의 참가자 30만 8천 명이 연구 대상이 된 셈이었다. 연구자들은 참가자들의 사회적 연결망의 규모, 친구의 수, 혼자 사는지의 여부, 사회적 활동에 참여하는 정도를 측정하고, 그다음에는 참가자들을 몇 달, 몇 년, 심지어 몇십 년에 걸쳐 추적하여 사망률을 조사했다.

결과에 따르면 사람들에게서 단절되어 있고, 고립되어 있고, 외로운 상태, 즉 인기 없는 상태가 실제로 사망률을 예측하는 것으로 드러났다. 하지만 더 놀라운 점은 이 효과가 매우 강력하게 나타날 수 있다는 데 있다. 참가자들 중 친구들과 더 넓은 연결망을 형성한 사람들은 연구가 끝났을 때 생존 가능성이 50퍼센트 높았다. 연구 시작 당시에 건강 문제가 있었는지, 남자인지 여자인지, 세계의 어느 지역에 사는지는 문제되지 않았다. 무리와 단절된 상태는 사망 위험을 상당히 높였다.

하지만 모든 관계가 똑같이 중요하지는 않았다. 이 발견은 어떤 유형의 인기가 정말로 중요한지에 대한 단서가 되므로 매우 핵심적인 발견이다.

단순히 누군가와 함께 살거나 배우자가 있다는 사실은 기대 수명의 증가와 관련이 있었지만 그렇게 결정적이지는 않았다. 그보다 결정적인 것은 얼마나 사교 생활에 활발히 참여하고 질적으로 좋은 관계를 맺었는가였다. 다시 말하면, 어디에서든 호감을 얻는 사람들이 주로 형성하는 종류의 관계를 맺을수록 혼자였던 경우보다 생존율이 91퍼센트 높았다. 즉, 연구가 끝날 무렵에는 인기 있는 사람들 중 생존자가 인기 없는 사람의 두 배에 가까이 많았다는 말이다. 이것은 매우 의미 있는 발견이다. 기존에 확인된 건강상 위험 요소에 대한 연구와 이 수치를 비교하면 인기 없는 상태는 비만, 신체 활동 부족, 폭음보다 사망률을 더 높이는 것으로 보인다. 사실 인기 없음에 비견할 만한 건강상의 위험 요소는 흡연밖에 없을 정도다.

어떻게 사교 생활이, 혹은 사교 생활의 결핍이 죽음으로 이어질 수 있단 말인가? 이런 현상을 고의적인 자해로 설명할 수 있을까? 사회적으로 고립되거나, 배척당하거나, 친구가 없는 사람들은 스스로 목숨을 끊을 가능성이 특히 높지 않을까?

이것은 분명 사실이다. 미국에서 자살은 청소년과 성인기 초기에 해당하는 연령대에서 두 번째로 많이 나타나는 사망 원인이다. 65세 이하의 사망 원인 중 상위 10위 안에 드는 것이기도 하다.[9] 자살 시도로 이어지는 가장 흔한 위험 요인은 외로움, 타인에게 짐이 되는 느낌, 어딘가에 속해 있지 않다는 느낌이다. 청소년의 경우 또래 집단의 따돌림은 자살 행동을 강력하게 예측하는 지표다.[10] 우리는 10대 청소년이 학교나 인터넷에서 괴롭힘을 당한 후 스스로 목숨을 끊었다는 소식을 들을 때마다 고통스럽게 이 사실을 되새긴다.

하지만 놀랍게도 의도적 자해는 인기 없음과 사망의 연관성을 설명하지 못한다. 홀트런스태드의 분석에서 자살을 사망에 포함한 연구는 제외되었기 때문이다.

최근 발견된 증거에 따르면 사회적으로 단절된 사람들은 사망을 유발할 수 있는 광범위한 건강 문제를 겪을 위험이 있다. 노스캐롤라이나 대학교 채플 힐의 사회학자 캐슬린 멀런 해리스Kathleen Mullan Harris는 사회적 연결이 어떻게 관상동맥 질환, 고혈압, 암, 뇌졸중을 예측할 수 있는지 조사했다.[11] 해리스는 12세에서 85세 사이의 미국인 약 1만 5천 명을 대상으로 사회적 융화 정도와 5년 후에서 12년 후 신체적 건강 지수를 살펴보았다.

해리스가 발견한 점은 친구나 연인의 존재, 이웃과의 교류, 자원봉사가 질병 위험을 현저히 줄인다는 사실이었다. 연구가 시작되는 시점에 사회적으로 고립되어 있던 사람들은 고혈압이 발생할 가능성이 가장 높았다. 이들은 혈액 속에서 C-반응성 단백질이 높은 수치로 발견될 가능성도 가장 높았다. C-반응성 단백질의 증가는 류머티스성 관절염, 염증성 장 질환, 심장마비 등 염증과 관련된 건강 문제의 전조다. 이런 발견들은 참가자의 성별, 인종, 학력, 수입, 흡연 이력, 음주, 신체 활동, 스트레스, 우울증과 아무런 관련이 없어 보였다. 물론 인기 없음 그 자체가 이런 건강 문제들을 야기했는지 확인할 수는 없지만, 이 연구의 결과들은 다양한 설명들을 고려하더라도 사회적 고립이 수년 후 발생하는 질병을 예측할 수 있음을 뚜렷하게 시사한다. 여성 유방암 환자 연구에서 다른 환자들과 함께 활동하는 격려 모임에 참여하는 행동은 기대 수명을 높이는 것으로 예측하는 데 중요한 지표였다.[12]

이런 연구 결과는 성인이 되어서도 왜 인기가 중요한지, 여러 사람과 긍정적인 관계를 맺는 것이 왜 생각보다 더 중요한지를 알려준다. 반감이나 비호감을 산다는 것은 사회적 지지를 받지 못하고, 따라서 힘들 때 의지할 사람이 없으며, 곤경에서 벗어나도록 도와줄 사람도 없다는 말이다.

②스트레스: 나를 지지해주는 사람이 있으면 스트레스가 감소한다

인기의 효과는 우리 몸의 생리적 기능에서도 발견될 수 있다. 최근 발견된 증거에 따르면 사람들과의 연결과 교류는 코르티솔에 강력한 영향을 미치는 것으로 보인다. 코르티솔은 스트레스에 대한 반응으로 자율신경계가 활성화되면서 분비되는 호르몬이다. 이 호르몬은 공격이 임박했을 때 싸우거나 도주할 수 있도록 에너지를 유지하게 한다. 즉 인간의 생존에 매우 유용한 호르몬이다.

하지만 코르티솔이 너무 많거나 너무 적게 분비될 경우 신체 기능이 엉망이 될 수 있다.[13] 코르티솔 수치가 높으면 면역력이 약해지고 비만, 심장 질환, 위장 질환, 심지어 불임의 위험이 있다. 그뿐 아니라 자동차의 완충 장치가 닳아 충격을 제대로 흡수하지 못하듯 코르티솔 반응 체계 자체가 손상되어 더 이상 스트레스에 반응하지 않을 수도 있다. 코르티솔이 너무 적게 분비되면 만성 피로, 천식, 류머티스성 관절염, 습진 등에 걸릴 위험이 있다.

인기가 코르티솔 수치에 영향을 주기 때문에 인기 없는 사람들이 심각한 건강 문제를 겪을 위험성이 더 높아지는 것은 아닐까? 나는 대학원생 케이시 캘훈Casey Calhoun과 함께 정말 그런지 알아보는 작업에 착수했다.[14] 우리는 200명 정도의 청소년기 여학생들을 대상으로 그들의 사회적 경험을 광범위하게 측정하고, 가벼운 스트레스 요인에 노출시킨 뒤 타액을 채취하여 코르티솔 수치를 측정했다. 그들에게 주어진 과제는 바로 즉흥 연설이었다. 우리는 관객들의 반응을 보여주는 카메라 앞에서 연설을 해달라고 요청했다. 그리고 젊은 남성 관객이 바로 앞에 앉아서 평가하는 척했다. 연설은 사회과학자들이 스트레스를 유발하고 코르티솔 분비를 유도할 때 흔히 쓰는 매우 안전한 과제다.

우리의 예상대로 많은 참가자들이 연설을 하는 동안 코르티솔 수치가 약간 증가했으나 15분에서 20분 안에 평소의 수치로 돌아왔다. 이 정도 시간이 걸리는 것은 정상이다. 그런데 열두 살 정도의 몇몇 참가자들은 비정상적인 반응을 보였다. 이들의 몸에서는 코르티솔이 너무 적게 만들어졌다. 이것은 스트레스 반응 체계가 과소 반응을 보인다는 의미다. 즉 이들의 뇌가 스트레스를 감당할 준비가 되지 않았고, 이후 건강에 문제가 생길 위험이 있다는 신호였다.

이 아이들은 왜 코르티솔 반응이 약하게 나타났을까? 이 반응을 예측한 강력한 지표 중 하나는 과거에 다른 아이들에게 괴롭힘을 당하거나, 소외되거나, 욕설을 들은 경험이 얼마나 있는가 하는 것이었다. 살면서 다른 스트레스를 얼마나 경험했는지, 나이가 몇 살인지는 중요하지 않았다. 인종, 민족적 배경, 우울증 증상 등의 요소들로도 이 결과를 설명할 수 없었다. 인기가 없는 아이일수록 코르티솔 반응 체계가 심각하게 손상되어 있었다.

인기가 없다는 사실이 스트레스에 적절히 대응하지 못하게 하는 원인이라면, 사회적 교류와 지지는 더 적절히 반응하는 데 도움이 될까? 우리는 두 번째 연구를 진행하기로 했다. 이번에는 아이들에게 제일 친한 친구와 같이 오라고 요청했다. 참가자들은 카메라 앞에서 연설을 한 뒤 친구와 이야기를 나누었다. 따라온 친구들은 대개 참가자들의 노력에 매우 호의적인 반응을 보였고, 열심히 들어 주었으며, 자기 자신에 대해 좋게 생각하도록 도와주었고, 대체로 공감해주었다. 반면에 몇몇 친구들은 덜 호의적이었고, 오히려 자기에게만 관심이 있어서 참가자와 대화를 거의 주고받지 않았다.

이 실험에서는 스트레스에 과도한 코르티솔 반응을 보인 참가자들에게 초점을 맞추었다. 과도한 코르티솔 반응 역시 이후 건강 문제를 나타내는 지표다. 이 집단의 경우 연설 후에 코르티솔 수치가 급증했고 이 상태가 다른 참가자들에 비해 훨씬 오랫동안 지속되었다. 하지만 따라온 친구가 연설 후에 더 호의적으로 반응해줄수록 코르티솔 수치가 정상으로 돌아오는 속도가 빨랐다. 종합적으로 이 연구는 사회적 경험이 스트레스 반응 체계에 놀라운 영향력을 발휘한다는 것을 보여주었다.

최근 들어 심리학자와 신경과학자들의 노력으로 무리의 일원이 되는 것과 건강의 연관성이 훨씬 더 강할지도 모른다는 사실이 밝혀지고 있다. 사회 구성원들과의 연결이 중요해지는 경우는 스트레스를 받을 때만이 아니다. 인기 없고 고립되어 있다는 사실은 그 자체로 우리에게 해로운 영향을 미치기에 충분한지도 모른다.

③뇌의 반응: 마음의 고통과 두통을 동일하게 인식한다

사람들이 보통 외로움, 거절당한 느낌, 인기 없는 기분에 대해 이야기할 때 신체적 질병과 관련된 표현을 쓴다는 사실을 깨달은 적이 있는가?

  -가슴이 찢어지는
  -향수병
  -마음의 상처
  -고통스러운 느낌

이것은 단순히 표현일 뿐일까, 아니면 외로움과 고립이 실제로 몸에 해를 끼칠 수 있다는 것을 의미할까?

UCLA의 신경과학자 나오미 아이젠버거Naomi Eisenberger도 이와 같은 의문을 품고 사회적 거절을 경험할 때 뇌의 어떤 부위가 활성화되는지를 알아보았다.[15] 이 연구에서 참가자들은 다른 사람들과 부정적 상호작용을 경험할 수 있도록 설계된 컴퓨터게임인 사이버볼Cyberball에 참여했다. 게임을 하는 동안 참가자들은 fMRI 촬영을 해, 연구자들이 그들의 뇌를 관찰했다.

이 게임은 옆방에 있는 두 명의 다른 플레이어들과 공 주고받기를 하는 게임이다. 화면 가운데에는 참자가 본인의 손이 있고 양쪽에는 다른 플레이어들을 나타내는 막대 모양이 있다. 참가자는 누군가 공을 던져주면 양쪽 중 한 명에게 공을 다시 던져주면 된다. 하지만 실제로는 다른 플레이어들이 아니라 컴퓨터 프로그램이 게임을 조종하고 있으며 참가자들은 이 사실을 모르고 있다. 처음에 게임은 각 플레이어들에게 비슷한 정도로 공이 돌아가도록 설정되어 있다. 그런데 10분이 지나면 어느 순간 아무런 설명 없이 다른 두 플레이어가 참가자를 게임에서 제외하기로 한 것처럼 움직였다. 다른 사람들끼리만 공을 주고받고 이쪽으로는 공이 결코 오지 않는 상황을 상상해보라. 나머지 10분 동안에는 이런 식으로 게임이 진행되었다.

이 두 번째 10분 동안 연구자들은 흥미로운 일이 일어나는 것을 발견했다. fMRI 결과에 따르면 이때 활성화되는 뇌의 부위는 우리가 신체적 고통을 경험할 때 관여하는 곳과 같은 부위였다. 아이젠버거가 특히 놀란 것은 배측 전방 대상 피질dorsal anterior cingulate cortex과 전방 섬엽anterior insula이라는 두 부위 때문이었다. 물론 사이버볼 게임에 참여한 참가자들이 실제로 몸에 고통을 느끼지는 않았다. 화상의 고통, 찔린 상처의 아픔, 쑤시는 느낌을 담당하는 곳은 다른 부위다. 배측 전방 대상 피질과 전방 섬엽은 이런 감각들을 해석하여 만들어진 정보를 처리하고 우리가 무언가를 매우 불쾌하게 느끼고 있다고 말해주는 부위다. 사실 이

164

부위들은 뇌에서 가장 강력한 경보 체계로, 어떻게 해서든 고통의 원천에서 벗어나려는 동기를 부여하는 곳이기도 하다. 요컨대 아이젠버거가 발견한 사실은 적어도 뇌의 어떤 부위에서는 신체적 고통에 반응하는 것과 같은 방식으로 인기 없음을 경험한다는 점이었다. 아이젠버거는 이 현상을 사회적 고통social pain이라고 부른다.

집단에서 거부당할까 봐 두려운 마음이 드는 순간 우리 뇌에서는 온 힘을 다해 우리에게 강력한 경고 신호를 보내고, 다시 무리의 일원이 되려는 동기를 불러일으킨다. 연인과의 헤어짐을 걱정하거나, 누군가가 괴롭힘당하는 모습을 목격하거나, 관계가 끝난 연인이나 친구를 회상하거나, 심지어 나중에 다른 사람들에게 부정적인 평가를 받을 생각을 하는 경험 역시 모두 같은 부위와 관련 있다.[16]

사회적 고통과 신체적 고통을 겪을 때 공통적으로 활성화되는 부분이 있다는 사실은 다른 연구들을 통해서도 확인되었다. 한 연구 결과에 따르면 신체적 고통을 잘 참지 못하는 사람들은 대인 관계에서 거절당하는 것에 더 민감하고 그 반대의 경우도 마찬가지다. 심지어 아이젠버거는 타이레놀을 복용하면 사회적 고통이 실제로 줄어들 수 있다는 사실을 발견하기도 했다.[17] 우리 뇌는 두통과 마음의 고통을 똑같은 방식으로 완화하려고 한다.

④DNA: 혼자라면 감기에 걸릴 확률은 낮은 법이다

우리 몸에서는 매일 무수히 많은 세포들이 죽고, DNA의 명령에 따라 새로운 세포가 이런저런 특성을 갖추고 태어난다. DNA에는 한 가지 흥미로운 점이 있는데, 각각의 세포에 필요한 것보다 훨씬 많은 정보를 담고 있다는 사실이다. 어떤 부위의 세포인지에 따라 DNA 안의 유전자 중 일부는 발현되는 반면 나머지는 발현되지 않는다.[18] 마치 많은 프로그램이 이미 실행되고 있는 컴퓨터를 사온 셈이다. 몇몇 프로그램은 컴퓨터가 돌아가는 데 도움을 주기 위해 이미 활성화되어 있지만 나머지는 더블클릭을 기다리며 바탕 화면에 잠들어 있다.

예컨데 어떤 세포가 신장에 있다면 신장 세포에 필요한 청사진이 들어 있는 DNA의 일부가 활성화되고 눈동자의 색을 결정하는 유전자는 활성화되지 않는다. 이것은 유용한 기능이다. 신장에서 눈이 자라기를 바라는 사람은 없을 테니 말이다. 불필요한 DNA 가닥은 말 그대로 돌돌 말린 채 세포핵 가장자리로, 즉 DNA가 더블클릭되는 중심부에서 먼 곳으로 이동한다.

최근 신경과학자들은 인기 없음이 이 과정에 영향을 미친다는 사실을 발견했다. 집단에서 밀려날지 모른다는 신호가 처음으로 전달되면 몸속에서는 DNA 가닥이 풀린 후 재구성된다. 사회적 거절 경험은 놀라울 정도로 많은 유전자를 활성화하거나 비활성화한다.

UCLA 심리학자인 조지 슬라비치George Slavich와 스티브 콜Steve Cole은 DNA가 사회적 거절에 매우 민감하고 정교하게 작동한다고 설명했다.[19] 이들은 연인에게 차이거나, 친목 모임에서 제외되거나, 낯선 사람에게 거절당한 후, 또는 심지어 자신이 사람들에게 평가받을지도 모른다는 말을 듣기만 한 직후에 어떤 일이 일어나는지 연구했다. 이들의 발견에 따르면 이런 상황에서는 40분 안에 DNA 안에서 일어나는 다양한 변화를 관찰할 수 있다. 최소한 2만 개가 넘는 유전자 중에서 고작 수십 개 정도만 발현되거나 발현이 정지되지만 그 변화가 매우 중요한 역할을 하는 것으로 보인다.

이렇게 활성화된 유전자들은 면역 체계에 급격한 영향을 미친다. 개중 일부는 부상을 치료하거나 박테리아 감염에 맞서 싸울 때 유익한 염증 반응과 관련이 있다. 슬라비치와 콜은 이런 반응이 인기 없었던 사람들을 돕기 위한 자연적 기제가 아닐까 하는 의견을 내놓는다. 수천 년 전 자신을 지켜줄 동료가 없었던 사람들은 부상이나 공격으로 죽을 수도 있는 위험에 더 많이 노출된다. 그중에서 염증을 유발하는 반응이 미리 활성화됨으로써 곧 닥칠 부상에서 치유될 준비를 해 살아남을 가능성을 높였다는 것이다. 결국 진화 과정에서는 가장 빨리 반응하는 체질, 즉 거절에 가장 민감한 체질이 유리했을 것이다.

반면에 사회적 거절은 바이러스로부터 보호하는 역할을 하는 DNA를 비활성화하는 듯하다. 자신을 지켜줄 동료가 없었던 사람들은 바이러스에서 보호받아야 할 필요가 별로 없다. 나를 전염시킬 사람 자체가 없기 때문이다. 따라서 이들의 몸은 감염을 덜 경계하여 에너지를 아낄 수 있었다.

하지만 현대의 삶은 이와 다르다. 우리의 면역 체계는 더 이상 외로움과 관련된 위험에 반응할 필요가 없다. 페이스북 친구가 없다고 해서 감염 반응이 필요하지는 않으니 말이다. 하지만 우리 몸은 아직도 6만 년 전과 같이 반응한다. 오늘날 인류는 암, 천식, 알츠하이머병, 크론병, 간염, 루푸스 등 만성 염증과 관련이 있는 무수한 질병에 시달리고, 감

기에도 매우 잘 걸리는 편이다.[20)]

우리의 DNA는 혹독한 사회적 거절을 실제로 경험할 때만 재구성되는 것이 아니다. 그런 변화는 사람들이 자신을 피할지도 모른다는 은근한 암시만 받아도 일어난다. 심지어 어떤 연구에 따르면 단순히 거절당하는 상상을 하거나 소외되는 경험을 가상으로 경험하는 비디오게임을 할 때도 염증을 유발하는 유전자들이 활성화된다고 한다.[21)]

그렇다면 왜 모든 사람이 마음에 상처를 입거나 배신당할 때마다 병에 걸리지는 않는 것일까? 그것은 아마도 그런 상황에서 염증 반응이 일어나기는 하지만 37조 개의 세포 중 극히 일부에만 해당되는 일이기 때문일 것이다. 이렇게 극도로 민감한 세포들 때문에 고통받는 사람들은 만성적으로 거절당하는 사람들이다. 슬라비치는 단 몇 달 동안만이라도 인기가 없는 경험을 할 경우 몸의 세포가 사회적 거절에 과민한 DNA를 담은 세포들로 점점 교체되면서 전체적으로 분자 재형성molecular remodeling이 일어날 수도 있다고 말한다.[22)]

이것이 걱정할 만한 일일까? 인기와 죽음에 대한 연구를 했던 심리학자 홀트런스태드는 그렇다고 본다. 그는 서로 연결되어 있다고 느낄 방법을 만들어내려는 수많은 시도에도 불구하고 우리가 이렇게까지 분리되어 있던 적이 없다고 말한다. 지금 우리는 그 어느 때보다도 혼자 살고, 늦게 결혼하고, 사랑하는 사람들과 멀리 떨어져 살 가능성이 높다. 지난 20년 동안, 절친한 친구가 없다고 느낀다는 사람들의 수가 세 배 증가했다.[23)]

인류는 인기를 신경 쓰도록 설계되어 있다. 하지만 우리는 타인과 교류하고 연결되어 있는 느낌을 영 엉뚱한 곳에서 찾고 있는지도 모른다. 인터넷 세계나 SNS를 떠올려보라. 이것이 우리의 미래에 어떤 의미가 있을까?

토머스는 다른 사람들에게 둘러싸여 도시의 거리를 걷고 있지만 여전히 혼자라고 느꼈다. 주변에 사람들이 보이고 그들과 말도 할 수 있었지만 그중 누구도 실제처럼 느껴지지 않았다. 그는 이내 자신이 누구와도 진짜로 연결되어 있지 않다는 사실을 깨달았다. 사실 그는 컴퓨터 앞에 묶인 채 또 다른 컴퓨터 앞에 앉은 사람들과 연결되어 있었고, 그들 모두 가상 상호작용의 매트릭스 안에서 연결되어 있었다. 모두가 마음속으로는 진짜 사회적 교류를 갈망했지만 모든 것이 기술을 매개로만 이루어졌다. 사람들은 전 세계에 걸쳐 서로 연결되고, 정보를 빠르게 공유하고, 실제처럼 대화할 수 있게 해주는 복잡한 프로그램을 개발했다. 하지만 그것도 소용없었다. 오히려 서로를 더 멀게만 느껴지게 할 뿐이었다. 토머스와 몇 안 되는 사람들은 그들의 삶이 기계에 지배당해 왔다는 진실을 깨달았고, 누구도 혼자거나 인기가 없지 않도록 세상을 전처럼 돌려놓기 위해 헌신하는 중이다.

마치 영화의 한 장면처럼 보이지 않는가? 하지만 이건 현실이다.

CHAPTER 6

과거:
나도 모르게 만들어진
인간관계의 원형

—

오후 6시에 커피숍에서 친구를 만나기로 했다.
그런데 6시 30분이 되도록 아무런 연락이 없다.
당신의 직감은 어떻게 반응하는가?
나쁜 일이 일어난 것은 아닌지 걱정되는가,
아니면 일부러 친구가 당신을 바람맞힌 게
분명하다는 생각이 드는가?

몇 주 전, 나는 우연히 고등학교 졸업 앨범을 발견하고 무심코 페이지를 넘겼다. 그곳에는 옷깃이 넓은 셔츠에 색이 들어간 안경을 쓰고 꽁지머리를 어설프게 흉내 낸 내 모습이 있었다.

그건 누구였을까? 지금의 나는 정말로 졸업 앨범 속의 그 소년과 같은 사람일까? 마치 오랫동안 헤어져 있던 남동생을 알아보듯이 앨범 속에서 내 모습을 찾을 수는 있지만 이제 나는 그 사진을 찍은 나이보다 더 오랜 세월을 살아왔다. 취향도, 꿈과 소망도 바뀌었다. 지금의 나는 더 이상 그 사람이 아니다, 그렇지 않은가?

우리는 과거의 자기 자신에 대해 이렇게 거리감을 느끼는 경우가 많다. 가끔 오래된 사진을 보면 마치 그 시절의 내가 어딘가로 사라진 느낌이 들기도 한다. 그런가 하면 거울을 보면서 웬 늙은 사람이 나를 쳐다보나 놀랄 때도 있다. 한때 자신이었던 존재, 혹은 지금의 자신마저 그토록 멀게 느낄 수 있다는 것은 놀라운 일이다.

물론 그들은 분명 나였다. 나는 그때의 나와 같은 사람이다. 최소한 그 10대 소년과 지금의 나를 관통하는 많은 연결점들은 존재한다. 예를 들면 졸업 앨범의 그 소년은 굉장히 성장이 느렸기 때문에 체구가 작고 볼품없었다. 나는 아직도 아주 착실하게 근력 운동을 한다. 그리고 젊고 화끈한 교수처럼 행동하고 옷을 입으려는 경향은 분명 고등학교 때 대학 선행 학습 과정에서 마구 지껄여대던 내가 발전한 모습일 것이다. 둘 다 지독한 공부 벌레처럼 보이고 싶지 않을 때 좋은 전략이다.

지금의 내 모습에서 볼 수 있는 어린 시절의 흔적들은 인식하기 쉬운 일종의 연속체다. 어쩌면 당신은 그때와 같은 음악을 좋아하고, 그 시절의 친구들과 친하게 지내고, 같은 머리 모양을 하고 있을지도 모른다. 이런 모습들은 표면적으로 남은 과거의 유물이고, 스스로 통제할 수 있다.

게다가 행복하고 즐거웠든, 괴롭고 힘들었든 우리는 그 시절로 다시 돌아갈 수도 없고 당시에 경험한 것들을 바꿀 수도 없다. 이제 와서 그에 대해 생각하는 것이 무슨 의미가 있겠는가?

하지만 과거의 기억이 그보다 더 깊은 수준으로 영향을 미치고 있다면 어떨까? 그저 가끔 떠오르는 기억이 아니라 하루에도 수천 번씩 영향을 미치고 있다면? 우리가 알지 못하는 방식으로 지금까지 흔적이 남아 있다면? 그리고 이것이 불행히도 삶을 갉아먹고 있다면 어떻겠는가?

매우 놀랍게도 지금까지 연구된 결과들에 따르면 10대 시절의 내가 지금의 나보다 삶에 더 큰 영향을 미치고 있을 가능성이 크다.

예를 들어 남자들의 잠재적 수입에 대한 한 연구에서는 현재 키와 열여섯 살 때의 키를 가지고 월급을 예측해보았다. 키가 수입과 관계가 있었을까?[1] 사실 그랬다. 키가 큰 남자들은 돈을 더 많이 번다. 그런데 월급과 가장 밀접한 관련이 있었던 요소는 조사 당시의 키가 아니라 열여섯 살 때의 키였다. 청소년 시절의 키는 이후의 삶에 중요한 영향을 미친다. 자기 자신을 어떻게 느낄 것인지, 어떻게 행동할 것인지, 그로 인해 경험한 것은 무엇인지와 관련이 있기 때문이다. 이런 기억과 경험은 어떤 형태로든 참가자들에게 아주 오랫동안 남아 있다.

이렇게 성인 이후의 삶을 특징짓는 요소는 외모뿐만이 아니다. 다양한 요소들 중에 내가 강조하고 싶은 것은 청소년 시절에도 그토록 중요했던 한 가지, 바로 인기다. 인기는 겉으로 보이는 모습만 바꾸어놓는 것이 아니다. 인기는 뇌의 연결망을 바꿔놓고 그 결과 우리가 무엇을 보고, 생각하고, 어떻게 행동하는지를 바꿔놓는다. 변화한 외모에 대한 느낌은 스스로 쉽게 알아차릴 수 있지만, 인기가 우리에게 미치는 영향은 눈에 잘 보이지 않는다.

단언컨대 오래전 인기와 대면했던 그 경험이야말로 성인인 우리의 성격을 형성해온 토대다.

다행히 이 역학 관계가 어떻게 작용하는지 아는 것만으로도 그 시절 학교 퀸카나 사물함에 친구들을 가두며 괴롭히던 아이들이 현재의 삶을 좌지우지하지 않도록 할 수 있다. 하지만 우리가 가장 먼저 고려해야 할 점은 어린 시절 인기가 우리에게 어떤 의미였느냐 하는 것이다.

청소년 시절에 무엇을 원했고 어떤 점에 결핍을 느꼈는가는 성인이 된 후의 삶에 아주 미세하고 폭넓게 작용한다. 인기의 힘은 거의 보이지 않을 정도로 미묘한 방식으로 끊임없이 우리의 존재를 규정한다는 데 있다. 심리학자들은 이것을 자동적 반응automatic reactions이라고 부른다.

● 내가 왜 그런 행동을 했지?

이제는 원초아id, 자아ego, 초자아superego, 무의식과 같은 심리학 개념들에 대해서 많이 이야기하지 않지만, 우리가 생각하지 않고 행동할 때가 많다는 사실은 누구나 분명히 안다. 갑자기 불쑥 솟아오르는 것 같은 감정이나 각자가 삶에 반응하는 방식은 그저 '성격'의 일부로만 보인다. 그러나 이런 자동적인 행동, 감정, 생각은 뇌의 구체적인 활동과 관련이 있다.[2]

　앞선 장에서도 계속 이야기했지만 최근의 연구는 우리의 뇌가 인기를 토대로 만들어졌다는 사실을 암시한다. 인생에서 그 어느 시점보다 뇌가 급격하게 발달하는 시기는 청소년기, 더 정확히 말하면 사춘기가 시작되는 무렵이다.[3] 10대가 되면 뇌에서는 새 뉴런이 더 많이 생겨나 훨씬 더 많은 정보를 저장할 수 있게 된다. 또한 이 시기에는 미엘린myelin(수초라고도 하며, 뉴런을 감싸 절연체와 같은 역할을 하는 얇은 막―옮긴이)으로 둘러싸이는 뉴런이 현저히 늘어난다. 미엘린은 뇌가 더 빠르게 작동하게 해서 더 효율적이고 정교하게 생각할 수 있도록 해준다. 요컨대 아이들이 생각하는 방식에서 성인들이 생각하는 방식에 가까워지는 방향으로 뇌가 발달한다. 어릴 때는 즉흥적이고, 한순간에 한정되고,

자신의 존재를 의식하지 않는 방식으로 생각하다가 어른이 되면 더 깊이 숙고하고, 경험을 되돌아보고, 자신에 대한 타인의 평가에 민감해지는 방향으로 생각하게 된다.

이렇게 결정적인 시기의 경험은 이후 평생 이용할 두뇌에 영향을 미칠 가능성이 있다. 그래서 10대 시절의 경험이 그토록 강력한 것이다. 특히 인기와 관련된 경험은 누군가와 만나서 관계를 만들어나가고, 타인이 나를 평가하는 것과 관련되어 있다. 이렇게 중요한 경험과 생각들이 뇌가 크게 발달하는 바로 이 시기에 입력되고, 그 정보를 바탕으로 이후의 경험을 비교하고 쌓아올린다.

당신의 뇌가 발달하는 데도 인기가 큰 역할을 했을까? 스스로 확인해보자. 고등학교 때 사회 선생님의 이름과 반에서 제일 예쁘고 인기가 많았던 아이의 이름 중 어느 쪽이 더 쉽게 기억나는가? 일반적인 사람이라면 다른 어떤 것들보다 학교에서 인기 있었던 아이들에 대한 기억이 훨씬 풍부할 것이다. 그 잘나가던 아이들에게 품었던 감정이 되살아날 수도 있고, 어쩌면 그들을 떠올리면서 과거에 느낀 감정을 다시 한번 생생하게 느낄지도 모른다. 이것은 단순히 그리움의 문제가 아니다. 10대 시절의 경험은 실제보다 훨씬 최근에 겪은 것처럼 느껴지고, 필요 이상으로 뚜렷하고 강렬하게 느껴진다.

최근 심리학과 신경과학 분야의 연구를 통해 밝혀진 바에 따르면 이것은 우연이 아니다. 예전에 과학자들은 우리가 받아들이는 감각, 행동하는 방식, 각각의 감정들을 자동적으로 담당하는 뇌의 부위가 모두 다르다고 생각했다. 하지만 지금은 딱히 그렇지 않다는 것을 알게 되었다.

성인들이 제시되는 물건들을 보고, 냄새 맡고, 듣고, 느끼는 동안 fMRI 장비로 뇌를 촬영해보면 여러 부위가 연결되어 있는 하나의 집합체, 즉 신경 연결망이 활성화되는 것을 알 수 있다. 우리가 감정을 느끼거나, 문제를 해결하거나, 결정을 내릴 때도 같은 일이 일어난다. 자전적 기억과 밀접한 관련이 있는 해마hippocampus도 기존의 인식보다 훨씬 더 활성화된다.[4] 이 현상은 우리가 현재 경험하는 것들을 평가하고, 비교하고, 반응할 때 과거의 경험이 끊임없이 불려나와 사용된다는 의미다. 즉 스스로 의식하지 못하더라도 뇌에서는 급격한 발달이 시작되던 고등학교 시절의 기억들을 날마다, 하루 종일 이용하고 있다는 말이다.

청소년기의 기억은 여러 방식으로 우리에게 강력하게 영향을 미칠 수 있다. 그중 하나는 우리가 보고, 생각하고, 행동할 때 작용하는 편견을 형성하는 것이다. 심리학자들은 이 과정을 가리켜 여러 단계의 사회적 정보처리social information processing라고 부른다.[5] 사회적 상호작용을 매우 느린 화면으로 살펴보면 그 안에서 일어나는 다양한 반응들이 실제로는 불연속적이며 자동적인 결정의 결과로 보인다는 이야기다. 물론우리는 이 과정을 불연속적으로 경험하기보다 본능적인 행동으로 여긴다. 모든 과정이 말 그대로 눈 깜짝할 사이에 일어나기 때문이다.

예를 들면 얼마전에 식료품점에 갔다가 덩치가 큰 남자와 부딪혔다. 내가 들어가는 동시에 그가 허둥지둥 뛰쳐나오면서 어깨를 들이받는 바람에 옆으로 밀쳐진 것이다. 나는 바로 "앗, 죄송합니다"라고 말했다. 이것은 자동적 반응이었다.

이렇게 사소한 일들은 너무 자주 일어나서 우리는 이런 일에 대해 군이 생각하려고 들지도 않는다. 하지만 이때 나는 속으로 물었다.

'내가 왜 사과를 했지?'

내 잘못도 아니었는데 그런 반응을 보인 것이 조금 바보 같아 보였다. 바로 다음 순간 다른 손님이 그 남자에게 똑같이 밀쳐지는 모습이 보였다. 그 사람의 자동적 반응은 나와 달랐다. 그는 차마 여기에 쓸 수 없는 말을 크게 내뱉었다. 우리 둘 다 밀쳐졌을 때 어떻게 반응할지 계획하지는 않았다. 그냥 그렇게 되었다. 우리가 이렇게 반응할 때 내리는 그 찰나의 결정들은 과거에 형성되었을 수 있는 일종의 편향bias을 보여준다. 개별적으로는 그 결정들이 늘 중요한 결과를 낳지 않을지도 모른다. 하지만 그것이 한데 모이면 우리가 어떤 사람이 될지, 인생이 어떻게 펼쳐질지 결정할 수 있다.

심리과학 분야에서는 기억을 통해 이런 편향들이 형성되는 방식을 정확히 보여준다. 이 기억들을 통틀어 사회적 데이터베이스social database라고 한다. 이렇게 편향을 형성하는 과정은 여러 면에서 꽤 유용할 수 있다. 즉 우리가 마주하는 모든 사회적 정보를 효율적으로 살펴보고, 어떻게 반응할지 정하고, 생존하기에 충분한 행동을 실행하는 데 도움이 된다. 어쨌든 하루 동안 일어나는 모든 사회적 상호작용을 하나하나 뜯어서 생각할 수는 없으니 말이다. 정교하고 효율적인 성인의 뇌는 뭐든지 전에 효과가 있었던 방법에 의존한다. 누군가가 걸어가면서 인사를 한다면? 전에도 고개를 까딱 하는 방법이 성공적이었던 것 같으므로 이번에도 그렇게 행동한다. 누군가 부딪치고 간다면? 공손하게 길을 내주면서 갈등을 피하는 방법이 제일 편한 방법으로 입증되었으므로 그렇게 한다.

하지만 잊어서는 안 된다. 이런 편향들은 모두 청소년기에 형성된 초기의 기억들에 치우쳐 있다. 아이의 뇌가 성인의 뇌로 발달하기 시작할 때 고등학교 복도에서 살아남는 데 도움이 되는 방향으로 발달했기 때문이다. 문제는 우리가 고등학교를 떠난 지 한참 되었고, 우리 뇌는 그 사실을 잘 모른다는 점이다. 의사 전달에 혼선이 생긴다든지, 정신이 혼란해진다든지, 당혹스러운 순간을 겪는 등 가끔 이상한 일이 일어나는 것은 아마도 이런 이유 때문일 것이다. 이런 일들은 보이지 않던 편향이 표면으로 드러나고 청소년기의 경험이 남긴 유물이 모습을 드러내는 순간에 일어난다.

● 사람들은 저마다 다른 안경을 쓰고 있다

사람들은 자신이 주변을 관찰하는 데 매우 능숙하다고 생각한다. 그러나 이것은 대단히 큰 착각이다. 예를 들면 바로 눈앞에 있는 네온사인처럼 명백한 신호도 놓칠 수 있다. 이런 이야기가 매우 의아하게 들리겠지만 실제로 우리는 항상 단서들을 잘못 지각하고 있다. 이것은 단서 부호화cue encoding라는 사회적 정보처리의 첫 단계 때문이다.

단서 부호화 편향cue-encoding bias은 놀라울 정도로 강력할 수 있다. 잠시 생각해보라. 우리 뇌는 매일 엄청난 양의 복잡한 사회적 정보를 부호화해야 한다. 거대한 필터처럼 주변의 모든 자극을 걸러내고, 그 의미를 이해하고, 관심사에 맞는 정보인지 아닌지 결정해야 한다. 출근 시간 중 몇 분만 떼어 생각해보자. 수십 명, 혹은 대도시라면 수백 명, 수천 명의 사람들을 지나치는 동안 뇌에서는 자동으로 그들의 표정, 자세, 대화의 조각, 우리와의 공간적 관계를 읽어내면서 어떤 사회적 단서가 존재하고 어떤 조치가 필요한지 결정한다.

지나가던 사람이 고개를 까딱한다면 우리는 생각하기도 전에 즉시 반응하여 똑같이 인사를 하고 미소를 지을 것이다. 또 누군가가 걱정스러운 표정으로 우리 뒤편을 보고 있다면 우리 역시 거의 본능적으로 뒤를 돌아볼 것이다. 하지만 이에 못지않게 주목할 만한 일이 일어난다고 해도, 예를 들어 비행기가 머리 위로 지나가더라도 대부분의 사람들은 관심이 없다. 아마 모든 곳에 관심이 많은 어린아이들만이 알아차리고 반응할 것이다. 나머지 사람들은 그 일이 자신과 관계없다는 사실을 알기 때문에 그 정보를 걸러낸다. 그저 무시하는 정도가 아니다. 비행기가 지나간 후에 물어보면 비행기가 지나간 적이 아예 없었다고 꽤나 확신하는 사람들이 대부분이다.

우리는 어떤 것들을 놓치는가? 아니면 반대로, 우리는 어떤 정보에 지나치게 민감한가? 이 질문에 답하기 위해 영국 심리학자 연구팀은 단서 부호화 편향이 작용할 때 사람들이 관찰한 내용이 얼마나 바뀔 수 있는지, 그리고 인기가 이 편향과 얼마나 관련 있는지 알아보았다.[6] 이들은 성인 참가자들에게 여덟 편의 짧은 영화를 보여주고 최대한 세부 사항 하나하나를 주의 깊게 보라고 요청했다. 영화는 10대 청소년들이 사물함 근처, 학교 식당, 야외에 서 있는 장면을 포함하고 있는, 그야말로 전형적인 학교생활을 담은 영화였다. 각 장면에는 사회적 단서가 다양하게 들어 있었다. 서로 미소 짓고, 눈인사를 하고, 친구들끼리 웃음을 터뜨리는 장면 등 이들이 사이좋게 지낸다는 것을 암시하는 단서도 있었고, 방해하고, 싸우고, 배타적인 몸짓을 하는 장면 등 거절을 암시하는 단서도 있었다. 연구자들은 참가자들이 어떤 단서를 알아챌 가능성이 가장 높은지 알아보고자 했다. 그래서 참가자들에게 특수 장비를 착용시켜 눈동자의 움직임을 추적해서 시선이 특정 부분에 얼마나 오래 머무르는지 측정했다.

이 연구 결과에 따르면 우리는 단순한 대상을 보더라도 거기에 담긴 모든 정보를 받아들이지 않는다. 우리의 시선은 각자 과거에 겪은 사회적 경험과 일치하거나 통하는 행동에 오래 머무른다. 예를 들어 참가자 중 성공적인 사회적 경험이 있는 사람들은 영상 속의 긍정적인 상호작용을 훨씬 오랫동안 바라보았다. 이들은 전체 시간 중 60~70퍼센트에 해당하는 시간 동안 웃거나, 눈인사를 하거나, 함께 노는 등장인물들에게 시선을 고정했다. 부정적인 사회적 상호작용을 하는 등장인물이 나오면 덜 쳐다봤고, 보더라도 잠깐 동안만 시선을 보냈다.

이와 대조적으로 사회적 고립이나 고독을 경험한 사람들은 긍정적인 장면을 좀처럼 보지 않았다. 그 대신 전체 시간 중 80퍼센트 정도에 해당하는 시간 동안 사회적으로 배척하는 행동이나 부정적인 행동에 시선을 고정했다. 마치 두 집단이 완전히 다른 영화를 본 듯했다. 서로 다른 집단이 거의 알아채지 못한 단서들에 훨씬 더 집중했다.

이런 결과들은 다른 연구에서도 발견된다. 아이들에게 적대적인 내용을 담은 만화를 보여주면 또래들에게 계속 거절당한 아이들은 다른 아이들에 비해 눈을 떼는 데 시간이 오래 걸린다. 사회적 상호작용에 관한 이야기를 읽을 때, 과거에 인기와 관련하여 어려움을 겪은 사람들은 이야기 속에서 적대적인 순간들을 기억해낼 가능성이 더 높은 반면 인기 있었던 사람들은 등장인물 사이의 친근하고 호의적인 교류를 기억한다.

그렇다면 인기 없는 사람들은 긍정적인 사회적 단서들을 모두 걸러내고 불편했던 고등학교 시절만 끝없이 되풀이할 위험이 있을까?[7] 인기 있는 사람들은 늘 인기로 색칠한 안경을 통해 세상을 관찰하고 있을까? 어느 정도는 그렇다.

당신 자신의 편향에 대해 생각해보라. 많은 사람들 앞에서 말할 때 당신은 눈을 맞추며 고개를 끄덕이는 관객을 보면서 말하는가, 아니면 휴대전화를 들여다보며 이쪽에 주의를 기울이지 않는 관객을 보면서 말하는가? 파티에서 나올 때는 대화를 나눴던 모든 손님들이 기억나는가, 아니면 인사를 건네지도 않은 사람이 기억나는가? 인기를 얻고 싶은 욕구가 있을 때 당신은 행복에 도움이 되는 정보만 받아들이는가, 아니면 청소년 시절 좌절되었던 소속 욕구를 떠올리게 하는 정보를 받아들이는가?

부정적인 사회적 정보를 부호화하여 받아들이는 것이 꼭 나쁘지만은 않다. 예컨대 당신이 다니는 회사에서 판촉 회의를 열고 고객에게 서비스 구매를 권유하고 있다고 상상해보자. 그 자리에서 당신의 동료들은 하나같이 친근하고, 사람을 사로잡는 매력이 있고, 상대가 내게 호감이 있음을 알려주는 긍정적인 사회적 단서를 잘 받아들인다. 그들은 고객이 자주 미소를 짓고, 고개를 끄덕이고, 열정적으로 악수하는 것을 재빨리 알아차린다. 연구에 따르면, 이런 직원들은 회의가 끝난 뒤 자신의 업무 수행이 뛰어났다고 평가하고 고객을 유치할 가능성이 매우 높다고 예측한다.

하지만 이런 상황에서는 과거에 인기가 없었던 사람들이 궁극적으로 더 유리할 수도 있다. 이들은 직원이 구매한 이후의 서비스에 대해 말할 때마다 잠재 고객이 눈을 피하거나 자세를 바꾼다는 것을 알아차릴 가능성이 더 높다. 그리고 회사의 어떤 의견이 잘 받아들여지고 있고 어떤 의견이 외면당하고 있는지 알려주는 신호에 특히 민감할 수 있다. 나중에 회의에 대해 생각해보라고 하면 10대 시절 인기가 없었던 사람들은 좋은 평과 나쁜 평이 섞인 평가를 내릴 것이다. 우울한 현실주의 depressive realism라고 하는 이 현상은[8] 부정적인 단서에 민감한 경향 덕분에 긍정적 편향에 왜곡되지 않고 사회적 정보를 더 확실하고 객관적으로 볼 수 있다는 점을 암시한다. 이런 이유로 과거에 인기 없었던 사람들이 공감을 더 잘하고 사회적 상황에 민감하다고 평가받는다는 결론을 도출한 연구가 있다.

이런 연구도 있다. 권력, 명성, 영향력이 높은 사람들에게 다른 사람들이 읽을 수 있도록 각자 이마에 대문자 E를 최대한 빨리 써보라고 했다. 지위가 높은 사람들은 낮은 사람들에 비해 좌우가 뒤바뀐 형태로 쓰는 경우가 많았고, 상대방이 제대로 읽을 수 있도록 쓸 가능성이 훨씬 낮았다. 이 결과는 지위가 높은 사람들이 타인의 관점을 고려하는 능력이 더 낮다는 것을 말해준다. 이들은 감정 지능, 공감, 비꼬기를 눈치 채는 능력, 다양한 표정에 담긴 감정을 정확히 맞히는 능력 검사에서 지위가 낮은 참가자들보다 더 낮은 점수를 받기도 한다.

fMRI 촬영을 이용한 연구에서도 결과는 비슷했다. 지위가 낮은 사람들은 타인에 관한 이야기를 읽는 동안 타인의 생각, 느낌, 바람을 이해하는 능력과 관련된 뇌의 부위들이 다른 집단에 비해 더욱 활성화되었다.

● 관계 악순환에서 벗어나기 어려운 이유

어떻게 관계를 맺었는지, 주변 사람들에게 인기가 있었는지와 관련된 청소년기의 경험은 우리가 보는 대상뿐만 아니라 관찰한 것을 해석하는 방식에도 영향을 미친다. 심리학자들은 이것을 사회적 정보처리 과정 중 단서 해석cue interpretation 단계로 본다.

어떤 사람들에게는 이 개념이 잘 와닿지 않기도 한다. 같은 정보를 접한다면 모든 사람들이 똑같은 논리적 결론에 이르게 되지 않을까? 모두가 비슷한 방식으로 자료를 해석하는 것이 아닌가?

나는 간단한 실험을 통해 이것을 직접 알아보기로 했다. 실험 참가자들에게 짧은 영상을 보고 무엇을 봤는지 묘사해달라고 요청했다. 영상에는 단순하고 처리하기 쉬운 정보가 담겨 있었다. 하얀 화면 가운데 네모가 하나 있고 파란색, 녹색, 빨간색 동그라미가 그 주위를 움직이는 장면이었다.[9] 동그라미 두 개가 네모 안으로 들어갔다가 나오면 세 번째 동그라미가 느릿느릿 그 뒤를 따르기도 하고, 동그라미 한 개가 네모의 한 면에 부딪혀 튀어나와서 깨지는 것처럼 보이기도 했다. 영상이 끝나면 학생들은 곧바로 자기가 관찰한 것을 적었다.

이 영상은 모든 사람이 같은 정보를 부호화할 가능성이 높도록 의도적으로 단순하게 제작되었다. 참가자들은 영상을 두 번씩 보았으므로 뭔가 놓친 부분이 있을 가능성은 매우 낮았다. 관찰한 것을 적을 때도 영상의 단서를 해석하지 말고 관찰한 내용만 쓰게 했다. 따라서 타당한 반응은 네모 주변을 움직이던 동그라미 세 개가 네모 안으로 들어갔다 나왔다는 식의 내용을 기술하는 것이었다. 하지만 그런 식으로 쓰는 사람은 없다. 단서 해석은 자동적 과정이므로 우리는 존재하지 않는 물체에도 의미와 의도를 부여한다. 그리고 같은 사건에 대한 각자의 묘사는 서로 굉장히 다를 수 있다.

다음은 학생들이 적어낸 다채로운 묘사들이다. 중립적인 의견에서 공격적인 의견까지, 이들이 영상을 얼마나 다르게 해석하는지 살펴보자.

• 학생 1: 처음에는 빨간색 원과 녹색 원이 앞장서고 파란색 원이 따라갔다. 파란색 원은 훨씬 뒤에 있었고 사각형 안으로 들어가지 못하고 뒤에 남겨졌다. 얘가 도착하기 전에 문이 닫혔기 때문이다.

• 학생 2: 파란색은 다른 두 원이 자기를 가두어서 화가 났다. 그래서 네모를 부수고 안으로 들어갔다.

"야, 녹색, 너 나한테 왜 그랬어?"

그러자 빨간색과 녹색은 "어쩌라고?"라고 하고는 파란색을 버리고 같이 떠나버렸다.

• 학생 3: 음……. 빨간색과 녹색 동그라미는 방 안에서 놀고 있다(빨간색은 여자인 것 같다). 파란색 동그라미는 화가 났고 홀로 남겨졌다고 느낀다. 자기를 따돌린다고 녹색 동그라미를 비난한다. 파란색은 문을 두들겨서 억지로 열었다. 파란색은 굉장히 화가 나서 사방으로 튀어다니고 있었다. 폭력을 쓰는 것처럼 보인다. 녹색은 파란색에 똑바로 맞서다가 빨간색과 함께 방에서 나간 다음 파란색만 남겨놓고 문을 닫았다.

• 학생 4: 파란색은 질투로 눈이 멀어서 격분하고 불안해하고 있다. 화를 못 이긴 나머지 녹색(파란색과 관계 있는 남자)과 빨간색이 있는 곳의 문을 날려버리고 녹색에게 싸움을 걸었다. 녹색은 빨간색과 함께 행복했기 때문에 싸울 기분이 아니었다. 빨간색은 파란색이 무서워서 구석에서 떨고 있었다. 녹색과 파란색은 서로 치고받았고, 승자로 보이는 녹색은 빨간색을 네모 밖으로 데리고 나갔다.

이렇게 단순한 단서를 이토록 다르게 해석하는 원인은 무엇이었을까? 이번에도 답은 인기와 매우 깊은 관련이 있다. 이 학생들은 이미 학기 중에 고등학교 시절 인기와 인간관계에 대한 정보를 제출했다. 이 자료와 영상에 대한 설명을 대조해보니 학생 3, 4와 같이 동그라미들이 싸우고 있다고 해석한 학생들은 10대 시절 인기가 없었던 학생이었다는 사실이 드러났다. 과거에 인기 있었던 학생들은 학생 1과 같이 도형들이 장난치며 놀고 있다고 볼 가능성이 훨씬 높았다.

누구에게나 사회적 단서를 해석할 때 영향을 미치는 편향이 있다. 각자의 과거는 모두 다르므로 이런 편향들도 사람마다 다르다. 그런데 편향이 심하거나 확인되지 않은 채 남아 있다면 우리 삶에 상당한 영향을 미칠 수 있다.

연구에 따르면, 단서 해석 편향 중 흔히 나타나는 몇 가지는 문제가 될 수 있다고 한다. 특히 우리가 주위의 세상을 해석할 때 색안경을 끼고 보게 하는 편향이라면 더욱 그렇다. 이런 편향들이 장기적으로 영향을 미칠 경우 심각한 인간관계 문제나 우울증, 불안, 중독 같은 심리 증상들까지 나타날 수 있다.

이를테면 오후 6시에 커피숍에서 친구를 만나기로 했거나 첫 데이트를 할 예정이라고 해보자. 6시 30분이 되면 혼자 앉아 있기가 어색해지기 시작한다. 휴대전화를 들여다보지만 아무런 연락도 와 있지 않다. 뭐가 문제지? 당신은 가능성 있는 모든 정보들을 부호화한다. 만나기로 한 사람이 아직 도착하지 않았고 아무런 연락도 없다. 이제 그 정보를 해석할 차례다. 당신의 직감은 어떻게 반응하는가? 나쁜 일이 일어나지 않았는지 걱정되는가? 친구가 예정보다 늦게 오고 있다고 생각하거나, 당신과 직접적인 관계도 없는 이유로 약속을 잊어버렸다고 생각하는가?

그런데 만약 당신이 과거에 무시당하거나 버려진 기분을 느낀 적이 있다면, 혹은 더 인기 있는 사람이 되고 싶다고 간절히 바란 적이 있다면 바람 맞은 게 아닌가 생각하기 시작할 것이다. 이제 약간 화가 난다. 친구가 그럴듯한 설명을 하면서 나타나더라도 화가 풀리지 않을 수 있다. 이것은 심리학자 제럴딘 다우니^{Geraldine Downey}가 거부 민감성^{rejection sensitivity}이라고 부르는 편향의 신호다.[10) 이 편향은 거부를 예상하고 감정적으로 반응하는 경향으로, 평생에 걸쳐 인기 없는 상태가 지속되는 악순환을 만들어낸다. 인기가 있고 싶은데 스스로 그렇지 않다고 생각하고 인기를 더욱 갈구하게 되는 것이다. 당연한 일이지만 이 유형의 편향은 신체 불만족, 번아웃burnout, 우울증, 고독을 비롯한 여러 가지 부정적 결과들과 관련이 높다.[11]

거부에 민감하더라도 그냥 다르게 해석하기로 하면 안 되는 것일까? 자신이 지나치게 비관적이라는 사실을 깨닫고 자기 비판적인 편향을 고치기 시작하면 안 될까? 요컨대 그냥 그런 성향을 털어낼 수는 없을까?

그렇게 말처럼 쉬운 일이 아니다. 과거의 사회적 지위와 그 결과로 형성된 편향들은 뇌의 연결망을 바꿔놓을 수 있고, 따라서 편향을 무시하는 데 상당한 노력이 필요하기 때문이다. 하버드 대학교의 심리학자 리아 서머빌은 참가자들에게 거부 민감성을 측정하는 검사지를 작성하게 했다. 그런 뒤 사람들에게 낯선 사람의 사진을 보여주고 그들이 나를 어떻게 평가할지 추측하게 했다. 이 과정은 모두 fMRI 장치로 각 참가자의 뇌 활동을 관찰하여 사회적 평가에 대한 신경 반응을 알아보았다.[12]

서머빌의 연구 결과가 특히 흥미로운 이유는 참가자들이 거절당했는지 받아들여졌는지 알게 되었을 때의 뇌 활동이 아니라 거절이나 수용을 '예상'할 때 뇌에서 나타나는 반응에 초점을 맞추었기 때문이다. 결과는 과연 어떻게 나왔을까? 거부 민감성이 낮은 사람들은 꽤 가벼운 신경 반응을 보였다. 이들은 낯선 사람들이 자신을 어떻게 보든, 호감을 받든 받지 않든 별로 신경 쓰지 않았다.

하지만 거부 민감성이 높은 참가자들은 거부나 수용을 예상할 때 해당 부위에서 강한 신경 반응이 나타났다. 이들이 사회적 판단을 매우 중요하게 여긴다는 의미였다. 다시 말해서 거부 민감성이 높은 사람들은 사회적 피드백이 매우 중요하다고 느끼며, 이것은 자기 자신을 어떻게 평가하는지와 밀접한 관련이 있다.

흔히 나타나는 또 하나의 해석 편향으로는 이런 것이 있다. 감정적으로 모호한 상황에서 다른 사람들의 행동을 적대적인 것으로 간주하는 경향이다. 커피숍에서 만나기로 하고서 지각한 친구 이야기를 다시 해보자. 적대적 귀인 편향hostile attribution bias이 있는 사람은 이런 경우 친구가 못된 마음을 먹어서 일부러 자신을 바람맞혔다고 느낄 수 있다.[13] 이런 유형의 편향은 청소년 시절 인기가 없었던 사람들에게서 흔하게 나타난다.

심리학자들은 아동의 적대적 귀인 편향에 대해 알아볼 때 아이들에게 모호한 이야기를 들려준다. 예컨대 "네가 제일 좋아하는 장난감을 다른 아이한테 빌려줬는데, 그 아이가 장난감을 돌려줄 때 보니까 장난감이 망가져 있어", "점심시간에 앉아 있는데 누가 음료수를 들고 네 뒤쪽으로 걸어오고 있어. 그런데 조금 있다가 보니까 네 등에 온통 우유가 쏟아져 있어"와 같은 이야기를 하는 것이다. 아이들은 이야기를 듣고 무슨 일이 일어났다고 생각하는지, 왜 그런 일이 일어났다고 생각하는지 말한다.

이런 이야기를 들은 아이들은 대부분 우연히 일어난 사건이라고 대답한다. 하지만 또래에게 거부당하는 아이들은 못된 아이들이 일부러 그랬다고 일관되게 말한다. 인기가 없는 상태를 경험하게 되면 이 편향이 점점 심해진다. 학기 초부터 거부당하는 경험은 학년 말쯤 어떤 아이에게서 적대적 귀인 편향이 나타날지 예측하는 지표다. 처음부터 이 편향이 나타났을 가능성을 통제한 후에도 결과는 마찬가지다. 이런 현상이 일어나는 이유는 아마도 적대적 귀인 편향이 적응에 유리하도록 경험을 해석하는 방법이기 때문일 것이다. 또래에게 냉대받은 아이들의 경우에는 사회적 불쾌감에서 스스로를 지키면서 자라는 것이 합리적이다. 불행하게도 어떤 아이들은 청소년기의 잔혹함이 사라지고 나서 한참 후까지 이 편향에서 벗어나지 못한다.[14]

이런 아이들이 자라면 주변에서 종종 볼 수 있는 피해망상적인 이웃이나 냉소적인 직장 동료처럼 가정이나 직장에서 문제가 생길 위험이 높은 사람이 된다. 아이 엄마라면 사람들이 자기 아이에게 적대적이고 아이가 일부러 적대적으로 행동한다고 생각할 가능성이 높으며, 아이도 공격적인 성향을 띠게 될 가능성이 매우 높다. 배우자나 연인에게 공격적 행동을 보일 가능성이 높은 것은 물론이다.

직업 심리학자들의 연구에 따르면 적대적 귀인 편향이 있는 사람들은 직장 내 일탈 행동을 보일 가능성이 더 높다. 이들은 지각을 하고, 회의에 빠지고, 물품을 낭비하고, 동료들을 적대적으로 대하고, 다른 곳에서 일하는 사람들에게 자기 직장에 대해 좋지 않은 이야기를 한다. 자신의 조언이 무시당하거나, 방해를 받거나, 공을 인정받지 못하면 다른 사람들에게 화를 내거나 불안해하거나 심지어 직장을 그만둘 가능성도 훨씬 더 높다.

청소년기의 경험은 단지 단서 부호화나 단서 해석뿐만 아니라 사회적 정보처리가 일어나는 아주 짧은 순간 우리가 행동하는 방식에도 영향을 미친다. 이와 같은 반응 편향response bias 역시 인기와 밀접한 관련이 있다.[15] 요령 있고 세련된 사람으로 보이고 싶고, 그래서 남들과 더 잘 어울리고 싶은 마음에 헬스 스튜디오 직원과 대화하다 나도 모르게 연봉이나 직업을 부풀려 말하게 되는 것처럼 말이다.

최근 한 연구에서 아이들에게 몇 개의 영상을 보여준 다음 영상 속에서 괴롭힘을 당하는 피해자와 같은 상황에 처했다고 상상하게 했다. 영상 속 상황처럼 다른 아이들이 물을 쏟거나, 욕을 하거나, 장난감을 빼앗으면 어떻게 반응하겠냐고 질문했다. 인기 있는 아이들은 가해자와의 관계를 바로잡고 심지어 친구가 되는 쪽으로 행동하기를 선택했다. 반면에 인기가 없는 아이들은 되갚아주거나, 그들보다 우세해 보이거나, 그 상황을 아예 피하는 데 더 관심이 많았다. 다시 말하면 인기 없는 아이들은 공격적이거나, 무례하거나, 수동적으로 행동하려는 충동을 느꼈다. 이 편향은 아주 짧은 순간 어떻게 행동할 것인지 결정하는 단계에서 작용한다. 반응 편향은 과거에 인기가 있었는지 혹은 없었는지에 따라 성인에게도 영향을 미치며, 매우 감정적이거나 취한 상태일 때 특히 뚜렷하게 드러난다.[16]

우리는 매일 어마어마하게 많은 사회적 상호작용을 경험한다. 각 사건이 일어날 때마다 외부에서 들어오는 정보를 부호화하고 해석하다가 반응이 필요한 상황이 되면 행동에 나선다. 심리학자들은 이런 반응을 일련의 사회적 정보처리 단계들로 이해하지만, 우리는 생각하거나 의도를 품을 새도 없이 순간적으로 이 과정을 경험한다. 이 짧은 순간들이 모여 하루가 되고, 인간관계에 영향을 미치며, 우리의 정체성을 규정한다. 그리고 결국 인생 전체와 우리가 어떤 사람이 될지를 결정한다.

우리는 이 자동적인 반응들을 경험하며 스스로 직감이 둔하다고 생각할 수도 있고 문제에 휘말릴 수도 있다. 우리가 보는 대상, 실제로 취하는 행동, 행동 방식의 바탕은 고등학교 시절의 인기에 크게 의존한다. 이렇게 바탕이 되는 오래된 기억들은 우리가 뇌의 도움으로 하루를 살아나가는 동안 끊임없이 반복해서 호출된다.

고등학교 시절 인기가 있었고 뇌가 성인의 뇌로 발달하기 시작할 때 수용, 인정, 칭찬의 기억을 보관했다면 매우 좋은 일일 수 있다. 그런 사람은 현재의 낙천적 성향, 자신감, 잘 믿는 성격의 원인이 될 유리한 편향들을 갖춰왔다. 하지만 조심할 필요도 있다. 그 편향들은 세상을 비현실적인 관점으로 보게 할 수도 있고 지나친 자신감이나 단순함의 원인이 될 수도 있다.

과거에 인기가 없었다면, 사람들과 어울리고 싶다는 오래된 욕망이나 거부당한 상처가 영원히 낫지 않을 것처럼 느껴질지도 모른다. 인기의 영향력은 아무 생각 없이 받아들일 때 가장 강력하기 때문에, 과거의 경험이 현재에 미치는 영향을 줄이려는 노력은 기울일 만한 가치가 있다. 고등학교 시절 경험이 자기도 모르게 과거를 끝없이 반복하게 한다는 사실을 알게 되면 우울해지고 체념에 가까운 마음이 들 수 있지만,

과거에 희생될 필요가 없다는 점을 기억하는 것이 매우 중요하다. 이제 우리는 사회적 삶의 모든 순간마다 새로운 선택의 기회와 마주한다는 것을 안다. 고등학교 시절의 인기가 지금의 자신에게 미치는 영향을 이해함으로써 과거에 지배되는 운명에서 벗어나 그 위에 새로운 경험을 마음껏 덮어씌울 수 있다. 궁극적으로 우리는 해로운 기억을 새로운 기억으로 대체하여 사회적 데이터베이스를 채워넣을 수 있다.

최근에 이런 꿈을 꾼 적이 있다. 내가 교직원 회의에 참석했는데 다른 교수들이 전부 고등학교 졸업반 시절의 친구들이었고 내가 하는 말에 전혀 귀를 기울이지 않고 있었다. 꿈속에서 나는 혼란스러웠다.

'저 애들이 왜 여기 있지? 난 이 애들하고 일하지 않는데. 난 어른이잖아. 저 애들은 이제 내 인생에 포함되어 있지도 않다고!'

어쩌면 과거가 아직도 내 인생에 영향을 미치고 있을지도 모른다. 내가 한 번도 상상해보지 않은 방식으로 말이다. 그렇지만 내가 꿈에서 깨어난 뒤 그 내용은 자연스럽게 잊어버리는 것처럼 우리는 과거를 과거만으로 남겨두고 자연스럽게 잊을 수 있다.

CHAPTER 7

자녀교육:
말해봐요,
왜 나를 이렇게 키웠죠?

—

아이가 인기를 얻도록 부모가 도와줄 수는 있지만
자칫 잘못하면 호감이 아니라
지위를 중요하게 생각하라고 부추길 수 있다.
부모가 할 수 있는 가장 바람직한 일은
인기의 두 유형을 가르쳐주고 스스로
행복해질 수 있는 법을 찾도록 격려하는 것이다.

매년 6월이 시작될 무렵, 포틀랜드의 한 마을에서는 학교 강당에 주민들이 모여 유치원생의 재능 발표회를 본다. 이 행사는 유서 깊은 전통으로 그곳에서 초등학교를 다닌 모든 주민들의 통과 의례다.

페기는 이 행사를 생생히 기억한다. 그녀 역시 30년 전쯤 강당 무대에 올랐다. 무대에 선 아이들이 번갈아가며 〈사운드 오브 뮤직The Sound of Music〉에 나오는 노래를 부르는 동안 그녀는 두 줄로 선 아이들 뒤에서 있었다. 다른 아이들은 웃으며 가족에게 손을 흔들었지만 페기는 뒤에 숨어 있다가 노래가 시작되자 마지못해 무대로 나갔다. 페기의 손바닥에서 미친 듯이 땀이 나기 시작했고 심장은 박자보다 두 배는 빨리 뛰고 있었다.

페기는 유치원 시절이 그리 즐겁지 않았다. 그녀의 부모는 이민자 출신으로 그녀는 같은 반 아이들과 어딘가 달라 보였다. 그녀는 눈에 띄게

토실토실했고, 머리카락은 어두운 색이었으며, 옷은 중고 옷가게에서
산 것이었다. 부모가 그 지역에서 아는 사람이 많지 않았기 때문에 페기
는 보통 주말에도 혼자 놀았다. 가끔 엄마를 졸라 동네 공원에 놀러 갈
수 있었지만 이 외출은 늘 절망적으로 끝났다. 엄마가 책을 읽는 동안
페기와 다른 아이들 사이에 격렬한 말싸움이 벌어지기 일쑤였기 때문
이다.

그해 6월, 재능 발표회를 연습하던 마지막 날 페기는 특히 운이 없었
다. 그녀가 무대에 나왔을 때 앞줄에 선 아이들이 낄낄거리는 소리가
들렸다. 자신의 차례가 되자 목소리가 떨려왔다. 그때 한 아이가 소리
쳤다.

"돼지!"

"폰 트랩 대령보다도 덩치가 크잖아!"

아이들이 모두 웃음을 터뜨렸다. 어른들이 조용히 시키려고 해도 아
이들은 계속 그녀를 놀려댔다. 페기가 맡은 부분이 끝날 때쯤 그녀의 뺨
은 온통 눈물로 얼룩져 있었다. 그녀는 무대에서 달려나가 선생님에게
안겼다.

발표회 이후 한참 동안 페기는 그 일을 떠올린 적이 별로 없었지만,
그녀의 딸이 같은 무대에 서고 노래 반주가 시작되자 그때의 고통이 물
밀듯 되살아났다. 예전의 그녀처럼 그 자리에 딸이 서 있었고 노래를 부
를 차례가 다가오고 있었다. 페기는 손에 땀이 나기 시작하는 것을 느낄
수 있었다.

● 부모의 인기는 아이의 인기와 연관성이 있을까?

당신은 유치원 시절을 기억하는가? 교실이나 선생님을 자세히 떠올릴 수 있는가? 같은 반 아이들은 어떤 아이들이었는가? 당신은 그 아이들과 함께 놀았는가, 아니면 아이들이 노는 모습을 멀리서 바라봤는가? 그 친구들은 당신에게 친절하게 대해주었는가?

특별히 머릿속에 떠오르는 사건이나 장면이 있는가? 이렇게 오랜 세월이 지났는데도 그 기억이 왜 그렇게 분명하게 남아 있다고 생각하는가? 그 사건은 당신에게 어떤 의미인가?

이 질문들은 듀크 대학교의 마사 푸탈라즈^{Martha Putallaz} 교수가 아동의 인기에 대한 연구에서 유치원생 자녀를 둔 엄마들에게 던진 질문들이다. 나도 이와 비슷한 연구를 한 적이 있는데, 당연한 사실이겠지만 어린 시절 또래들과의 경험에 대한 엄마들의 기억은 모두 제각각이다.[1]

한 참가자는 이렇게 적었다.

"친구들과의 끈끈한 유대감이 얼마나 중요한지 떠오른다. 좋은 시절이었다."

다른 참가자는 이렇게 말했다.

"아이들이 얼마나 잔인하고 못될 수 있는지 생각나고요, 우리 애들이 그렇게 상처받지 않기를 늘 기도해요."

"전 왠지 항상 불안했어요. 다른 아이들이 어떻게 생각하는지 신경쓰였고, 소외된 기분을 느꼈어요."

참가자들은 각자 가장 뚜렷하게 떠올리는 기억에 따라 세 가지 유형으로 나뉜다. 긍정적 기억을 떠올리는 엄마들은 친구들을 즐거움, 행복,

흥분의 원천으로 보았다. 참가자 중 절반 이상이 즐겁고 긍정적인 이야기를 주로 했고 후회나 두려움, 슬픔의 흔적은 좀처럼 보이지 않았다.

다른 엄마들의 기억은 이보다 덜 즐겁다. 푸탈라즈는 이 집단을 둘로 나누었다. 한 집단은 공격성, 적대감, 심술궂은 행동에 관한 기억을 떠올리는 사람들이다. 이 기억의 원천은 친구들의 조롱과 잔인함이다. 가끔 다른 긍정적인 기억을 같이 떠올릴 때도 있었지만 완전히 긍정적인 기억을 떠올리는 엄마들과는 확연히 달랐다.

"마음이 많이 아파요. 그 애들은 정말 심술궂게 놀려댔어요. 다른 아이들과 어울리고 싶고, 무리에 속하려고 하고, 사람들이 자기를 좋아하게 하려고 할 때 겪는 고통을 겪었죠."

세 번째 집단은 회상 과정에서 불안이나 외로움이 주로 드러났다. 이들의 이야기는 친구에 대한 일방적인 갈망, 버려진 기분, 옆에서 구경만 하는 경험 등과 관련이 있었다. 그들 중 다수가 이런 경험이 한참 후까지 상처를 남겼다고 생각했다.

"그게 하나의 패턴이 되어서 낯선 사람들과 있으면 불편했어요."

그런 뒤, 푸탈라즈는 참가자들의 자녀들이 학교에서 친구들과 어떻게 지내는지 알아보았다. 아이들의 유치원 친구들에게 가장 좋아하는 아이와 가장 덜 좋아하는 아이를 물어보고 이 정보를 이용하여 아이들 각자의 인기 점수를 구했다. 이 인기는 호감에 바탕을 둔 것이었다. 분석 결과, 엄마가 유치원 시절을 어떻게 기억하는지 아주 적은 정보만으로도 아이가 인기가 있을지 없을지 예측할 수 있었다.

인기는 두 세대에 걸쳐 놀라울 정도로 일관성 있게 나타났다. 또래와의 긍정적 경험을 떠올린 엄마들의 자녀는 평균 이상의 인기가 있었다. 적대적 경험에 대한 기억을 떠올린 엄마들의 자녀는 인기가 없었다. 그런데 예상과 달리 불안하거나 외로운 기억을 떠올린 엄마들의 자녀는 인기가 없지 않았다. 이 아이들은 인기가 평균적인 수준이거나, 긍정적 엄마들의 자녀만큼 인기가 있는 경우도 있었다.

푸탈라즈가 얻은 결과는 두 가지 의문을 불러일으킨다.

인기는 유전될 수 있는가? 정말 그렇다면 행복한 기억을 떠올린 엄마들과 불안하거나 외로운 기억을 떠올린 엄마들의 자녀들이 왜 똑같이 또래와 잘 지내는 것일까?

물론 엄마들이 어린 시절 경험을 정확히 떠올렸는지 확인할 방법은 없다. 기억은 늘 확실한 것이 아니고, 오래전에 일어났던 일만큼 엄마가 아이의 삶도 함께 반영된 기억을 떠올렸을 가능성이 있다. 이런 이유로 푸탈라즈는 엄마들의 기억을 사회적 틀^{social frames}이라고 불렀다.[2] 이 사회적 틀은 과거, 현재, 미래의 사회적 경험을 보는 렌즈인 셈이다. 푸탈라즈가 발견한 사실은 긍정적 사회적 틀을 통해 기억을 떠올린 엄마들과 불안하고 외로운 사회적 틀을 통해 기억을 떠올린 엄마들이 적어도 한 가지 중요한 측면에서 비슷한 점이 있다는 것이다. 두 집단은 자녀가 친구들과 어떻게 교류하는지에 대해 매우 신경을 썼다는 공통점이 있었다. 구체적으로 말하면, 적대적인 사회적 틀을 통해 기억을 떠올린 엄마들에 비해 앞의 두 집단 모두 자녀가 호감 가는 아이가 되도록 도와주겠다는 의향을 훨씬 더 강하게 표현했다. 그리고 이것이 모든 차이를 만들어낸 듯했다.

이 연구 결과는 근심에 찬 부모들이 내게 자주 묻곤 하는 두 가지 질문으로 이어진다. 첫째, 부모는 아이가 인기를 더 얻도록 도와줄 수 있는가? 둘째, 그래야 하는가?

첫 번째 질문, '부모는 아이가 인기를 얻을 수 있도록 도와줄 수 있는가?'에 짧게 대답하자면 답은 '그렇다'이다. 부모들은 아이의 인기에 여러 가지 방식으로 영향을 미칠 수 있는데, 그중 몇 가지는 부모가 통제할 수 있고 나머지는 통제할 수 없다.

①유전자

부모들은 유전을 통해 아이의 인기에 영향을 미친다. 우리가 아는 한 유전자 하나로는 아이를 인기 있게 만들 수 없지만 아이에게 경쟁력을 주거나 평생 불리한 점을 물려줄 수 있는 요소인 것은 분명하다.

부모에게 물려받는 특질 중 하나는 신체적 외형이다. 매력적인 부모는 매력적인 자식을 낳는 경향이 있다. 그리고 우리는 대개 아름다움이 지위와 지배력을 바탕으로 하며, 특히 청소년기에 지위를 바탕에 둔 인기를 얻는 데 도움이 된다고 생각한다. 사실 신체적 매력은 지위뿐 아니라 호감을 예측하는 지표이기도 하다.[3]

신체적 아름다움이 인기에 미치는 강력한 영향을 보여주는 연구는 셀 수 없을 정도로 많다. 이 연구들 중에는 매력적인 몸에 초점을 둔 것도 있다. 예를 들면 비만인 아이들은 평균적인 몸매의 아이들보다 괴롭힘과 놀림을 당할 가능성이 높다.[4] 이런 경향은 유치원생 정도의 어린 아이들 사이에서도 나타난다. 하지만 대다수의 연구들은 특히 얼굴의 특징에 초점을 맞추었다. 이것은 성적 매력도 인기의 요인이지만 그전에 얼굴 생김새가 사람들에게 호감을 받느냐 마느냐를 결정하는 데 중요한 역할을 한다는 것을 의미한다.

한 대표적인 연구에서는 성인 참가자들에게 아이들의 얼굴 사진 여러 장을 보여주고 각각의 매력을 평가하게 한다. 이때 부유해 보이거나 행복해 보여서 평가에 영향을 주지 않도록 머리카락이나 옷차림을 빼고 무표정한 얼굴 부분만 잘라낸 사진을 사용한다. 이렇게 평가한 점수를 또래 아이들에게 조사한 각 아이들의 호감도와 비교한다. 이와 같은 연구에서는 가장 매력적인 아이들이 가장 인기 있다는 결과가 나온다. 다섯 살 정도의 어린아이들 사이에서도 가장 덜 매력적이라는 평가를 받은 아이는 가장 심하게 거부당한다.[5]

어떻게 이럴 수가 있을까? 유치원생들이 이미 아름다움을 중요시하는 사회의 척도를 받아들인 것일까? 덜 매력적인 또래를 좋지 않게 보는 편견이 형성된 것일까?

위와 같은 현상이 나타나는 이유는 더욱 근본적인 데 있는 듯하다. 심리학자 주디스 랑루아Judith Langlois는 생후 3개월밖에 안 된 아기들도 매력적이지 않은 얼굴에 비해 매력적인 얼굴을 더 오래 쳐다본다는 점을 발견했다.[6] 얼굴의 주인이 성인인지 유아인지, 혹은 같은 인종인지 다른 인종인지는 중요하지 않다. 매력적이지 않은 낯선 사람들이 주위에 있으면 아기들이 더 신경질적인 태도를 보일 가능성이 높다.[7]

우리는 왜 태어날 때부터 매력을 선호하게 되어 있을까? 어떤 사람들은 우리가 번식하도록 프로그램되어 있고, 매력적인 얼굴이 유전적으로 건강함을 의미하는 동시에 번식에 성공할 가능성이 높다는 신호를 보내기 때문이라고 생각한다.[8] 매력적인 얼굴이 얼굴의 원형을 가장 잘 보여주기 때문에 아기들이 선호하는 것이라고 생각하는 사람들도 있다. 매력적인 사람들의 얼굴이 다른 사람들보다 대칭적이고 더 전형적이다. 매력에 대한 우리의 관념은 얼굴의 평균성averageness에 크게 바탕을 둔다.[9] 아기들이 평균적이거나 전형적인 쪽에 끌리는 이유는 새로 접하는 모든 대상들을 맥락과 관련짓는 데 도움이 되기 때문이다. 이것은 기본형이 무엇인지 이해하고 나서 나머지 것들이 모두 평균적인 원형에 어긋나는 것으로 이해하는 데 도움이 되는 본능이다.

매력적인 사람에게 끌리는 경향이 태어날 때부터 존재하므로, 외모가 훌륭한 사람들은 사회적 테두리 안에서 가장 호감 가는 사람이 되기에 유리하다. 교사들이 학급에서 외모가 매력적인 아이들에게 관심을 더 많이 기울인다는 연구가 있다.[10] 감지하기 어려울 정도의 차이지만 심지어 부모도 잘생긴 자식에게 지원을 더 많이 해주는 경향이 있다.[11]

하지만 부모에게 물려받는 속성 중에서 인기에 도움 되는 요소가 아름다움만이 아니라는 데 주목해야 한다. 다른 사람들과 상호작용할 때 느끼는 일반적인 편안함의 수준 역시 유전에 그 바탕이 있다. 다른 사람들과 있을 때 편안하게 느끼는 경향은 외향성이라기보다 행동 억제behavioral inhibition라는 특성이다.[12] 이것은 새롭고 색다른 것에 끌리느냐, 아니면 편안하고 익숙한 것에 끌리느냐 하는 문제와 넓게 관련되어 있다. 이를테면 사회성이 억제되는 유전적 경향이 있는 아기들은 다른 사람들과 소통하는 데 흥미를 덜 느끼고, 이런 경향은 인기에 직접적인 영향을 미친다. 사회적 교류를 피할 때마다 나중에 또래들에게 받아들여지고 호감을 받는 데 필요한 사회적 기술을 익힐 기회가 사라지는 셈이다.

하지만 유전자가 항상 우리의 운명을 좌우하지는 않는다. 특히 사회적 삶에서는 더욱 그렇다. 모델이나 영화배우가 될 만한 유전적 토대가 없어도 아름다운 사람이 될 수 있듯이, 인기와 관련해서 물려받은 경향 역시 강력한 환경적 요소에 크게 영향을 받는다.

②부모의 공격성

어느 날 정오, 나는 이케아 식당에 앉아서 부모들이 옥신각신 침대를 고르는 동안 사방팔방으로 소리를 질러대는 아이들 무리를 보고 있다. 그때 바로 뒤에서 음식 쟁반을 바닥에 떨어뜨리는 소리가 나지만, 치우는 것을 도와주려고 몸을 돌리기도 전에 아이 엄마로 추정되는 여자의 목소리가 들린다. 속삭인다고는 하나 차라리 소리 지르는 편이 나을 정도로 신경이 곤두선 말투다.

"너, 지금, 뭐하는, 거야? 당장 손 무릎에 올려놔. 너 이게 재밌니? 뭐 하나만 더 떨어뜨려 봐, 더는 못 웃게 해줄 테니까!"

나는 너무 놀라서 돌아보지도 못하고 가만히 앉아 있다. 엿들을 생각은 없지만 바로 머리 뒤에서 폭발하는 소리를 듣지 않을 수가 없다. 남자 목소리가 들린다.

"여보, 놔둬. 얘는 자기가 뭘 하는지도 모르잖아."

"정말 지긋지긋해. 얘 일부러 그러는 게 분명해. 나를 화나게 하는 걸

즐긴다니까."

여자는 한숨을 쉬더니 화가 머리끝까지 나서 아이에게 쏘아붙인다.

"왜 말을 안 듣니?"

그 순간, 나는 몸을 굽혀 발치에 떨어진 빨대 컵을 주워서 여자에게 건넨다. 여자는 컵을 받아들고 아이 쪽으로 고개를 돌리며 눈알을 굴린 다음 나에게 고맙다고 말한다. 나는 컵을 던진 아이를 힐끗 본다. 18개월 정도밖에 안 돼 보이는 여자아이가 아기 의자에 앉아 키득거리고 있다. 아이는 쟁반을 바닥으로 밀어 떨어뜨리면 왜 안 되는지 모른다.

나는 이 여자와 아이에 대해 전혀 아는 바가 없지만 누구라도 아이 엄마가 과도하게 스트레스를 받고 있다는 것을 알 수 있을 것이다. 연구에 따르면 이 아이 엄마와 같은 어른들은 어릴 때 그리 호감을 받지 못했을 가능성이 있다. 그 아이도 자라서 인기와 관련된 문제를 겪을 수 있다. 그리고 그 아이가 낳을 아이 역시 마찬가지일 것이다. 인기는 자신을 키워준 부모뿐만 아니라 자신이 나중에 어떤 유형의 부모가 될지와도 관련이 있기 때문이다.[13]

누가 인기 있을지, 누가 거부당할지를 가장 강력하게 예측하는 요소 중 하나는 그들이 공격적인 사회적 환경에서 자랐는지의 여부다.[14] 공격적인 사회적 환경은 여러 세대를 거치면서도 유지되는 경향이 있다.[15] 심리학자들은 한 아이의 사회적 환경을 꽤 쉽게 측정할 수 있다. 부모들이 간단한 과제 하나를 어떻게 수행하는지 살펴보는 것만으로도 그들의 과거와 자녀의 미래를 놀라울 정도로 통찰력 있게 꿰뚫어볼 수 있기 때문이다.

과제는 아주 쉽다. 아이에 대해 5분 동안 이야기하는 것이다. 부모들은 사실상 이 과제를 항상 연습하는 셈이다. 오랫동안 못 본 옛 친구나 동료와 엘리베이터에서 마주쳤을 때 으레 이런 질문을 받는다.

"그래, 애들은 잘 있고?"

대부분의 부모는 이 질문에 아주 길게 답할 수 있겠지만, 그 내용은 각자 매우 다를 것이다.

심리학자 테리 모핏Terrie Moffitt과 아브샬롬 카스피Avshalom Caspi는 다섯 살짜리 자녀를 둔 약 600명의 엄마들에게 이 과제를 수행하게 했다. 아이들의 사회적 환경이 얼마나 따뜻한지, 혹은 얼마나 비판적인지, 그리고 이 사회적 환경이 아이들의 공격적 행동 및 인기 없는 행동과 어떤 관계가 있을지 알아보고자 했다. 흥미롭게도 이들은 연구에 일란성 쌍둥이만 포함시켜서 아이들의 행동에서 나타나는 차이를 유전적 차이로 설명할 수 없다는 점을 확실히 했다. 연구자들은 부모들과 겨우 5분씩 대화한 후 엄청난 차이를 발견했다.[16]

연구자들은 참가자들이 동시에 같은 부모에게서 태어나서 유전적 구성이 같은데도 불구하고 서로 매우 달라 보이는 사회적 환경에서 자랐다는 점을 발견했다. 이 점은 엄마가 그들에 대해 말하는 방식에서 뚜렷이 드러났다. 엄마들 중에는 따뜻함과 애정을 담아 설명한 사람도 있었던 반면("그 애는 정말 웃겨요. 지난번에는 노래를 하나 만들어서 정원에서 노래 부르고 춤을 추고 있더라니까요") 훨씬 더 비판적으로 묘사한 사람도 있었다("그 애는 끔찍해요", "그 애는 게을러요").

모핏과 카스피는 2년 후 참가자들을 다시 만나 아이들이 어떻게 자라고 있는지 확인했다. 이제 일곱 살이 된 아이들 중에는 매우 공격적인 아이들도 있었고 예의바르게 행동하는 아이들도 있었다. 이런 결과를 강력히 예측한 지표는 그 아이들이 자란 사회적 환경이었다. 연구자들이 일란성 쌍둥이에게서도 차이를 발견했다는 점을 고려하면 이 결과들은 특히 주목할 만하다. 다섯 살 아이에 대해 엄마가 따뜻하게 말할수록 2년 후, 아이는 덜 공격적인 성향을 나타냈다. 엄마가 비판적이었을수록 아이의 공격성이 악화되었다. 이어진 후속 연구에서는 단 5분 동안이라도 아이에 대해 비판적으로 말하는 부모가 아이에게 더 적대적인 사회적 환경을 조성하는 경향이 있고, 이후 아이가 인기 없는 사람으로 자란다는 사실이 입증되었다.[17]

③부모의 우울

아이의 인기를 예측하는 사회적 환경에는 공격성뿐만 아니라 많은 품성들이 포함된다. 한 예로, 우울한 엄마들은 그렇지 않은 엄마들과 다른 점이 여러 가지 있는데[18] 이 중에는 자녀가 장래에 경험할 인기의 양상에 직접적인 영향을 미치는 것이 많다. 우울한 엄마들은 아이를 덜 효과적으로 훈육하고, 아이와 함께 보내는 시간이 더 적고 아이에게 웃어주는 일도 적다. 그뿐 아니라 침울하거나 소극적인 성향을 갖게 하는 유전자를 물려주기도 한다. 아마도 이런 이유로 우울한 엄마 밑에서 자라는 아이들은 나중에 사회적 상황에서 어려움을 겪을 가능성이 훨씬 높다.

아주 사소한 상호작용처럼 보이는 것도 아이가 앞으로 인기를 얻을

지 거부당할지 결정하는 데 영향을 줄 수 있다. 요람에 누워 달랑거리는 모빌을 쳐다보는 아기를 생각해보자. 아기 엄마는 장난치고 싶은 기분이 들어서 아기에게 웃는 얼굴을 불쑥 내밀고 아기를 간질인다. 아기는 웃음을 터뜨리고 기쁨으로 발을 버둥거린다. 아기가 웃자 엄마도 웃음이 터지고, 그 순간 작은 게임이 시작된다. 엄마는 다시 아기 요람에 불쑥 얼굴을 내밀고, 아기는 엄마를 보고 까르르 웃는다. 이 놀이는 계속 이어진다. 그렇게 몇 번 주거니 받거니 키득거리고 나서, 엄마는 모빌을 켜서 아기를 진정시키고 아기는 평화롭게 잠이 든다.

이 장면은 꽤 평범해 보인다. 이런 사소한 일화가 미래에 아기가 경험하게 될 인기에 정말로 영향을 미칠 수 있을까? 아이의 인생 전체에 영향을 미칠 수 있을까?

그럴 수 있다. 아기가 엄마의 미소를 볼 수 있었던 그 짧은 순간은 아기의 뇌에서 생물학적 반응을 일으킨다.[19] 이 반응은 아이가 앞으로 수십 년 동안 스트레스에 더 생산적으로 대처하도록 도와준다. 즉 나중에 학교에서 친구들이 화나게 하더라도, 혹은 그보다 훨씬 더 나중에 엄마가 되었을 때 아기가 울더라도 차분함을 유지할 수 있게 해준다. 아기는 까꿍 놀이를 통해 번갈아가며 차례대로 행동하는 법을 배우기도 했다.[20] 이것은 성공적인 대화에서 사용하는 기본적인 사회적 기술이다. 엄마가 웃는 것을 보고 신이 난 경험 역시 강렬한 감정을 경험하는 법과 그 감정을 조절하는 법을 배울 수 있는 결정적인 경험이다.[21] 우울한 엄마들은 아이에게 이런 기회들을 줄 가능성이 적기 때문에, 여러 연구 결과에서도 드러나듯 결국 이 아이들은 감정의 폭발에 대처하는 능력이 많이 떨어진다.

모빌을 보면서 잠에 빠져드는 순간에도 아기는 스스로 마음을 가라앉히는 법을 배우는 중이다. 이 기술은 애초에 엄마가 요람에 다가오지 않았다면 익힐 수 없었던 것이다. 그리고 말할 것도 없이 이 사소한 일화 역시 6장에서 설명했던 상호 교류적인 효과를 발휘한다. 엄마가 이 놀이를 즐거워했을수록 다음에 또 놀아줄 가능성이 높아지고, 그에 힘입어 아기는 모든 사회적 기술을 반복해서 연습할 수 있는 기회가 훨씬 많아진다.

● **안정적인 애착 관계는 인간관계의 밑바탕이다**

당신이 어린 시절에 인기가 별로 없었다면 위에 소개한 연구 결과들을 보고 부모에게 당장 분노의 이메일을 날리고 싶은 충동이 들었을지도 모르겠다. 부모가 이런저런 방식으로 사회적 기술을 연습하고 성공적인 인간관계를 즐길 기회를 주지 않았다는 것을 비난하기는 쉬우니 말이다.

그리고 당신이 부모라면 이 연구들을 보고 약간의 압박감이나 죄책감이 들었을 수도 있다. 장담하건대 나도 그 마음을 십분 이해한다. 나역시 아이들이 태어났을 때 그들이 잠재력을 최대로 발휘하게 해주려면 어떻게 키워야 할지, 내가 어떤 행동을 할 수 있을지에 대한 엄청난 정보에 파묻히는 기분이었다. 모두 유용한 정보였지만, 결국 나는 진이 빠졌고 사실상 불가능한 기준을 세웠다는 생각이 들었다. 인내를 잃지 않고, 절망에 빠지지 않고, 나중에 후회할 결정적인 말을 아이에게 하지 않는 부모가 어디 있겠는가? 누구나 가끔 아이들을 대하면서 좌절에 빠진다. 미국에서 여자의 경우 다섯 명 중 한 명, 남자의 경우 열 명 중 한 명 꼴로 25세까지 심각한 우울 삽화depressive episode(기분이 변하고 전반적으로 정신과 행동에 문제가 나타나는 시기-옮긴이)를 경험한다고 하는데,[22] 우리가 침울해질 때마다 아이의 성공을 저해할지도 모른다고 생각하면 걱정스러운 일이다. 아기와 24시간 내내 까꿍 놀이를 할 수 있다는 생각은 비현실적이니 말이다.

하지만 적어도 조금은 그런 부담에서 벗어나도 된다. 아이의 인기가 온전히 부모의 통제권 안에 있는 것이 아니기 때문이다. 핵심 요인은 부모와 자녀가 맺는 관계의 특성이고, 이것은 아이가 사회적 상호작용을 할 때 보이는 행동 못지않게 부모가 행동하는 방식과 관련이 깊다. 부모와 자녀의 행동을 형성하고 자녀의 사회적 발달에 강력한 영향을 미치는 것은 끊임없이 서로 주고받는 과정이다. 심리학자들은 이것을 부모-자녀 애착parent-child attachment이라고 부른다.[23]

부모-자녀 애착은 안정적이거나 불안정한 두 가지 유형으로 나눌 수 있다. 각 가정에서 어떤 애착 관계가 형성되었는지 알아보는 데는 약 20분 정도밖에 걸리지 않는다. 9개월에서 18개월 사이의 아기와 엄마가 낯선 방에서 함께 논다. 잠시 뒤 모르는 사이인 어른이 방에 들어온다. 그다음 몇 분 동안 아기는 엄마와 함께 있거나, 낯선 사람과 함께 있거나, 두 사람 모두와 함께 있게 된다. 심리학자들은 아이가 엄마와 있을 때, 낯선 사람과 있을 때, 혼자 있을 때 잘 탐색하고 노는지 평가한다.

엄마가 슬쩍 사라졌을 때 아기가 보이는 반응과 함께 다시 돌아왔을 때의 반응도 기록한다. 이 실험은 아빠의 경우에도 동일하게 적용된다.

부모-자녀 쌍 중 3분의 2 정도가 안정적으로 애착을 형성하는 것으로 드러난다. 부모가 근처에 있을 때 아기가 잘 놀 가능성이 가장 높으면 이런 결론을 내릴 수 있다. 안정적으로 애착을 형성한 아이들은 부모가 자리를 비울 때 조금 힘들어하고, 낯선 사람 주변에서 약간 겁을 먹고 있다가 부모가 돌아오면 금방 진정된다. 안정적인 애착 관계의 부모들은 아이의 고통에 매우 민감하고, 아이가 마음을 가라앉히도록 도와줄 수 있고, 아이의 요구에 귀를 기울인다.

하지만 불안정한 애착 관계에서는 어떤 것이든 잘못될 수 있다. 부모와 함께 있을 때 완전히 편안하지 않고 아예 피하는 것처럼 보이는 아기들도 있고, 부모에게 과도하게 달라붙어서 떨어지지 않는 아기들도 있다. 부모가 자리를 떴을 때 크게 낙심하거나 그 사실을 알아차리지 못한 것처럼 보이는 아기들도 있다. 부모의 경우에는 아이에게 너무 민감하게 반응하거나 혹은 아이의 행동에 신경 쓰지 않는 것처럼 보이기도 한다.

연구를 통해 밝혀진 바에 따르면, 안정 애착을 형성한 아기들은 나중에 대인 관계에서 성공을 훨씬 더 많이 경험한다.[24] 이들은 더 인기 있을 뿐만 아니라 연애 관계에서도 더 행복하고 자기 자녀와도 안정적인 애착 관계를 형성할 가능성이 더 높다. 마리너스 반 아이젠돈Marinus van IJzendoorn이 이끄는 네덜란드 연구팀은 생후 12개월 된 입양아들의 부모-자녀 애착을 알아보았다.[25] 입양된 아기이므로 부모의 행동과 아기가 보이는 애착 유형의 연관성은 유전자 때문에 나타나는 것이 아니다. 연구자들은 사회경제적 지위와 개인적 기질을 고려하더라도 아기 때 안정 애착을 형성했던 아이들이 그렇지 않은 아이들에 비해 일곱 살이 되었을 때 인기 있을 가능성이 훨씬 더 높았다는 사실을 발견했다.

부모가 가정의 사회적 환경을 쉽게 바꿀 수 있다는 사실도 부모들에게 위안이 될 수 있다. 앞으로 자녀가 경험할 인기에 영향을 미칠 수 있는 한 가지 방법은 함께 놀이를 하는 것이다. 다만 어떻게 하느냐가 중요하다.

심리학자 로스 파크Ross Parke, 그레고리 페티트Gregory Petit, 재키 마이즈 Jackie Mize는 자녀와 놀아주는 부모들을 관찰하여 부모들 간의 차이를 발견했다.[26] 이것은 아이들이 사회적 행동을 배우는 토대를 마련하는 데 도움이 될 수 있다. 어떤 부모들은 자녀와 동등한 입장에서 논다. 아이가 어떤 놀이를 할지, 규칙은 어떻게 할지, 언제 다른 게임으로 넘어갈지 정하게 한다. 이들은 노는 동안 아이에게 말을 많이 하고 다양한 감정을 표현한다. 이 아이들은 나중에 또래들에게 인정받고 받아들여질 가능성이 훨씬 더 높다. 아이들은 부모와 상호작용하는 시간을 통해 공유하고 협조하는 법, 창의적으로 생각하고 탐색하는 법, 다른 사람들에게 공감하는 법 등을 배운다. 다시 말하면, 이런 놀이의 순간은 감정 지능을 높이는 풍부한 기회다.

하지만 모든 부모가 이런 식으로 놀아주지는 않는다. 어떤 부모들은 아이들과 놀면서 지배적으로 행동하고, 엄격한 한계를 세우고, 말을 많이 하지 않고, 심지어 금욕적이기까지 한 태도를 보인다.[27] 당연하게도 이들의 자녀는 또래의 다른 아이들과 놀 때 그런 방식으로 행동한다. 엄마들이 아이에게 영향력을 강하게 발휘할수록, 특히 아이의 요구에 잘 반응해주지 않거나 따뜻하지 않은 태도를 보이면 아이들은 몇 년 후 또래들에게 공격적으로 대하며 결국 매우 인기 없는 사람이 된다.

아빠들이 놀아주는 방식도 중요하다.[28] 엄마들에 비하면 아빠들은 아이들과 뒤엉켜 노는 경향이 강하다. 아이들은 대개 부모와 퍼즐을 맞출 때보다 레슬링을 할 때 더 흥분하고 크게 웃는다. 이렇게 몸을 많이 쓰는 놀이는 아이에게 강렬한 감정을 다스리는 법을 가르치는 데 매우 중요하다. 아이와 놀면서 감정을 자유롭게 표현하고 그 감정을 안전하게 통제하는 법을 보여주는 부모에게서 자란 아이는 더 인기 있는 사람이 된다. 아마도 아이들이 자신을 표현하는 법, 문제에 대처하는 법, 지지가 필요할 때 얻는 법 등을 부모에게서 배우기 때문인 듯하다.

물론 아이의 요구에 민감하게 반응하고 놀이에 관여하는 행동이 도를 넘을 수도 있다. 놀이터에 가본 사람이라면 이런 행동을 본 적이 있을 것이다. 아이들은 그네를 타고, 미끄럼틀을 타고, 기어오르며 놀다가 결국 어딘가에서 떨어지기 마련이다. 다쳐서 아픈 것보다 떨어진 충격이 더 속상하기 때문에 아이는 울음을 터뜨리려고 한다. 하지만 적어도 곧바로 울음이 터지지는 않는다. 아이가 가장 먼저 하는 일은 엄마나 아빠를 쳐다보는 것이다. 부모가 덤덤하면 아이도 툭툭 털고 다시 놀러간다. 하지만 부모가 걱정하거나 속상한 얼굴을 하고 있으면 눈물이 터진다.

이 수준을 넘어 과민 반응을 하는 부모들도 있다. 그런 사람들은 아이에게 달려가 달래주고, 응석을 받아주며, 아이가 다시 떨어지지 않도록 필요 이상으로 가까이에서 지켜본다. 혹은 아이가 언젠가 또 떨어질지 모른다는 생각에 너무나 스트레스를 받아 아예 아이를 데리고 놀이터에서 나와버리는 사람도 있다. 이런 아이들은 나중에 또래들에게 괴롭힘을 당하는 입장이 될 가능성이 훨씬 더 높다. 아이의 감정에 과민하고 과보호하는 부모가 있다는 것은 인기 없음을 강력하게 예측하는 지표다.[29]

● **아이의 사회적 성장을 도와주는 구체적인 방법**

부모들은 아이의 사회적 삶에 직접 개입해서 아이가 장래에 경험하게 될 인기에 영향을 미칠 수도 있다.[30] 아들을 자랑스러워하는 아빠 샘과 곱슬머리, 호리호리한 체격, 팔에 난 주근깨까지 그를 꼭 닮은 아들 조이에 대해 생각해보자.

샘은 조이가 커가는 모습을 보는 것이 즐겁다. 조이가 어디에 가든 샘도 그리 멀지 않은 곳에 있다. 조이의 학교에서 파티가 열렸을 때, 샘은 다른 부모에게 연락해서 조이가 그 집 딸과 함께 파티에 가도 되겠느냐고 물었다. 파티 당일, 샘은 조이가 그 여자아이와 함께 음료수를 들고 춤추는 사람들을 지나 탁자에 앉을 때까지 계속 지켜보았다. 샘은 조이에게 외쳤다.

"같이 나눠들 마셔라!"

조이가 여자아이 쪽으로 가까이 다가가기 시작하자 샘은 또 한마디

했다.

"자, 네가 잘하는 말 하면 돼. 손 가만히 두고!"

조이는 새빨개진 얼굴로 고개를 돌려 아빠를 바라보다가 파티장에서 뛰쳐나갔다.

샘은 좋은 부모가 할 만한 행동을 했다. 하지만 조이는 열일곱 살이었고, 이 상황은 고등학생들의 파티였다. 샘은 조이를 유치원생처럼 취급하고 있다. 이런 맥락에서는 샘이 아이의 또래 관계에 지나치게 관여하는 것밖에 되지 않는다.

아이에게 충실한 개인 비서가 되어주는 부모를 본 적이 있는가? 그들은 한 살짜리 아이를 위해 놀이 약속^{playdate}을 잡고 나중에 다른 아이들과 어울릴 수 있도록 음악 수업이나 체육 수업을 등록해주며, 아이를 여기저기 데려다주느라 하루를 다 보낸다.

이것을 비웃을 필요는 없다. 이런 행동들은 아이가 친구들 사이에서 더 호감을 얻도록 도와주기 위해 부모가 충분히 할 수 있는 행동이고, 유아를 양육하는 지극히 적절한 방식이다. 하지만 애리조나 주립대학교의 심리학자 개리 래드^{Gary Ladd}에 따르면 중요한 점은 아이의 발달에 따라 방식이 달라져야 한다는 것이다.

① 놀이 약속을 잡는 법

다른 아이들과 놀 기회를 주는 것도 중요하지만 가장 중요한 점은 단지 놀 기회를 만들어주기만 하는 데 있지 않다. 그보다 가장 큰 차이를 만들어내는 요소는 부모가 그 만남의 시간을 어떻게 구성하느냐 하는 것이다. 래드에 따르면 아이가 두 살일 때는 부모가 다른 사람들과 접촉하고, 모임을 계획하고 주선하며, 아이의 친구들을 고를 수 있다. 이렇게 마련해준 놀이 약속과 친구들은 아이가 더 폭넓은 사회적 연결망을 형성하는 데 도움이 되지만 아이가 나이를 먹어가면 점차 달라져야 한다. 아이가 세 살이 되면 가장 관심이 가는 또래 친구들을 직접 고를 수 있게 해주어야 한다. 네 살이 되면 놀이 약속 때 하고 싶은 활동들을 고를 수 있어야 하고, 대여섯 살쯤 되면 자기가 주도적으로 만남을 제안하고 계획하기 시작해야 한다.

발달심리학자들은 이것을 발판화scaffolding라고 부르는데,[31] 이 비유는 매우 적절하다. 아이의 발달 단계에 따라 아이에게 필요한 만큼만 지원해주되 지나치지 않는 것이 중요하다. 아이가 알아서 잘할 수 있게 되면 부모가 마련해주는 체계는 치워도 된다. 래드는 아이가 유치원생 정도의 나이가 될 때까지 부모가 잘 맞는 친구를 찾는 법을 가르쳐 주고, 학교 밖에서 친구를 만나고 싶은지 물어보고, 활동들을 제시해주는 경우에 아이가 가장 인기 있는 사람으로 자란다는 사실을 발견했다. 아이들은 곧 스스로 그런 일들을 할 수 있게 되고 이런 능력은 앞으로의 사회적 상호작용을 위한 기술들을 점점 더 빨리 배워가는 데 도움이 된다.

아이가 커감에 따라 과제는 새로운 집단에 자신을 소개하는 법, 궁극적으로 친밀한 관계에 있는 사람들을 신뢰하는 법을 배우는 것으로 바뀐다. 익혀야 할 기술들은 당연히 갈수록 더 복잡해진다. 아이는 다른 사람들을 먼저 생각해주는 법, 자신의 선호와 집단에 가장 이익이 되는 것 사이에서 균형 잡는 법 등을 배워야 한다. 아이들은 자신과 타인들의 차이를 존중하는 법도 배운다. 아이가 중학생이 되더라도 부모들은 생일 파티에 누구를 초대할지 결정하거나 두 개 이상의 행사가 동시에 예정되어 있을 때 초대를 거절하는 법 등, 더 복잡한 상호 협상을 배울 수 있도록 발판을 놓아줄 수 있다. 각각의 과제들은 아이가 점점 복잡하고 정교해지는 사회적 세계에서 살아가는 법을 배울 수 있는 기회다. 어린 시절에 이런 기술들을 익힌 아이들은 나중에 연인 관계를 더 쉽게 시작할 수 있다.

②아이를 지켜보는 법

아이가 아주 어릴 때는 부모가 아이들끼리 노는 것을 더 많이 지켜볼수록 좋다. 한 연구에서 한두 살 정도의 자녀와 그 부모들이 다른 아기들과 함께 놀 수 있는 기회를 마련했다.[32] 처음에 참가자들을 두 집단으로 나눠 한 집단은 아이들이 노는 데 참여하거나 관여하라고, 다른 집단은 개입하지 말고 내버려두라고 지시했다. 그다음에는 아이들끼리 조금 더 놀도록 놔두고 자리를 떴다. 놀이에 관여하라는 지시를 받았던 부모의 아이들은 부모가 방에서 나간 후에도 친구와 사이좋게 놀고 행복한 상태를 유지할 가능성이 더 높았다. 반면에 관여하지 않은 부모의 아이들은 그보다 더 빨리 놀이를 끝냈다. 그런데 이보다 몇 살 더 많은 아이들을 대상으로 똑같은 실험을 했을 때 결과는 정반대였다. 유치원생 정도의 아이들에게 부모의 지나친 관여는 더 이상 유익하지 않았다.

아이가 유치원생 정도의 나이가 되면 부모들은 멀리서 바라보는 것이 좋다.[33] 그리고 나중에 아이에게 친구와 무엇을 했는지, 의견이 충돌

하지는 않았는지, 그런 문제를 어떻게 해결했는지 등의 질문을 하는 기회만 놓치지 않으면 된다. 이런 풍부한 대화는 아이가 자신의 감정을 어떻게 파악해야 하는지, 특정한 상황에서 자신이 무슨 생각을 했는지, 어떻게 행동했는지 이해하는 데 도움이 된다.

따라서 아이가 집에 와서 "조니가 내 트럭을 가져가서 혼자 가지고 놀았어. 그래서 내가 얼굴을 주먹으로 때렸어"라고 말한다면 이때야말로 아이에게 다른 대안을 탐색하도록 가르쳐줄 좋은 기회다. 부모는 이렇게 물을 수 있다.

"조니가 그렇게 했을 때 기분이 어땠어?", "그 애가 같이 가지고 놀자고 먼저 물어봤니?", "네가 트럭을 아주 오래 가지고 놀았니?", "조니가 트럭을 가져갔을 때 네가 할 수 있었던 다른 행동은 뭐가 있을까?", "누군가 너를 주먹으로 때리면 어떤 기분이 들까?"

이런 질문들은 아이에게 단기적으로 도움이 될 뿐만 아니라 앞으로 사회적 경험에 대해 어떻게 생각해야 하는지, 다양한 해결책을 고려하고, 그 해결책들이 어떤 효과를 발휘했는지 평가할 수 있는 토대가 된다. 이것은 성인들에게도 매우 유용하고 훌륭한 생각의 틀이다.

③아이를 직접 지도하는 법

아이들이 문제를 겪을 때는 어떻게 지도해야 할까?[34] 단순히 오후에 친구들과 한 행동에 대한 이야기를 듣는 정도에 그치는 문제가 아니다. 이때는 구체적인 지시와 훈련을 제공하는 것이 좋다. 물론 거의 모든 부모들이 "다른 사람을 때리면 안 된다", "장난감은 같이 가지고 놀아라", "'부탁드려요', '고맙습니다'라고 말해라"와 같은 기본적 지침을 제시할 것이다. 하지만 특히 중요한 것은 문제가 발생했을 때는 물론이고 다양한 사회적 상황에서 모범으로 삼을 수 있는 행동 방식에 관해 어른으로서 조언해주는 것이다.

보통 부모들은 아이에게 자기를 따라 행동하라고 가르치고, 아이들은 부모를 놀라울 정도로 따라한다. 똑같은 표정을 짓는다든가 말할 때 손짓을 하는 것이 같다는 것처럼 사소한 일에만 국한되는 문제가 아니다. 부모를 모방하여 익힌 행동들은 아이들이 서로 어떻게 상호작용할지 결정하는 방식에도 반영된다.

마사 푸탈라즈는 연구실로 엄마와 아이들을 초대해서 아이들끼리 놀게 하고 아이들이 얼마나 수용적이고 협조적인지, 또는 공격적인지를 기록했다.[35] 그러는 동안 아이 엄마가 다른 엄마들과 이야기하는 모습 역시 함께 관찰했다. 다른 엄마들과 사이좋게 대화를 나눈 엄마들의 아이는 똑같이 또래 아이들에게 친근하게 대했다. 대화에서 주도권을 잡으려고 하던 엄마들의 아이는 상호작용에서 과하게 자기중심적인 경향이 있었다.

유치원생 나이의 아이들은 부모의 조언에 의존한다. 연구에 따르면 부모들은 최소한 이틀에 한 번씩 또래 친구들과의 상호작용에 관해 아이와 대화를 나누는데,[36] 이것 역시 아이의 인기도와 관계가 있다.[37] 물론 단순히 조언하는 데 그치지 않고 아이가 놀이에 끼거나 싸움에서 빠지도록 도와주기 위해 직접 개입하는 부모들도 있다.

그러나 아이가 중학생이 되면 부모의 이런 행동은 지나친 개입이자 아이의 인기에 해로운 영향을 주는 행동으로 간주된다. 청소년이 되어도 아직 부모의 지도가 필요하지만[38] 이들은 자기가 먼저 도움을 요청하지 않았다고 생각하고 싶어 한다. 그들에게 필요한 것은 직접적인 개입이 아니라 조언이다. 또래 아이들에 대해 이야기를 나누거나, 이상적으로 생각하는 친구의 특징에 대해 살펴보거나, 타인을 대하는 가장 좋은 태도에 대해 함께 논의한 경우 아이가 친밀한 인간관계를 맺는 데 큰도움이 된다.

● 아이가 괴롭힘을 당하고 있다면

그렇다면 이제 한 가지 중요한 의문이 남는다. 과연 부모들은 아이의 인기에 영향을 주려고 노력해야 할까?

답은 '그렇다'이기도 하고 '아니다'이기도 하다. 나는 '그렇다'라고 말하고 싶다. 나부터도 임상아동심리학자로서 부모들에게 호감과 관련된 문제를 겪고 있는 아이들을 늘 주의 깊게 지켜보라고 강력히 권고하기 때문이다. 문제가 진행되고 있는 것이 분명히 보일 때가 종종 있다.

내가 본 아이들 중 다섯 살짜리 남자아이는 너무 에너지가 넘치고 떠들썩해서 학교에서 아이들과 쉬지 않고 어울렸다. 친구들이 놀자고 부르면 언제든 당장 달려갔다. 그러다 현장학습 날이 되어 같이 앉을 짝을 골라야 했는데 그 아이와 같이 앉고 싶어 하는 아이가 아무도 없었다.

또 한 아이는 성격이 급하고 화를 잘 내는 여자아이였다. 이 아이는 친구들에게 공격적이고 짜증스러운 목소리로만 이야기했다. 아마 이 아이가 친구들에게 "나쁜 애구나!"라고 말하는 모습을 본다면 아이의 부모가 소리 지르는 모습이 겹쳐 보일 것이다. 이 아이가 모든 친구들에게 거부당하기까지는 오래 걸리지 않았다.

그리고 고통스러울 정도로 겁이 많은 여자아이도 있었다. 학교에 있는 것만으로도 힘들어할 정도였다. 집에서는 억지로 떼어낼 때까지 아빠 다리에 매달렸고, 선생님에게서도 몇 발짝 이상 떨어진 적이 없었다. 이 아이는 하루 종일 울었다. 친구들이 친절하게 같이 그네를 타자고 말할 때도 울고 있었다.

이와 같이 초등학교에 입학하기도 전에 이미 또래들이 피하는 것처럼 보이거나, 다른 사람들과 함께 웃기보다 눈물을 더 많이 흘리거나, 함께 뭔가를 하는 데 관심이 없어 보이는 아이들은 어느 정도의 개입으로 도움을 받을 수 있다. 인기 없음의 최악의 형태, 즉 괴롭힘으로 고통받는 유형에 해당하기 때문이다.

이제 괴롭힘은 전 세계적으로 주목받는 사태가 되었다. 심리학자들은 오래전부터 괴롭힘이 나타나는 원인과 결과를 이해하고자 했지만, 콜럼바인 학살 사건[39]이 일어난 후에야 전 세계가 이 문제의 심각성을 깨닫기 시작했다. 1999년 4월 20일, 또래 친구들에게 괴롭힘을 당하던 10대 두 명이 총과 폭탄을 들고 자기들이 다니던 콜로라도 고등학교에 나타나 12명의 학생과 1명의 교사를 잔혹하게 살해하고 21명에게 부상을 입혔다. 결국 이들은 자기 자신에게 총구를 돌려 스스로 목숨을 끊었다. 미국인들은 이렇게 평범해 보이는 10대들이 갑자기 미친 듯이 살인을 저지른 사건의 전말이 자세히 드러날수록 충격에 휩싸였다. 이 사건은 학교에서 일어난 최초의 대량 학살 사건이 아니며, 안타까운 일이지만 마지막 사건도 아니었다. 이 사건 이후 학교 총기 사건이 걱정스러울 만큼 자주 일어나게 되어 사람들은 그런 비극적인 일이 자기 동네에서 일어나지 않기만을 바랄 뿐이다.

하지만 그 여파로 또래 괴롭힘 피해에 대한 관심이 다시 살아났다. 비록 통과되진 못했지만 연방정부 차원에서 집단 괴롭힘 방지법anti-bullying legislation이 제안되었고,[40] 각 주마다 학교에서 다른 학생을 괴롭히는 행위에 대해 강력히 제재하는 법을 시행했다.[41] 괴롭힘 문제에 대한 대중적 관심과 법률은 사태 해결에 도움이 되었다.[42] 엄격한 처벌을 적용한 학교에서는 더 이상 공공연한 괴롭힘이 일어나지 않는다. 하지만 괴롭힘 행동의 바탕이 되는 인기의 역학 관계는 사라지지 않았고, 자연히 아이들은 익명으로든, 학교 밖에서든, 심지어 인터넷 공간에서든 더 은밀하게 또래들을 괴롭힐 방법들을 많이 찾아냈다.

이제 집단 괴롭힘 방지 수단들이 피해 사례를 줄이는 데 효과적이라는 증거는 있지만,[43] 아이들은 태초부터 다른 아이들의 괴롭힘에 희생되어 왔다고 해도 과언이 아닐 정도로 그 뿌리가 깊다. 그러므로 모든 괴롭힘이 멈추리라는 생각은 그저 바람에 불과할 것이다. 지금 필요한 변화는 아이들이 또래들에게 괴롭힘을 당하고, 소외되고, 고통받고, 조롱당하게 되는 순간들에 잘 대처하도록 돕는 것에도 관심을 기울이는 것이다. 그리고 심리학자들은 부모들이 어떻게 도움을 줄 수 있는지 정확히 알고 있다.

친구와 함께 힘든 경험을 하고 서로 완전히 다른 반응을 보인 적이 있는가? 같은 경험도 다르게 받아들이는 이유는 아마도 우리의 느낌이 실제보다 그 일에 대한 '생각'과 훨씬 더 밀접한 관련이 있기 때문일 것이다.

두 아이가 똑같이 역사 시험을 망쳤다고 해보자. 한 아이는 시험 전날 밤에 자신이 했던 결정들을 후회하고 자책하며 앞으로도 학교 공부를 잘할 수 없으리라는 절망을 느끼기 시작한다. 다른 아이는 선생님을 탓하고 시험이 불공정했다고 생각해서 감정이 다치지 않는다.

두 학생이 스트레스 받는 사건에 대해 보인 반응의 차이는 심리학자들이 귀인 유형attribution style이라고 부르는 사고방식에서 비롯한다.[44] 당신은 부정적인 사건의 원인이 자신의 특성에 있다고 믿는가("난 멍청해")? 그리고 그 특성이 모든 영역에 걸쳐 적용되고("난 제대로 할 줄 아는 게 없어") 오래 지속된다고("앞으로 공부를 절대 잘할 수 없을 거야") 믿는가? 이런 귀인 유형은 우울증으로 통하는 지름길이다. 모든 부정적 사건의 원인을 자신에게 돌리고 개선이나 대안적 설명의 여지를 남겨놓지 않는 사고방식은 심리적으로 최악의 영향을 미친다. 특히 습관적인 반응이라면 더욱 그렇다.

아니면, 그런 경험이 자신과 전혀 상관없고("시험이 너무 이상하게 나왔어"), 구체적이거나("난 시험이 객관식으로 나오면 잘 못해") 지속되지 않는("공부할 시간이 더 있으면 십중팔구 더 잘 볼 걸") 원인으로 일어났다고 생각하는가? 이것이 전자보다 더 건강한 반응이다. 물론 사람들이 자기 행동에 책임을 질 필요가 없다는 의미는 아니다.

1998년, 샌드라 그레이엄Sandra Graham과 자나 주보넌Jaana Juvonen은

418명의 6학년, 7학년 학생들에게 자신이 또래 괴롭힘의 피해자라면 어떻게 반응할지 물었다.[45] 대답은 매우 다양했다. 어떤 학생들은 괴롭힘을 당한다면 자기의 결함이나 실패 때문일 것이라고 대답했다("이런 일은 저에게 또 일어날 거예요", "제가 더 잘나가는 애라면 찍히지 않을 거예요", "제 잘못이에요. 그 화장실/탈의실에 있지 말았어야 했어요"). 이 아이들은 우울증, 불안, 낮은 자아 존중감에 해당할 위험이 가장 큰 집단이며 또래들에게 거부당하고 이후에 피해자가 될 위험이 가장 높기도 했다.

반면에 어떤 아이들은 괴롭힘을 당하는 것이 딱히 자신과 관계없는 일이었을 것이라고 인식하는 더 적응적인 반응을 보였다("이런 아이들은 아무나 골라잡는 걸요", "잘못된 시간에 잘못된 장소에 있었던 건 제가 운이 나빠서였어요"). 이런 아이들은 장기적으로 큰 문제가 없었다.

부모들은 자녀의 귀인 유형에 엄청난 영향을 미친다.[46] 다시 한 번 말하지만 세대를 이어 나타나는 유사점은 놀라울 정도다. 그렇지만 귀인 유형은 비교적 변화하기 쉬운 특성이기도 하다.[47]

그리고 우리는 반대로 괴롭힘 가해자들도 돌봐야 한다. 괴롭힘 가해자들에게 다른 사람들을 위협하는 아이들이라는 낙인을 찍는 대신 가장 심각한 심리적 문제를 겪고 있을 가능성이 높은 아이들로 보는 사회를 상상해보자. 그 아이들은 다른 아이들을 괴롭힐 때마다 많은 관심을 받고 잘나가는 것처럼 보일지 모른다. 하지만 이것은 지위를 바탕으로 한 인기가 있다는 신호에 불과하다. 이렇게 지위를 바탕으로 한 인기는 결국 외로움, 중독, 사회적 서열에 대한 끊임없는 집착 등 좋지 않은 결과를 초래하게 된다. 남을 괴롭히는 아이들은 서로 싸우고 위협하는 부모를 보고 자라는 등 가장 열악한 양육 환경에 놓인 경우가 많다.[48] 자기 자신도 피해자인 셈이다[49]. 그래서 그들의 공격적 행동은 관심을 갈구하는 마음이 지위 추구의 형태로 나타난 것에 가깝다.

엄격히 처벌해야 한다는 원칙으로 괴롭힘 가해자들을 즉시 쫓아내는 조치는 어떤 면에서 보면 문제가 있다. 피해자를 보호하고 다른 공격적인 학생들에게 강력한 경고를 보내기에 효과적인 방법이기는 하지만, 쫓겨나는 아이들이야말로 가장 절박하게 도움이 필요할지도 모른다. 그들을 학교에서 쫓아내는 것은 단기적으로 좋은 해결책이지만 한편으로는 심리적으로 가장 취약한 아이들을 공격적으로 행동하는 법을 배운 공간으로 다시 보내버리는 셈이다.

피해자들이 자신을 괴롭힌 가해자들에게 어느 날 갑자기 쉽게 공감하리라고 생각하는 사람은 아무도 없겠지만, 부모들은 부모만이 할 수 있는 방식으로 자녀에게 다른 아이들이 왜 그렇게 행동하는지 이해하도록 가르쳐줄 수 있다. 피해자가 괴롭힘당한 이유를 해석할 선택권이 자신에게 있다는 것을 깨닫는다면 마음을 다치지 않고 괴롭힘의 상처에서 벗어날 가능성이 더 높다.

지금까지 이야기했듯 아이의 인기에 부모가 영향을 주려는 행동이 필요한 경우도 있다. 그렇다면 부모들은 아이를 더 인기있게 만들기 위해 항상 노력해야 할까?

그러고 싶어 하는 부모들도 있다. 그들은 자기 아이가 모든 파티에 초대받고, 친구가 가장 많고, 협동 과제를 할 때 가장 먼저 뽑히는 아이가 되기를 원한다. 다른 아이들이 자기 아이를 얼마나 선망의 눈으로 보는지 자랑스럽게 이야기하기도 한다.

이 지점에서 나는 저 위의 질문에 '아니다'라고 답하고 싶다. 그런 유형의 인기를 부추기는 것은 아이에게 호감이 아니라 지위를 중요하게 여기라고 부추기는 것과 마찬가지이기 때문에 좋은 생각이 아니다. 이 것은 인기에 대한 부모의 환상을 아이가 대신 채우게 하려는 극단적인 방법이다.

1991년, 텍사스에 사는 완다 할로웨이Wanda Holloway라는 여성은 딸이 인기 있는 치어리더가 되기를 간절히 바란 나머지 유력한 경쟁자의 엄마를 살해하려는 모의를 했다.[50] 응원단에 빈 자리가 생기기를 바라고 꾸민 일이었다. 이 이야기에서 혐오스러운 면이 두 가지 있다. 하나는 당연히 살인 행위를 꾸몄다는 점이다. 다른 하나는 자녀가 높은 지위를 갖게 하려는 욕망에 집착하게 된 부모의 모습이다. 아이를 도와주려는 의도가 있다고 해도 아이가 위험한 행동을 하고, 타인에게 과하게 의존하고, 대인 관계 문제를 겪고, 위험에 처하게 하려는 생각이 아니라면 지위를 추구하도록 부추기는 행동은 바람직하지 않다.

어쩌면 부모가 할 수 있는 가장 바람직한 일은 인기의 두 가지 유형에 대해 가르쳐주는 정도일 것이다. 나 역시 막 학교생활을 시작한 우리 아이들이 사춘기에 가까워지면 그때는 다른 부모들의 마음을 이해하게 될지도 모른다. 하지만 지금은 아이들이 인기를 얻되 스스로 행복해질 수 있는 유형의 인기를 추구해야 한다는 사실만이라도 이해하도록 최선을 다하고 있다.

거의 매일 밤마다 내 아이들은 나에게 라이트닝 맥퀸(애니메이션 〈카 Cars〉에 등장하는 자동차 캐릭터-옮긴이) 이야기를 읽어달라고 한다. 라이트닝은 선수권 대회에 출전하여 명성과 부를 얻고 싶어 하는 경주용 자동차다. 라이트닝의 소망은 피스톤컵이라는 대회에서 1등을 해서 페인트를 새로 칠하고, 멋진 후원자들이 생기고, 수많은 팬들의 우상이 되는 것뿐이다. 하지만 라이트닝은 그 꿈을 이루기 전에 우연히 래디에이터 스프링스라는 작은 마을에 도착하고, 어쩔 수 없이 그곳에 머물며 역시 자동차인 마을 주민들과 함께 일하게 된다. 이 마을 자동차들은 그와 함께 즐겁게 지내며 친구가 되고 싶어 한다. 마지막 부분에서 마을을 떠난 라이트닝은 드디어 그토록 꿈꾸던 대회에서 달리게 되지만 자신이 래디에이터 스프링스의 자동차들을 진심으로 그리워한다는 사실을 깨닫고 깜짝 놀란다. 그는 결승전을 코앞에 두고서 우승을 포기하고 동료 출전자에게 따뜻한 도움을 준다.

이쯤 되면 아들이 나에게 묻는다.

"아빠, 라이트닝은 왜 끝까지 안 달린 걸까?"

나는 이렇게 대답한다.

"아무리 오래 달려왔더라도 이기는 것보다는 좋은 친구를 갖는 게 더 행복한 일이거든."

CHAPTER 8

SNS:
아침에 눈 뜨자마자
SNS를 확인하는 사람들에게

—

사람들은 음식을 먹으며 대화를 나누는 대신
사진을 찍어 SNS에 올린 다음 '좋아요'를
얼마나 받았는지 확인하느라 정신이 없다.
여러 사람들과 함께하는 소중한 순간에도 SNS에
정신이 팔려 정말로 중요한 것을 놓치고 있는 것은 아닐까.

2000년의 어느 날, 실리콘밸리의 두 기술자 제임스 홍$^{James Hong}$과 짐 영$^{Jim Young}$은 지나가던 사람의 외모를 두고 이야기하다 의견이 엇갈렸다. 처음에는 차분한 토론에서 시작된 이 논쟁은 자동차, 전화기, 마이크로칩을 비롯한 20세기의 다른 획기적인 발명품만큼이나 중요하고 사회 전체를 뒤바꾼 세계적인 현상의 출발점이 되었다. 그들의 대화는 '핫 오어 낫$^{Hot or Not}$(매력적인가 아닌가)'이라고 이름 붙인 사이트를 개발하는 것으로 이어졌다.[1]

지금 기준으로는 이 일이 딱히 패러다임을 바꿀 만한 사건으로 보이지 않을 수도 있다. 그러나 2000년에는 인터넷 이용자가 지금만큼 많지 않았다. 몇 킬로미터 떨어진 연구실에서 구글이 구상되고 있었던 것은 이때로부터 불과 4년 전의 일이었다.[2] 핫 오어 낫은 단연 인기를 끌게 되었다. 방문자 수는 일주일 만에 2백만 명을 넘어섰다. 몇 주가 더 지나자 닐슨컴퍼니에서 조사한 전 세계 인터넷 광고 사이트 중 상위 25위 안에 올라갔다.

하지만 이 사이트의 가장 중요한 영향은 다른 사람들, 그중에서도 한 남자에게 영감을 주었다는 데 있을 것이다. 핫 오어 낫은 마크 저커버그 Mark Zuckerberg가 하버드 대학교에서 빼낸 자료를 바탕으로 만든 페이스 매시Facemash에 영향을 주었다고 한다.[3] 그리고 그 후에 어떤 일이 일어났는지는 모두 알고 있다.

하지만 이 사이트에는 사람들과 인기의 관계를 완전히 바꾸어놓은 훨씬 중요한 점이 있었다. 사이트가 만들어진 해에 전 세계의 방송 황금 시간대에 리얼리티 쇼가 방영되기 시작했다는 사실을 떠올려보자. 미국에서는 〈서바이버Survivor〉와 〈빅 브라더Big Brother〉가 방송되었고 이어서 〈아메리칸 아이돌American Idol〉이 등장했다. 이들을 본뜬 프로그램이 40여 개국에서 방영되기까지는 오래 걸리지 않았다. 이때는 누구나 전국적인 명성, 지명도, 긍정적 관심을 얻을 수 있다는 개념이 처음으로 소개된 시대였다. 대중은 거실 소파에 앉아 누가 높은 인기를 얻고 누가 그럴 수 없을지 결정할 수 있었다.

핫 오어 낫에서도 이와 같은 일이 가능했다. 핫 오어 낫은 자기 외모에 확신이 없는 사람이라면 누구나 사진을 올리고 몇 분만 있으면 전 세계인 수천 명에게서 객관적 피드백을 얻어 자신이 다른 사람들 눈에 어떻게 보이는지 알 수 있는 서비스를 제공했다. 개발자들은 사진 속 인물의 매력을 혼자서만 평가하고 끝이 아니라 그 결과를 모두 볼 수 있도록 사이트에 공개했다. 게다가 점수 순으로 순위를 매겨 누가 가장 높은 평가를 받았는지 볼 수 있는 목록도 게시했다. 우리는 한순간에 클릭 한 번으로 헤아릴 수 없을 정도로 많은 사람들 앞에 설 수 있게 되었고 그들도 우리를, 최소한 외모만이라도 더없이 쉽게 인정해줄 수 있게 되었다.

즉석에서 전 세계적으로 인기를 얻을 수 있는 이 기회는 오늘날 모든 SNS 서비스의 토대가 된다. 페이스북이든, 트위터든, 인스타그램이든, 스냅챗이든 공통의 목표는 '좋아요'를 얻는 것, 혹은 입소문이 나서 널리 알려지는 데 있다. 즉 매우 높은 인기를 얻는 것이다. 이것이 왜 그토록 사람들에게 와닿는 것일까?

● 왜 SNS 알람에서 자유로울 수 없을까?

나는 이 책 전체에 걸쳐 타인이 나를 어떻게 생각하는지 신경을 쓰게 만드는 요인들에 대해 논의했다. 우리는 그 요인들을 의식하기도 하고 거의 의식하지 못하기도 한다. 앞서 말했듯 이것은 우리 뇌가 구조화되는 독특한 방식과도 관련이 있고, 아주 오래전부터 인류에게 존재해왔고 특히 사회적 보상에 민감한 변연계 안의 부위들과 관련이 있다. 우리가 또래나 동료들에게서 관심과 인정을 받는다고 느낄 때 뇌의 전방 대상 피질에서는 활발한 활동이 발견된다. 이것은 우리가 기분이 좋다고 느끼게 하고, 약물에서 얻는 것과 같은 쾌감을 주는 신경 전달 물질이 존재한다는 것을 의미한다. 그리고 이 부위의 활성화가 중요한 이유는 쾌감을 주기 때문만이 아니라 감정에 영향을 미치고, 행동을 변화시키고, 심지어 그 쾌감의 원천과 직접적으로 연관이 없는 대상까지도 갈 구하게 하는 뇌의 부위들에 강력하게 영향을 미치기 때문이다.

2016년, UCLA의 연구자들은 SNS가 이와 같은 효과를 발휘하는지 알아보기로 했다.[4] 이들은 성인 뇌의 회로가 발달하기 시작하는 청소 년들을 대상으로 무언가를 보고 좋아하는 순간에 뇌에서 어떤 일이 일 어나는지 살펴봤다.

참가자들은 fMRI 장비 안에 들어가서 사진 공유 앱인 인스타그램과 비슷하게 만든 프로그램을 이용했다. 이들은 장비에 들어가기 전, 각자 의 인스타그램 사진들을 제출하면서 다른 참가자들 중 몇 명 정도가 그 사진을 조회할 것 같은지 예상치를 적어냈다. 이 예상치를 토대로 연구 자들은 '좋아요'를 얼마나 받은 것처럼 조작해야 할지 가늠할 수 있었 다. 연구자들은 참가자들의 사진 중 반을 무작위로 뽑아 또래들에게서 '좋아요'를 많이 받은 것처럼 높은 숫자를 표시해두었고 나머지 반은 '좋아요'를 거의 받지 못한 것처럼 보이게 했다.

예상했듯이 연구자들은 SNS가 굉장한 사회적 보상을 제공할 수 있 다는 사실을 발견했다. 참가자들이 '좋아요'를 많이 받은 자신의 사진 을 보는 동안 전방 대상 피질이 뚜렷하게 활성화되었는데, 이것은 참가 자들이 저항하기 어려울 뿐만 아니라 중독될 수도 있는 쾌감을 경험했 다는 의미였다. 놀랍게도 이 효과는 직접 대면하고 상호작용할 때 받는 보상과 비슷한 정도였다.

이 연구 결과는 SNS가 그토록 인기가 높아진 이유를 일부 설명할 수 있을지 모른다. 퓨 리서치 센터Pew Research Center의 2015년 조사에 따르면,[5] 미국 청소년의 76퍼센트와 성인의 65퍼센트가 SNS 서비스를 이용하고 있고 그들 중 대다수가 하루 한 번이 아니라 여러 번 접속한다고 대답한 것으로 나타났다. 사실 미국인들은 대부분 한 사람이 여러 가지 SNS 사이트를 이용한다. 모든 10대 중 71퍼센트가 페이스북을, 52퍼센트가 인스타그램을, 41퍼센트가 스냅챗을, 33퍼센트가 트위터를, 33퍼센트가 구글 플러스를, 14퍼센트가 텀블러를 이용하고 있다. 성인의 경우에는 가장 자주 방문하는 사이트는 청소년들과 다를 수 있으나 활동을 하고 있는 사람의 비율은 거의 비슷하다. 흥미롭게도 성별, 민족, 경제적 지위에 따른 SNS 이용 차이는 거의 없거나 적었다. 오늘날 대부분의 청소년과 많은 성인들이 일상에서 직접 얼굴을 보거나 목소리를 들으면서 소통하는 경우보다 SNS를 통해 사회적 상호작용을 하는 경우가 더 많다고 말한다.

지난 20년 동안 SNS에 대한 많은 의견이 제시되어 왔다. 어떤 비평가들은 이 현상이 우리가 알던 사회의 종말을 의미한다고 경고한다. SNS 이용 확대는 자연히 이 세계 전체를 서로 팔로우하거나 팔로우하지 않는 배타적인 소집단으로 나눔으로써 통합된 세계적 공동체의 퇴보를 초래하고 아동의 발달과 성인의 생산성에 부정적 영향을 미친다는 이유에서다. 그런가 하면 SNS의 장점과 함께 전에는 상상할 수도 없었던 규모와 엄청난 속도로 교류하고 정보를 교환하게 만들어주는 기회를 극찬하는 사람들도 있다.

과학자들 역시 이런 쟁점들에 대해 논의를 해왔지만 많은 사람들의 의도에 비해 연구들이 더디게 진행되었다. 아마도 과학계에서 속도를 따라잡기 힘들 만큼 인터넷 세계가 너무 빠르게 변하기 때문인 것으로 보인다. 연구 초기에는 SNS를 사용하면서 경험할 수 있는 정신병리적 증상과 그 위험에 초점이 맞추어져 있었다.[6] 하지만 지금은 SNS가 대인 관계를 어떻게 바꾸고 있는지에 대해 더 자세히 이해하기 시작하는 단계에 이르렀다. SNS의 효과는 이용 여부보다 언제, 어떻게 이용하는지, 그리고 이용자가 로그인하기 전에 어떤 사람이었는지에 좌우된다.

우리 연구실에서도 사람들이 SNS를 이용할 때 정확히 어떤 점이 잘못될 수 있고 어떤 점이 장점으로 작용할 수 있을지 알아보는 연구들을 몇 차례 수행했다. 그중 한 예로, 재키 네시Jackie Nesi는 인생의 결정적인 시기에 온라인 통신을 과도하게 이용할 경우 청소년기에 발달되어야 하는 사교 기술에 어떤 영향을 미치게 되는지를 연구했다. 그 결과 연인과 직접 대면하는 대신 컴퓨터로 더 많이 소통한 남자아이들은 갈등을 해결하거나 관계의 욕구를 표현하는 등 기본적인 연애의 기술이 다른 사람들에 비해 약간 부족한 사람으로 자랐다.[7]

또 다른 연구에서는 '잘못된' 이유로 SNS를 사용할 때 SNS 이용이 해로울 수도 있다는 점을 알게 되었다. 옛 친구들과 연락하고 새 친구를 만들기 위해 SNS를 이용하는 사람들이 있는 반면 게시물을 보기만 하는 사람들, 흔히 말하는 눈팅족 중 단지 다른 사람들을 관찰하기 위해 접속하는 데 더 관심이 있는 사람들이 있다. 이들은 다른 사람들의 게시물을 보면서 자신과 비교하며 자신이 그만큼 매력적이고, 인기 있고, 활발한지 가늠할 가능성이 특히 높았다. 이와 같은 맥락에서, 라디오프로그램 〈디스 아메리칸 라이프This American Life〉에서는 친구 관계에서 웅

징을 당할까 두려워서 친구들의 게시물에 바로바로 호들갑을 떨며 칭찬해주어야 한다는 압박감을 호소한 여자들의 이야기를 다룬 적이 있었다.[8] 인터넷 서비스를 이용하면서 사회적 비교social comparison나 피드백 추구feedback-seeking에 깊이 몰두할 경우 우울증으로 빠질 가능성이 높다.[9] SNS 속에서 나보다 더 행복해보이고, 더 잘나가 보이는 친구 때문에 괜히 기분이 우울해진 적이 누구나 한번쯤은 있지 않은가. 이런 경향은 특히 인기가 없었던 사람들이 다른 사람들의 SNS를 보면서 상향 비교upward comparison를 하는 경우에 더욱 강하게 나타났다.

여기서 확실히 해야 할 점은 SNS가 본래 나쁜 것이 아니라는 사실이다. 일부 무분별한 이용자들도 있고 악용 가능성이 있기는 하지만 이런 점은 다른 사회적 활동도 가지고 있다. 오히려 SNS가 불행한 사건을 겪은 사람들에게 빠르게 지지를 보낼 수 있는 아주 유용한 수단이라고 주장하는 사람들도 있다. 또한 자기가 속한 공동체에서 또래나 동료가 될 만한 사람들에게 접근하지 못하는 사람들끼리 사회적 연결을 형성하는 데 도움이 될 수도 있다. 심지어 10대 청소년들이 나중에 도움이 될 만한 이미지 관리 기술이나 효율적인 의사소통 방식을 익히는 데 도움이 될 수도 있다. SNS 자체는 문제가 아니다. 하지만 이것이 어떤 식으로 우리 사회의 가치를 광범위하게 바꾸기 시작했는지는 고려해볼 만하다. 이것은 우리가 다루어 볼 수 있는 문제다. 그러지 않는다면 인기 있는 것이 무엇이고 인기 없는 것이 무엇인지 알게 되었을 때 깜짝 놀랄지도 모른다.

● 우리가 잃어버린 것들

최근에 아내와 함께 저녁 파티에 참석했다. 너무나 즐거운 자리였다. 음식도 맛있었고 와인도 충분한 데다 우리가 너무 크게 웃는 바람에 그 집 아이들이 잠에서 깰 정도였다. 파티에 도착했을 때는 참석자들이 거의 모르는 사이였지만 후식이 나올 때쯤에는 다들 친해져 있었다. 그때 우리 부부 맞은편에 앉은 한 남자가 말을 꺼냈다. 아내가 파티에 함께 오지 않고 집에 있겠다고 해서 실망했다는 이야기였다. 우리는 그에게 물었다.

"아내 분 괜찮으세요?"

"오, 그게 아니에요. 미안해요. 아파서 못 온 게 아니에요. 트위터 팔로워를 늘리려고. 텔레비전 쇼를 실시간으로 중계하느라 집에 있는 거예요."

이 이야기를 듣고 나는 전에 친구들과 식당에 갔을 때 본 광경을 떠올렸다. 근처에 앉은 사람들은 대화를 나누는 대신 음식 사진을 찍어 SNS에 올린 다음 '좋아요'를 얼마나 받을지 확인하고 있었다. 시드니 오페라하우스 앞에서 친구들 한 무리가 각자 어떤 셀카를 페이스북에 올려야 좋을지 이야기하는 것을 들은 적도 있다.

나는 이 사례들을 통해 우리가 정말로 중요한 것을 놓치기 시작하고 있는 것은 아닌지 궁금해졌다. 비단 이들뿐 아니라 많은 사람들이 여러 사람들과 함께하는 소중한 순간에도 더 의미 있는 사회적 교류보다 SNS가 주는 지명도, 명성, 즉각적인 사회적 보상에 더 관심이 많은 것처럼 보였다. 요컨대 사람들은 호감보다 지위를 추구하려고 하고 있었다.

한편으로 SNS는 친구를 사귀고, 공통의 관심사를 공유하고, 관계를 쌓아나가는 데 훌륭한 방법이다. 그뿐 아니라 자신의 성취를 친구들과 함께 기념하고 우울할 때 사회적 지지를 이끌어낼 수 있는 손쉬운 수단이기도 하다. 연락해보고 싶은 옛 지인과 동료들을 찾아내는 통로가 되기도 하고, 짧은 통화나 점심 약속보다 다른 사람들의 삶에 대해 더 자세히 알 수 있는 기회이기도 하다. 우리는 클릭 한 번으로 다른 사람들에게 마음을 쏟을 수 있고, 호의를 표현할 수도 있고, 우리 자신보다 상대를 위해 마음을 나눌 수 있다. 클릭을 할 때마다 더 호감 있는 사람이 되기 위한 활동에 참여하고 있는 셈이다.

하지만 다들 알다시피 사람들이 SNS를 통해 얻는 인기는 그 한 종류만이 아니다. 인터넷상의 친구들과 실제로도 친구이거나 아는 사이인 경우도 있지만 그렇지 않은 경우도 많다. 이용자들을 친구 관계와 비슷하게 보이게 하려는 시도조차 없는 사이트도 있다. 이런 경우 이용자들의 목표는 단순히 최대한 많은 팔로워를 확보하는 것이다. 이 팔로워들은 앞으로 만날 일도 없고 우리에 대해 많이 알지도 못할 수많은 사람들이다. 이 목표를 위해 사람들은 최대한 눈에 띄려고 하고, 최대한 많은 사람들이 자신의 말에 귀 기울이게 하려고 하고, 최대한 영향력을 발휘하려고 한다. 이런 행동들은 모두 지위와 관련된 전형적인 지표다.

'좋아요' 버튼 역시 상황에 따라 부적절한 명칭일 수 있다. 버튼을 누르는 사람 입장에서는 '좋아요'가 마음에서 우러나오는 응원이나 진정한 교감을 표현하는 수단이 될 수 있다. 하지만 '좋아요'(혹은 '즐겨찾기'나 '노트')에 집착하는 사람들에게는 최대한 많은 사람들이 자신을 봐주고 인정해준 것을 보고 쾌감을 느끼려는 시도에 불과할 때가 많다. SNS

를 열심히 하는 사람이라면 친한 친구가 '좋아요'를 눌러주었을 때 신이 나기는 하지만 모르는 사람들이 '좋아요'를 수백 개 눌러준 것을 알았을 때도 그에 못지않게 뿌듯하다는 것을 인정할 것이다.

궁극적으로 인터넷상에서 삶의 비중이 커지는 현상에 대한 우려는 개인인 우리에게 미치는 영향보다 우리 문화 전반에 불러일으키는 반향에 더욱 초점이 맞추어져야 한다. 온라인에서 과도하게 지위를 추구하는 경향이 결국에는 문제가 될 수 있고 실제로 그런 사람들이 있지만, 대부분의 사람들은 가끔 지위가 높아진 기분을 느끼는 정도로 SNS를 이용한다. 이처럼 인정받기 위한 수단으로 SNS를 이용하는 만큼 호감 가는 사람이 되기 위한 용도로도 이용하고 있다면 별 문제가 없다. 이보다 훨씬 우려되는 상황은 우리 사회에서 이 두 가지 인기의 구별이 점차 희미해지는 경우다. SNS를 이용하든 안 하든, 이와 같은 장치가 급속하게 도입되어 우리가 사는 세상과 그 세상에서 중요하게 여기는 인기의 유형이 영향을 받고 있다는 것을 알아야 한다.

예를 들면 이런 식이다. 2015년 5월, 잡지 《타이거 비트Tiger Beat》에서는 10대 독자들을 겨냥하여 〈SNS 스타가 되는 법!〉이라는 표지 기사를 실었다.[10) 여섯 페이지짜리 기사에는 현재 10대들에게 성공으로 생각하는 유형의 인기를 얻으려면 어떻게 해야 하는지 자세히 소개되어 있었다.

이 기사는 무명에 불과한 괴짜들이었던 한 밴드가 지금은 얼마나 많은 사람들에게 사랑받고 있는지를 설명하면서 시작된다. 그리고 계속해서 SNS에서 최대한 많은 팔로워를 모으는 방법을 설명했다. 즉 가능한 자주 게시물을 올리고, 어디에 가든 휴대전화를 가지고 다니고, 이미 인기 있고 유행하는 것들에서 멀어지지 않아야 한다고 강조했다.

그다음에는 팔로워 수를 인정받은 '10대 스타들'의 인터뷰를 소개했다. 이들은 한때 슬프고 외로웠지만 이제는 팔로워가 많아져서 행복을 찾았다고 했다. 페이지 한구석의 박스 기사에서는 이들처럼 행복을 찾고 싶다면 SNS 매니저를 고용하라고 권하고 있었다. 10대 아이들에게 말이다! 한 매니저는 이렇게 조언했다.

"이건 가벼운 취미가 아니라 직업이에요."

어른들 역시 매체를 소비할 때 이런 메시지를 받는다. 음식 잡지인 《본 아페티Bon Appétit》에서는 〈당신의 피드를 빵 터뜨리기: 인스타용 음식 사진 찍기의 10계명〉이라는 제목의 글을 실었다.[11] 이 기사에는 인스타그램에서 음식 사진으로 '좋아요'를 가장 많이 받을 수 있는 조언이 포함되었다. 《포브스Forbes》에서는 독자들에게 '유명한 해시태그'를 사용하고 자신이 겨냥하는 이용자들의 사진을 무작위로 수백 장 골라 '좋아요'를 누르라고도 조언했다.[12]

유튜브 쪽으로 눈을 돌려보면, 놀라울 것도 없이 '완벽한 셀카를 찍는 방법'과 같은 영상이 1만 3천 건 이상 올라와 있는 것을 발견할 수 있다. 사실 셀카봉 시장은 전 세계적으로 수백만 달러짜리 산업이 되었다.[13] 그만큼 많은 사람들이 자기 사진을 찍는다는 의미다. 가끔 위험한 상황에서도 사진을 찍는 사람들이 있어서 러시아 정부는 셀카와 관련된 사망을 줄이기 위한 지침까지 발표했다.[14] 화장품 브랜드에서는 셀카에 예쁘게 나오는 메이크업을 위한 제품들을 출시하기도 한다.[15]

반면에 '더 호감 가는 사람이 되는 법'과 같은 유튜브 영상은 400건 정도에 불과하다. 나도 몇 편 보았는데, 모순적이게도 대부분 지위를 얻는 방법에 대한 내용이었다.

이런 현상들이 왜 문제가 되는 것일까? 그 답은 우리가 신경과학과 관련하여 알게 된 점들에 있다. 앞서 언급한 UCLA 연구에서는 참가자들이 인스타그램에 올린 자신의 사진뿐만 아니라 연구자들이 갖고 있던 사진들도 함께 보여주면서 그에 대한 신경 반응을 살펴보기로 했다. 이 사진들 중 일부는 자극적인 사진(공격적인 자세, 부적절한 차림을 한 10대들, 불법 약물)이었고 일부는 중립적인 사진(가정용 물품, 커피, 낯선 또래들의 모습)이었다. 이번에도 이 사진들 중 무작위로 절반을 뽑아 '좋아요'를 많이 받은 것처럼, 나머지 반은 '좋아요'를 조금밖에 못 받은 것처럼 조작했다.

결과에 따르면 인기 있는 대상에 대한 우리의 관심은 너무나 강력해서 가치관을 흔들 수 있을 정도였다. '좋아요'를 적게 받은 자극적인 사진을 본 참가자들은 '좋아요'를 누를 가능성이 낮았고, 뇌에서는 전전두엽 피질에서 활동이 감지되었다. 이 부위는 충동적인 행동을 억제하고 스스로 제동을 걸 때 활성화되는 부위다. 반면에 인기 있는 것처럼 보이도록 조작된 자극적인 사진을 볼 때의 반응은 이와 정반대였다. 즉, 참가자들이 이런 사진에 '좋아요'를 누를 가능성이 급격히 높아졌다. 게다가 SNS에서 '좋아요'를 많이 받은 사진을 보는 것만으로도 전전두엽 피질의 활동이 줄어들었고, 이것은 뇌의 억제 기능이 약해졌다는 의미다.[16] 다시 말하면 SNS에서 표면상의 '좋아요' 수와 사진을 관련짓는 순간 자극적인 행동이 매력적으로 보인 반면 중립적인 행동이 매력적이지 않게 보였다는 말이다.

이 연구 결과에는 중대한 의미가 있다. 우리가 지위에 더 큰 가치를 부여할수록 좋고 나쁨을 구별하는 능력이 약해질 수 있다는 의미다. 인기만이 유일하게 중요한 가치가 될 수 있고, 그러면 우리는 지위와 품성을 혼동하게 될 것이다. 이것은 앞으로 다가올 세기에 좋지 않은 징조다.

CHAPTER 9

선택의 갈림길에 서다: 어떤 '나'로 살아갈 것인가?

—

인기의 서열은 아주 어린 시절부터 정해지고,
대부분의 사람들은 자신이 서열에서
어느 지점을 차지하고 있는지 스스로 알고 있다.
하지만 우리에게는 선택권이 있다.
인기를 향한 인간의 본능이 지위로 향할지
호감으로 향할지 결정할 수 있다.

1977년의 어느 흐린 가을날, 뉴욕 올드 베스페이지의 잔디밭에서 새로운 놀이에 푹 빠진 어린아이들이 내지르는 소리는 몇 블록 밖에서도 들릴 정도였다. 이 초등학생들 사이에서는 정체를 알 수 없는 전염병이 급속도로 퍼지고 있었다. 매 순간마다 새로운 감염자가 발생했고, 방금 전까지 친구라던 아이들은 그 아이를 피해 안전한 곳으로 죽어라 달렸다. 아이들은 사방팔방으로 흩어지며 학교 운동장을 수놓았다. 나무 뒤에, 덤불 뒤에, 정글짐 아래 숨어 있다가 잠시 숨을 고르기 무섭게 다시 달려나갔다. 운동장 바깥에 있던 몇몇 교사들은 전염병의 갑작스러운 습격에 아이들이 하나씩 걸려드는 모습을 그저 보고 있었다.

나는 그 동네에서 자랐고, 전염병이 덮쳐온다는 상상의 이야기가 가득 차 있던 그 운동장에 있었다. 주변에 있던 친구가 감염되면 즐거움이 섞인 비명을 지르면서 달아나던 기억이 난다. 그러다 마침내 안도의 순간이 찾아왔다. 우리 반이었던 더그와 질이 병을 즉시 치료할 수 있는 강력한 약을 발견했다고 큰 소리로 알린 것이다. 약은 빠르고 강력하지만 병이 쉽게 재발할 수 있다고 했다. 친구들은 약을 받기 위해 우르르 몰려갔다. 그 모습을 보던 데이비드라는 아이도 "나한테도 치료 약이 있어!" 하고 외쳤지만 데이비드에게 약을 얻어 가는 아이는 거의 없었다. 우리는 더그와 질에게만 도움을 청했다. 쉬는 시간이 끝나자 올드 베스페이지의 전염병 대사건은 막을 내렸다.

나는 이날을 생생히 기억한다. 마음껏 달리고 소리를 지르며 얼마나 재미있었는지도 기억나지만, 한편으로는 더그와 질 같은 아이들에 대한 궁금증도 같이 떠오른다. 그 아이들은 왜 다른 아이들과 달리 특히 더 재미있었을까? 그 아이들은 왜 항상 관심의 중심에 있었을까? 왜 다른 아이들은 더그와 질을 좋아했을까?

마찬가지로 데이비드에 대한 안타까운 마음과 함께, 그 아이가 다른 아이들에게 많은 관심을 받기가 얼마나 어려웠는지도 떠오른다. 데이비드는 왜 그렇게 무시를 당했을까? 이 기억이 나에게는 즐겁고 애틋한 추억이지만 데이비드에게는 그렇지 않을 것이다.

학급이나 회사, 사회 집단에 한두 명씩밖에 없는[1] 더그나 질 같은 사람들은 어디를 가든 힘들이지 않고 인기를 얻는 것처럼 보인다. 마찬가지로 데이비드와 같은 사람도 있다. 굳이 말하지는 않지만 그게 누구인지는 모두가 정확히 알고 있다. 인기의 서열은 아주 어린 시절부터 세워지기 시작해서 대개 초등학교 1학년쯤 되면 이미 확실해진다. 대부분의 사람들은 자신이 서열에서 어느 지점을 차지하고 있는지 스스로 알고 있다. 내가 동경의 대상이라는 점을 깨닫고 이 특별한 영향력을 계속 유지할 수 있을지 걱정하는 사람이든, 친구들 사이에서 더 많은 관심을 받기 위해 애를 쓰는 사람이든 마찬가지다.

● 미래는 스스로 선택할 수 있다

어린 시절의 기억은 자기도 모르는 사이 평생에 걸쳐 영향을 미친다. 고등학교를 졸업하고, 새로운 친구들을 사귀고, 안정적인 연애를 하고, 직장에서 자리를 잡는 동안 아주 어렸을 때 정해진 이 서열을 애써 외면해 보려고 해도 그것은 쉽지 않은 일이다. 마음속 저 깊은 곳에서는 자존감, 불안, 직업적 성공이나 실패, 심지어 행복에 이르기까지 지금 자신의 정체성과 관련된 부분들이 그 시절의 인기와 관련이 있다는 사실을 알고 있다. 내가 이 책에서 내내 이야기했듯이, 인기를 얻고 싶다는 인간의 본질적인 욕망에서 비롯된 경험이기 때문이다. 무리지어 다니던 선조들의 본능에 바탕을 둔 진화의 부산물이든, DNA의 사회적 민감성이 드러나는 것이든, 사회적 상호작용의 원형이 되는 청소년기 기억의 작용이든, 집단적 심리 도식의 뿌리든, 모든 사람들은 다른 사람들에게 긍정적인 평가를 받고 싶은 보편적인 욕구가 있다. 우리의 몸과 마음, 건강, 감정은 여러 측면에서 인기와 관련이 있고, 그 관련성들은 심리학과 신경과학의 정교한 최신 기법들을 통해 이제야 밝혀지기 시작하고 있다.

　하지만 우리에게는 선택권이 있다. 우리는 이런 본능이 지위로 향할지 호감으로 향할지 결정할 수 있다. 지위에 이토록 집착하는 사회에서 호감을 선택하기란 쉽지 않을 수도 있다. 세상에서는 눈에 띄고, 지배적이고, 강력하고, 멋져 보이는 것이 그 자체로 바람직하다고 받아들여지기 때문이다. 지위가 높은 사람들을 우러러보도록 끊임없이 유도하고, 사람들은 지위를 바탕으로 질quality을 판단하며, 심지어 자신과 의견이 맞지 않더라도 지위가 있는 사람들에게 주목한다. 지위를 획득하고자 하는 욕구에 휩싸여 단지 버튼만 눌러서 24시간 내내 쉽게 지위를 추구할 수 있는 방법까지 고안해냈다.

하지만 이 책에서 소개했듯 수십 년간 축적된 연구 결과들은 무분별하게 지위를 추구하는 행동이 중독, 외로움, 우울증을 비롯하여 수많은 심각한 문제들을 일으킬 위험이 있다는 사실을 입증했다.[2] 우리 자신뿐만 아니라 사회 차원에서도 단지 지위를 얻기 위해 공격적이고 이기적으로 행동하거나 다른 사람의 감정을 외면하는 행위를 높이 평가해서는 안 된다.

나는 이 책을 통해 누구나 과거와 상관없이 더 호감 가는 사람이 될 기회가 있고 사실상 날마다 수백 번에 달하는 기회가 존재한다는 사실을 보여주는 데 성공했기를 바란다. 그 기회를 잡기 위해서는 '가장 인기 있는 것'에 대한 일차원적인 개념에서 벗어나 어린 시절에 배운 교훈으로 돌아가야 한다. 지위보다 호감을 우선한다는 것은 자기 욕구만 채우고 관심과 권력을 서로 차지하려고 하는 대신 남들에게 더 관심을 보여주고, '좋아요'를 누르기보다 실제 인간관계를 돌봄으로써 다른 사람들을 돕기로 한다는 의미다. 자신이 남보다 우월하다고 느끼기 위한 행동을 하기보다 다른 사람들이 소속감을 느끼고 환영받는다고 느끼도록 도와주기로 하는 것에 가깝다. 혼자만 눈에 띄려고 애쓰기보다 맞춰주고 어울리려고 노력할 때, 그리고 다른 사람들을 누르고 이기는 데 치중하기보다 조화를 추구하기 위해 자신이 할 수 있는 일을 할 때 가장 기분 좋은 인기를 얻을 수 있다.

더 호감 가는 사람이 되려면 과거의 기억과 경험이 현재의 인간관계에 어떤 영향을 미쳤는지 이해해야 하고, 따라서 자아 성찰도 필요하다. 자신의 가장 기본적인 지각과 전제가 한쪽으로 치우치지는 않았는지 그 가능성을 따져보기란 쉽지 않다. 그러나 그렇게 해야 우리 앞에 훨씬 더 행복한 삶으로 통하는 문이 열린다.

감사의 말

이 책을 집필하면서 비로소 임신이 어떤 느낌인지 좀 알게 되었다. 이 책을 마음에 품은conceive ('임신하다'라는 뜻도 있음-옮긴이) 지 얼마 되지 않아 속이 메스꺼워지기 시작했다. 몇 주 만에 진이 빠졌고, 컴퓨터에 저장된 워드 파일들이 나뉘고 용량이 커질수록 정신이 혼미해지고 속이 울렁거렸다.

내게 인기에 관한 책을 써내는 일은 꿈을 이루는 것이었다. 어쩌면 온 세상 사람들이 더 행복한 삶을 살도록 도와줄 수도 있는 기회였다. 하지만 이 경험으로 내가 얼마나 달라질지는 전혀 알지 못했다. 몇 주가 몇 달이 됨에 따라, 그리고 초벌 원고에 서서히 살이 붙어감에 따라 나는 주변의 모든 것들을 볼 때 각 장에 써나가던 가설의 렌즈를 통해 보기 시작했다는 사실을 깨달았다. 책의 주제가 나의 존재를 잠식했고, 대화 중에 새어 나왔고, 결국 편안한 일상이었던 영역까지 넘어 들어왔다. 마지막에는 모든 것을 내 안에서 다 쏟아 내보낼 때까지 기다릴 수가 없을 정도였다. 이제 그 단어들을 세상에 내놓으려는 지금, 나는 이 책이 잘 살아남아 어쩌면 내가 바랐던 꿈들을 조금이나마 이루어주리라는 희망과 보호 본능 사이에서 씨름하고 있다.

내 원고가 세상에 태어나는 데 저마다 남다른 역할을 해준 세 명의 조산사, 리처드 파인Richard Pine, 빌 토넬리Bill Tonelli, 릭 콧Rick Kot의 엄청난 지지에 감사한다. 이밖에도 이 책의 탄생과 더불어 칭찬받아야 마땅한 많은 사람들이 있다. 무엇보다도 놀라운 과학적인 발견을 통해 내게 무한한 영감을 준 내 동료들, 롤 모델, 친구들 그리고 늘 내 직업적 기쁨의 가장 큰 원천이 되어주는 대학원생들에게 감사를 보낸다. 나는 매일 여러분에게 배우고 있다. 내가 이 정신 나간 모험을 시작했을 때 여러분의 응원이 그 무엇보다도 큰 힘이 되었다. 그리고 당연히 예일 대학교와 노스캐롤라이나 대학교에서 인기에 대한 강의를 듣는 모든 학부생들에게도 심심한 감사를 보낸다. 여러분의 열정적인 참여, 신랄한 발언, 예리한 통찰력은 매주 화요일과 목요일마다 이 주제에 대한 나의 열정을 재발견하도록 도와주었다.

나와 이 여정을 내내 함께 해준 수많은 친구들, 그리고 우리 가족들의 지지와 사랑이 없었다면 이 책을 쓸 수 없었을 것이다. 그중 누구보다도 나에게 감사받아 마땅한 사람이 한 명 있다. 그리고 나는 그녀를 향한 영원한 마음의 빚과 경외심을 품고 살 것이다.

그녀를 만난 것 자체가 기적이다. 웨스트버지니아에는 아보베일이라는 작은 마을이 있다. 이곳은 국립전파천문대에서 불과 3킬로미터 남짓 떨어진 곳으로, 천문학자들의 연구에 방해가 되지 않도록 무선통신을 엄격하게 제한하는 곳이다. 전 세계가 24시간 접근 가능한 인터넷, 문자, SNS에 점점 더 크게 의존하게 된 반면 아보베일 주민들은 휴대전화, 무선 인터넷, 고주파 무선 방송국, 심지어 전력이 과하게 소모되는 전자레인지도 쓸 수 없다. 가장 가까운 영화관이나 식료품점을 가려면 한 시간이나 걸리는 이 마을은 지위를 높이고 싶은 사람이라면 결코 가지 않을 장소다. 아보베일이 내가 만난 사람들 중 가장 호감 가는 여자의 고향이었다는 사실은 아마도 우연이 아닐 것이다. 나는 티나라는 이름의 여자와 결혼했다. 그리고 그녀는 어떻게 표현할 수 없을 정도로 많은 측면에서 이 책의 교훈들에 관해 영감을 주었다.

그녀는 사회성 측면에서 경이로운 사람이다. 직장에서, 우리 지역에서, 어디를 가든 가장 호감을 얻는 사람이다. 그녀는 자신이 만나는 모든 사람들의 하루를 밝혀주고, 그래서인지 무언가 시도하는 것마다 모두 놀라울 정도로 잘 해낸다. 티나는 호감의 힘이 실현되는 존재다. 여느 작가들의 배우자와 마찬가지로 수십 가지의 아이디어에 일일이 피드백을 주었고, 내가 이 책을 쓰는 동안 셀 수 없이 많은 초안들을 들어주었다. 그녀는 내가 이 새로운 모험을 시작할 수 있도록 자신의 삶을 재조정했다. 하지만 가장 중요한 점은 이것이다. 티나는 그저 그녀 자신으로 존재하는 것만으로도 이 책을 탄생하게 했고, 그녀의 사랑은 나에게 유일하게 중요한 인기라는 것 말이다.

옮긴이의 말

번역 작업을 하는 동안 어린 시절이 많이 떠올랐다. 새 학기의 그 어색한 공기가 아직도 생생하다. 만난 지 얼마 안 된 아이들 사이에서도 누가 인기가 많은지 아닌지는 금세 판명이 났다. 그 실상은 반장 선거나 생일 모임 따위에서 여실히 드러나기 마련이었다. 나 역시 생일 파티에 친구들이 많이 오지 않으면 어떡하나 걱정하면서 일일이 초대장을 만들어 돌린 적이 있고, 크리스마스 카드를 누가 많이 받았는지 은근히 경쟁하듯 신경 쓰던 기억도 있다.

지금도 아이들의 세계에서 인기는 민감한 주제일 것이다. 어른의 세계에서도 마찬가지일까? 이 책의 저자 미치 프린스틴은 아무리 부정해도 인기를 향한 욕망에서 자유로울 수 없다고 말한다. 거의 모든 사람들이 빠져 있는 SNS만 봐도 그렇다. SNS는 인생의 낭비라는 명언도 있고 다른 사람의 하이라이트와 자신의 무대 뒤 모습을 비교하지 말라는 말도 있지만, 가장 쉽게 인기를 실감할 수 있는 통로를 의식하지 않기란 말처럼 쉬운 일이 아니다. 심지어 돈을 받고 SNS 방문자나 '좋아요' 수를 늘려주는 업체가 속속 생겨나고 있다고 한다.

그런데도 인기는 기껏해야 학창 시절에나 신경 쓰는 것, 혹은 연예인이나 정치인처럼 인기가 존재 이유인 사람들에게나 중요한 것, SNS에서 '좋아요'를 조금 더 받는 것쯤으로 여겨지기 쉽다. 반면 이 책에서는 인기가 모든 사람에게 매우 광범위하고 지속적인 영향을 미치며, 나아가 인생을 좌우할 수도 있다고 주장한다. 그리고 인기를 '지위'에 기반을 두느냐, '호감'에 기반을 두느냐에 따라 두 가지 유형으로 나눈다. 이 구분에서부터 왜 인기가 평범한 사람들에게도 중요한 주제인지, 우리가 왜 이 책에 주목해야 하는지 그 이유가 드러난다고 생각한다. 즉 인기가 있다고 해서 반드시 행복한 것은 아니라는 역설을 보여주는 동시에, 그럼에도 행복한 삶과 인간관계를 위해 필요한 호감의 힘을 어떻게 다루어야 할지 설명해주기 때문이다.

흔히 인기라는 말을 듣고 떠올리는 개념은 '지위'에 가깝다. 지위에 기반을 둔 인기는 누구나 본능적으로 추구하는 것이고 만족감을 주지만 파괴적인 영향을 미칠 가능성이 높다. 따라서 저자는 이러한 인기에 맹목적으로 집착하기보다는 호감에 기반을 둔 인기를 추구하기를 권한다. 그러는 동시에 저자는 자신의 흑역사(?)를 진솔하게 털어놓으면서 과거를 극복하거나 긍정적으로 활용하는 방안을 제시하기도 한다.

이 책에서 소개하는 연구들 중, 인기와 인간관계의 양상에 따라 아이들을 몇 가지 유형으로 나눈 연구를 참고하면 인기의 영향을 이해하기 쉽다. 아이들을 인정/수용형, 거부/배척형, 무시형, 양면형 등으로 나누는 이 분류법은 지나친 단순화로 보일 수 있다. 하지만 이 유형이 아주 어린 시절부터 나타나고 꽤 오래 지속되며 어른들 사이에서도 쉽게 관찰된다는 사실은 무시하기 어렵다. 한 사람의 독자이자 예비 부모인 나에게도 매우 중요하게 와닿은 점이었다.

한편 이 책은 치어리더와 풋볼 선수, 직장 내 스타 등 주로 미국의 전형적인 청소년 문화나 직장 문화를 예로 들어 설명하고 있어서 낯설고 공감하기 어려운 부분이 있을 수 있다. 다행히 저자는 미국과 중국의 청소년 문화를 비교한 연구를 소개하면서 문화에 따라 인기의 개념을 달리 생각할 수 있다고 덧붙인다. 또한 저자가 강조하는 호감의 중요성은 지역과 문화, 시대를 초월하는 보편적인 측면이 있기 때문에 한국 독자들에게도 충분히 흥미롭고 유익한 독서가 될 것이라 생각한다.

인터넷에서 고민을 토로하는 글들을 보면 가장 많이 등장하는 주제는 역시 인간관계다. 우리가 사회적 동물인 이상, 아무리 공정하고 기계적인 분야라도 넓은 의미의 인기와 관계없이 능력이나 실적만으로 평가받을 수 있는 경우는 드물다. 최종적으로 평가하는 주체는 사람이기 때문에 주관적인 느낌에서 자유로울 수 없으니 말이다. 인기가 자질과 능력을 인정받고 활용하는 데 의외로 큰 힘을 발휘하는 만큼 오늘날과 같은 시대에 갖추어야 할 또 하나의 스펙일 수도, 궁극적인 행복을 얻는 데 결정적인 역할을 할 수도 있는 중요한 요소다. 이 책은 우리가 잘못된 방식으로 인기를 추구하거나 집착하지 않고 건강하게 타인과 어울리며 살아갈 수 있는 방향을 제시해주는 좋은 길잡이가 될 것이다.

김아영

참고 문헌

CHAPTER 1.

1. Lee S. Sobel, William Anderson, and Jade Shipman. *Market Acceptance of Smart Growth*. Washington, DC: U.S. Environmental Protection Agency, 2011.

2. Personal interview with Daniel Clemens, May 10, 2016.

CHAPTER 2.

1. Ahmet Doğan Ataman, Emine ElifVatanoğlu-Lutz, and Gazi Yıldırım. "Medicine in Stamps- Ignaz Semmelweis and Puerperal Fever." *Journal of the Turkish German Gynecological Association* 14, no. 1 (2013): 35; also see Sherwin B. Nuland. *The Doctors' Plague: Germs, Childbed Fever, and the Strange Story of Ignác Semmelweis* (Great Discoveries). New York: W. W. Norton, 2004.

2. Ignaz Semmelweis. *Etiology, Concept and Prophylaxis of Childbed Fever*. Translated by K. Codell Carter. Madison: University of Wisconsin Press, 1983.

3. Howard Markel. "In 1850, Ignaz Semmelweis Saved Lives with Three Words: 'Wash Your Hands.'" PBS *Newshour*, May 15, 2015, retrieved from http://www.pbs.org/newshour/updates/ignaz- semmelweis-doctor-prescribed-hand- washing.

4. Rebecca Davis. "The Doctor Who Championed Hand Washing and Briefly Saved Lives." NPR *Morning Edition*, January 12, 2015, retrieved from http://www.npr.org/sections/health- shots/2015/01/12/375663920/the- doctor-who- championed-hand-washing-and-saved-women-s-lives.

5. Semmelweis. *Etiology, Concept and Prophylaxis of Childbed Fever*.

6. Ibid.

7. William M. Bukowski. "Popularity as a Social Concept." *Popularity in the Peer System*

(2011):3 – 24. Retrieved from http://www.etymonline.com.

8. John D. Coie, Kenneth A. Dodge, and Heide Coppotelli. "Dimensions and Types of Social Status: A Cross – Age Perspective." *Developmental Psychology* 18, no. 4 (1982): 557.

9. John D. Coie and Janis B. Kupersmidt. "A Behavioral Analysis of Emerging Social Status in Boys' Groups." *Child Development* (1983): 1400 – 16; also see Kenneth A. Dodge. "Behavioral Antecedents of Peer Social Status." *Child Development* 54, no. 6 (1983): 1386 – 99.

10. Coie and Dodge. "Continuities and Changes in Children's Social Status." 261 – 82.

11. Dorothy Miell and Steve Duck. "Strategies in Developing Friendships." *In Friendship and Social Interaction*. Eds. Valerian J. Derlega and Barbara A. Winstead. New York: Springer, 1986, 129 – 43.

12. R. I. M. Dunbar. "Bridging the Bonding Gap: The Transition from Primates to Humans." *Philosophical Transactions of the Royal Society B: Biological Sciences* 367, no. 1597 (2012): 1837 – 46; Alan W. Gray, Brian Parkinson, and Robin I. Dunbar. "Laughter's Influence on the Intimacy of Self–Disclosure." *Human Nature* 26, no. 1 (2015): 28 – 43.

13. Coie and Kupersmidt. "A Behavioral Analysis of Emerging Social Status in Boys' Groups." 1400 – 16; also see Andrew F. Newcomb, William M. Bukowski, and Linda Pattee. "Children's Peer Relations: A Meta – analytic Review of Popular, Rejected, Neglected, Controversial, and Average Sociometric Status." *Psychological Bulletin* 113, no. 1 (1993): 99.

14. See, for example, Almquist and Brännström. "Childhood Peer Status and the Clustering of Social, Economic, and Health – Related Circumstances in Adulthood." 67 – 75; also see Ylva B. Almquist and Viveca Östberg. "Social Relationships and Subsequent Health –Related Behaviours: Linkages Between Adolescent Peer Status and Levels of Adult Smoking in a Stockholm Cohort." *Addiction* 108, no. 3 (2013): 629 – 37; also Isaacs, Hodges, and Salmivalli. "Long – term Consequences of Vic-

timization by Peers." 387 – 97.

15. Robert J. Coplan and Julie C. Bowker, eds. *The Handbook of Solitude: Psychological Perspectives on Social Isolation, Social Withdrawal, and Being Alone.* New York: John Wiley & Sons, 2013; Kenneth H. Rubin, Robert J. Coplan, and Julie C. Bowker. "Social Withdrawal in Childhood." *Annual Review of Psychology* 60 (2009): 141.

16. Jennifer Connolly, Wyndol Furman, and Roman Konarski. "The Role of Peers in the Emergence of Heterosexual Romantic Relationships in Adolescence." *Child Development* 71, no. 5 (2000): 1395 – 1408; Annette M. La Greca and Eleanor Race Mackey. "Adolescents' Anxiety in Dating Situations: The Potential Role of Friends and Romantic Partners." *Journal of Clinical Child and Adolescent Psychology* 36, no. 4 (2007): 522 – 33.

17. Coie and Dodge. "Continuities and Changes in Children's Social Status." 261 – 82.

18. Antonius H. N. Cillessen, Hendrik W. IJzendoorn, Cornelis F. M. van Lieshout, and Willard W. Hartup. "Heterogeneity Among Peer–Rejected Boys: Subtypes and Stabilities." *Child Development* 63, no. 4 (1992): 893 – 905.

19. Audrey L. Zakriski and John D. Coie. "A Comparison of Aggressive–Rejected and NonaggressiveRejected Children's Interpretations of Self–directed and Other–directed Rejection." *Child Development* 67, no. 3 (1996): 1048 – 70.

20. Karen Linn Bierman and Julie B. Wargo. "Predicting the Longitudinal Course Associated with Aggressive– Rejected, Aggressive (Nonrejected), and Rejected (Nonaggressive) Status." *Development and Psychopathology* 7, no. 4 (1995): 669 – 82.

21. Mitchell J. Prinstein and Annette M. La Greca. "Peer Crowd Affiliation and Internalizing Distress in Childhood and Adolescence: A Longitudinal Follow–Back Study." *Journal of Research on Adolescence* 12, no. 3 (2002): 325 – 51.

22. Jaana Juvonen and Tamera B. Murdock. "Grade– Level Differences in the Social Value of Effort: Implications for Self– Presentation Tactics of Early Adolescents." *Child Development* 66, no. 6 (1995): 1694 – 1705; Margaret R. Stone and B. Bradford Brown. "Identity Claims and Projections: Descriptions of Self and Crowds in

Secondary School." *New Directions for Child and Adolescent Development* 1999, no. 84 (1999): 7 – 20.

23. Parker and Asher. "Peer Relations and Later Personal Adjustment." 357; Mitchell J. Prinstein and Annette M. La Greca. "Childhood Peer Rejection and Aggression as Predictors of Adolescent Girls' Externalizing and Health Risk Behaviors: A 6 - Year Longitudinal Study." *Journal of Consulting and Clinical Psychology* 72, no. 1 (2004): 103; Mitchell J. Prinstein, Diana Rancourt, John D. Guerry, and Caroline B. Browne. "Peer Reputations and Psychological Adjustment." *In Handbook of Peer Interactions, Relationships, and Groups*, 548 – 67. New York: Guilford Press, 2009; Gustafsson et al. "Do Peer Relations in Adolescence Influence Health in Adulthood?" e39385.

24. Mitchell J. Prinstein et al. "Adolescent Girls' Interpersonal Vulnerability to Depressive Symptoms: A Longitudinal Examination of Reassurance - Seeking and Peer Relationships." *Journal of Abnormal Psychology* 114, no. 4 (2005): 676.

25. Patricia H. Hawley. "Prosocial and Coercive Configurations of Resource Control in Early Adolescence: A Case for the Well - Adapted Machiavellian." *Merrill-Palmer Quarterly* 49, no. 3 (2003): 279 – 309.

26. Marion K. Underwood, Janis B. Kupersmidt, and John D. Coie. "Childhood Peer Sociometric Status and Aggression as Predictors of Adolescent Childbearing." *Journal of Research on Adolescence* 6, no. 2 (1996).

27 Jennifer T. Parkhurst and Andrea Hopmeyer. "Sociometric Popularity and Peer-Perceived Popularity, Two Distinct Dimensions of Peer Status." *Journal of Early Adolescence* 18, no. 2 (1998): 125 – 44.

28. Markel. "In 1850, Ignaz Semmelweis Saved Lives with Three Words: 'Wash Your Hands.'"

29. K. Codell Carter and Barbara R. Carter. *Childbed Fever: A Scientific Biography of Ignaz Semmelweis*. New Brunswick, NJ: Transaction Publishers, 2005.

CHAPTER 3.

1. Kenneth R. Olson and Dale A. Weber. "Relations Between Big Five Traits and Fundamental Motives." *Psychological Reports* 95, no. 3 (2004): 795 – 802.

2. Susanne Scheibe, Alexandra M. Freund, and Paul B. Baltes. "Toward a Developmental Psychology of Sehnsucht (Life Longings): The Optimal (Utopian) Life." *Developmental Psychology* 43, no. 3 (2007): 778.

3. Tim Kasser and Richard M. Ryan. "Further Examining the American Dream: Differential Correlates of Intrinsic and Extrinsic Goals." *Personality and Social Psychology Bulletin* 22, no. 3 (1996): 280 – 87.

4. Laura A. King and Sheri J. Broyles. "Wishes, Gender, Personality, and Well-being." *Journal of Personality* 65, no. 1 (1997): 49 – 76.

5. Tim Kasser. "Aspirations Index," http://faculty.knox.edu/tkasser/aspirations.html.

6. Cameron Anderson, John Angus D. Hildreth, and Laura Howland. "Is the Desire for Status a Fundamental Human Motive? A Review of the Empirical Literature." *Psychological Bulletin* 141, no. 3 (2015): 574 – 601.

7. Leah H. Somerville, Rebecca M. Jones, and B. J. Casey. "A Time of Change: Behavioral and Neural Correlates of Adolescent Sensitivity to Appetitive and Aversive Environmental Cues." *Brain and Cognition* 72, no. 1 (2010): 124 – 33; Leah H. Somerville. "The Teenage Brain Sensitivity to Social Evaluation." *Current Directions in Psychological Science* 22, no. 2 (2013): 121 – 27; B. J. Casey. "The Teenage Brain: An Overview." *Current Directions in Psychological Science* 22, no. 2 (2013): 80 – 81.

8. Kristen A. Lindquist et al. "The Brain Basis of Emotion: A Meta-analytic Review." *Behavioral and Brain Sciences* 35, no. 3 (2012): 121 – 43; Kristen A. Lindquist and Lisa Feldman Barrett. "A Functional Architecture of the Human Brain: Emerging Insights from the Science of Emotion." *Trends in Cognitive Sciences* 16, no. 11 (2012): 533 – 40; Robert P. Spunt and Matthew D. Lieberman. "An Integrative Model of the Neural Systems Supporting the Comprehension of Observed Emotional Behavior." *Neuroimage* 59, no. 3 (2012): 3050 – 59.

9. Kent C. Berridge, Terry E. Robinson, and J. Wayne Aldridge. "Dissecting Components of Reward: 'Liking,' 'Wanting,' and 'Learning.'" *Current Opinion in Pharmacology* 9, no. 1 (2009): 65–73.

10. Somerville, Jones, and Casey. "A Time of Change." 124–33; Laurence Steinberg. *Age of Opportunity: Lessons from the New Science of Adolescence*. New York: Houghton Mifflin Harcourt, 2014.

11. Berridge, Robinson, and Aldridge. "Dissecting Components of Reward." 65–73.

12. J. T. Klein, S. V. Shepherd, and M. L. Platt. "Social Attention and the Brain." *Current Biology* 19, no. 20 (2009): R958–62; Jessica E. Koski, Hongling Xie, and Ingrid R. Olson. "Understanding Social Hierarchies: The Neural and Psychological Foundations of Status Perception." *Social Neuroscience* 10, no. 5 (2015): 527–50; Noam Zerubavel, Peter S. Bearman, Jochen Weber, and Kevin N. Ochsner. "Neural Mechanisms Tracking Popularity in Real-world Social Networks." *Proceedings of the National Academy of Sciences* 112, no. 49 (2015): 15072–77.

13. Tom Foulsham et al. "Gaze Allocation in a Dynamic Situation: Effects of Social Status and Speaking." Cognition 117, no. 3 (2010): 319–31.

14. Christopher G. Davey et al. "Being Liked Activates Primary Reward and Midline Self-related Brain Regions." *Human Brain Mapping* 31, no. 4 (2010): 660–68.

15. Leah H. Somerville, Todd Hare, and B. J. Casey. "Frontostriatal Maturation Predicts Cognitive Control Failure to Appetitive Cues in Adolescents." *Journal of Cognitive Neuroscience* 23, no. 9 (2011): 2123–34.

16. Erik C. Nook and Jamil Zaki. "Social Norms Shift Behavioral and Neural Responses to Foods." *Journal of Cognitive Neuroscience* 27, no. 7 (2015): 1412–26.

17. Susan Harter. "Developmental Processes in the Construction of the Self." *In Integrative Processes and Socialization: Early to Middle Childhood*. Eds. T. D. Yawkey and J. E. Johnson. Hillsdale, NJ: Lawrence Erlbaum Associates: 1988, 45–78.

18. Lindquist et al. "The Brain Basis of Emotion." (2012): 121–43; Spunt and Lieberman. "An Integrative Model of the Neural Systems Supporting the Comprehen-

sion of Observed Emotional Behavior." 3050 – 59.

19. "Chimpanzee Facts," http://www.janegoodall.org, accessed October 7, 2015; Peter Buirski, Robert Plutchik, and Henry Kellerman. "Sex Differences, Dominance, and Personality in the Chimpanzee." *Animal Behaviour* 26 (1978): 123 – 29; Stephanie F. Anestis. "Behavioral Style, Dominance Rank, and Urinary Cortisol in Young Chimpanzees (Pan Troglodytes)." *Behaviour* 142, no. 9 – 10 (2005): 1245 – 68.

20. "Updates from the Islands— the Jane Goodall Institute," http://www.janegoodall. org, accessed October 7, 2015.

21. Don E. Merten. "Being There Awhile: An Ethnographic Perspective on Popularity." *In Popularity in the Peer System.* Eds. A. N. Cillessen, D. Schwartz, and L. Mayeux. New York: Guilford Press, 2011, 57 – 76.

22. Willard W. Hartup. "Aggression in Childhood: Developmental Perspectives." *American Psychologist* 29, no. 5 (1974): 336; Konrad Lorenz. *On Aggression.* Trans. Marjorie Latzke. London: Methuen, 1966; Kenneth A. Dodge and John D. Coie. "Social- Information-Processing Factors in Reactive and Proactive Aggression in Children's Peer Groups." *Journal of Personality and Social Psychology* 53, no. 6 (1987): 1146. (한국어판: 콘라트 로렌츠,《공격석에 관하여》, 이화여자대학교출판부, 1989)

23. "Cliques: Behind the Labels." *In the Mix.* New York: Castleworks, 2000.

24. Prinstein and Cillessen. "Forms and Functions of Adolescent Peer Aggression Associated with High Levels of Peer Status." 310 – 42; Cillessen and Rose. "Under-standing Popularity in the Peer System." 102 – 5.

25. Seth Mnookin. *The Panic Virus: A True Story of Medicine, Science, and Fear.* New York: Simon & Schuster, 2011.

26. Robert D. Putnam. *Bowling Alone: The Collapse and Revival of American Community.* New York: Simon & Schuster, 2001. (한국어판: 로버트 D. 퍼트넘, 정승현 옮김, 《나 홀로 볼링: 사회적 커뮤니티의 붕괴와 소생》, 페이퍼로드, 2016)

27. Joan Jacobs Brumberg. *The Body Project: An Intimate History of American Girls.* New

York: Vintage, 2010.

28. Abraham Harold Maslow. "A Theory of Human Motivation." *Psychological Review* 50, no. 4 (1943): 370.

29. Christopher S. Sheppard et al. "Is Popularity Universal? A Cross‒cultural Examination of Popularity Among Peers." Manuscript in preparation (2016); also see Li Niu, Shenghua Jin, Ling Li, and Doran C. French. "Popularity and Social Preference in Chinese Adolescents: Associations with Social and Behavioral Adjustment." *Social Development* 25, no. 4 (2016): 828‒45.

30. Jane D. Brown, Carolyn Tucker Halpern, and Kelly Ladin L'Engle. "Mass Media as a Sexual Super Peer for Early Maturing Girls." *Journal of Adolescent Health* 36, no. 5 (2005): 420‒27; Victor C. Strasburger, Barbara J. Wilson, and Amy B. Jordan. *Children, Adolescents, and the Media*. Thousand Oaks, CA: Sage Publishing, 2009.

31. Joshua Gamson. *Claims to Fame: Celebrity in Contemporary America*. Berkeley: University of California Press, 1994; Denis McQuail. *Mass Communication*. New York: John Wiley & Sons, 1983; Violina P. Rindova, Timothy G. Pollock, and Mathew L. A. Hayward. "Celebrity Firms: The Social Construction of Market Popularity." *Academy of Management Review* 31, no. 1 (2006): 50‒71.

32. Marlene J. Sandstrom and Antonius H. N. Cillessen. "Likeable Versus Popular: Distinct Implications for Adolescent Adjustment." *International Journal of Behavioral Development* 30, no. 4 (2006): 305‒14.

33. Donna Rockwell and David C. Giles. "Being a Celebrity: A Phenomenology of Fame." *Journal of Phenomenological Psychology* 40, no. 2 (2009): 178‒210.

34. "Faces of Depression: Philip Burguières" in the series *Depression: Out of the Shadows + Take One Step: Caring for Depression, with Jane Pauley*. PBS, http://www.pbs.org/wgbh/takeonestep/depression/faces.html.

35. "Imagine Dragons on Being 'Atypical' Rock Stars, and Singer Dan Reynolds on His Depression Struggles and Conflicts with His Mormon Faith." Billboard, February 13, 2015, http://www.billboard.com/articles/6472705/imagine‒dragons‒cov-

er-smoke-and-mirrors-touring-grammys.

36. "Ian Thorpe: 'I Was Surrounded by People but Had This Intense Loneliness.'" The Guardian, November 12, 2012, https://www.theguardian.com/sport/2012/nov/12/ian-thorpe-swimming-depression.

37. Allen, Schad, Oudekerk, and Chango. "Whatever Happened to the 'Cool' Kids?" 1866–80.

38. Kennon M. Sheldon, Richard M. Ryan, Edward L. Deci, and Tim Kasser. "The Independent Effects of Goal Contents and Motives on Well-being: It's Both What You Pursue and Why You Pursue It." *Personality and Social Psychology* Bulletin 30, no. 4 (2004): 475–86.

CHAPTER 4.

1. Willard W. Hartup and Nan Stevens. "Friendships and Adaptation in the Life Course." *Psychological Bulletin* 121, no. 3 (1997): 355.

2. Parker and Asher. "Peer Relations and Later Personal Adjustment." 357; Scott D. Gest, Arturo Sesma Jr., Ann S. Masten, and Auke Tellegen. "Childhood Peer Reputation as a Predictor of Competence and Symptoms 10 Years Later." *Journal of Abnormal Child Psychology* 34, no. 4 (2006): 507–24; Xinyin Chen et al. "Sociability and Prosocial Orientation as Predictors of Youth Adjustment: A Seven-Year Longitudinal Study in a Chinese Sample." *International Journal of Behavioral Development* 26, no. 2 (2002): 128–36; also see Peter Zettergren, Lars R. Bergman, and Margit Wångby. "Girls' Stable Peer Status and Their Adulthood Adjustment: A Longitudinal Study from Age 10 to Age 43." *International Journal of Behavioral Development* 30, no. 4 (2006): 315–25; Jelena Obradović, Keith B. Burt, and Ann S. Masten. "Testing a Dual Cascade Model Linking Competence and Symptoms over 20 Years from Childhood to Adulthood." *Journal of Clinical Child & Adolescent Psychology* 39, no. 1 (2009): 90–102; Michelle M. Englund et al. "Early Roots of Adult Competence: The Significance of Close Relationships from Infancy to Early Adulthood." *Interna-*

tional Journal of Behavioral Development 35, no. 6 (2011): 490 – 96; Ann S. Masten et al. "The Significance of Childhood Competence and Problems for Adult Success in Work: A Developmental Cascade Analysis." *Development and Psychopathology* 22, no. 3 (2010): 679 – 94.

3. Newcomb, Bukowski, and Pattee. "Children's Peer Relations." 99. (한국어판: 윌리엄 피터스, 김희경 옮김, 《푸른 눈 갈색 눈》, 한겨레출판사, 2012)

4. William Peters. A Class Divided: Then and Now, vol. 14021. New Haven, CT: Yale University Press, 1987.

5. Almquist and Brännström. "Childhood Peer Status and the Clustering of Social, Economic, and Health – Related Circumstances in Adulthood." 67 – 75; Gustafsson et al. "Do Peer Relations in Adolescence Influence Health in Adulthood?" e39385.

6. Jeffrey G. Parker and Steven R. Asher. "Friendship and Friendship Quality in Middle Childhood: Links with Peer Group Acceptance and Feelings of Loneliness and Social Dissatisfaction." *Developmental Psychology* 29, no. 4 (1993): 611.

7. W. Furman, B. B. Feiring, and C. Feiring. *The Development of Romantic Relationships in Adolescence*. Cambridge, MA: Cambridge University Press, 1999.

8. Newcomb, Bukowski, and Pattee. "Children's Peer Relations." 99.

9. Jennifer E. Lansford et al. "Developmental Cascades of Peer Rejection, Social Information Processing Biases, and Aggression During Middle Childhood." *Development and Psychopathology* 22, no. 3 (2010): 593 – 602.

10. Jessica L. Lakin, Valerie E. Jefferis, Clara Michelle Cheng, and Tanya L. Chartrand. "The Chameleon Effect as Social Glue: Evidence for the Evolutionary Significance of Nonconscious Mimicry." *Journal of Nonverbal Behavior* 27, no. 3 (2003): 145 – 62; Roland Neumann and Fritz Strack. " 'Mood Contagion': The Automatic Transfer of Mood Between Persons." *Journal of Personality and Social Psychology* 79, no. 2 (2000): 211; John A. Bargh and Tanya L. Chartrand. "The Unbearable Automaticity of Being." *American Psychologist* 54, no. 7 (1999): 462.

11. Harald G. Wallbott. "Congruence, Contagion, and Motor Mimicry: Mutualities in

Nonverbal Exchange." In *Mutualities in Dialogue*. Eds. I. Markova, C. F. Graumann, and K. Foppa. New York: Cambridge University Press, 1995, 82 – 98.

12. John A. Bargh, Mark Chen, and Lara Burrows. "Automaticity of Social Behavior: Direct Effects of Trait Construct and Stereotype Activation on Action." *Journal of Personality and Social Psychology* 71, no. 2 (1996): 230.

13. Madeline L. Pe, Ian H. Gotlib, Wim Van Den Noortgate, and Peter Kuppens. "Revisiting Depression Contagion as a Mediator of the Relation Between Depression and Rejection: A Speed-Dating Study." *Clinical Psychological Science* 4, no. 4 (2015): 675 – 82.

14. Thomas E. Joiner and Gerald I. Metalsky. "Excessive Reassurance Seeking: Delineating a Risk Factor Involved in the Development of Depressive Symptoms." *Psychological Science* 12, no. 5 (2001): 371 – 78; James C. Coyne. "Toward an Interactional Description of Depression." *Psychiatry* 39, no. 1 (1976): 28 – 40.

15. Prinstein et al. "Adolescent Girls' Interpersonal Vulnerability to Depressive Symptoms." 676.

CHAPTER 5.

1. "Rankings," Interbrand, 2015, http://interbrand.com/best-brands/best-global-brands/2015/ranking.

2. Matthew J. Salganik and Duncan J. Watts. "Leading the Herd Astray: An Experimental Study of Self-fulfilling Prophecies in an Artificial Cultural Market." *Social Psychology Quarterly* 71, no. 4 (2008): 338 – 55.

3. Charles MacKay. *Memoirs of Extraordinary Popular Delusions and the Madness of Crowds*. London: George Routledge and Sons, 1869. (한국어판: 찰스 맥케이, 이윤섭 옮김, 《대중의 미망과 광기》, 필맥, 2018)

4. Geoffrey L. Cohen and Mitchell J. Prinstein. "Peer Contagion of Aggression and Health Risk BehaviorAmong Adolescent Males: An Experimental Investigation of Effects on Public Conduct and Private Attitudes." *Child Development* 77, no. 4

(2006): 967–83.

5. Centers for Disease Control and Prevention. Youth Risk Behavior Survey Data (2015), retrieved from http://www.cdc.gov/yrbs.

6. Mean Girls. Directed by Mark Waters. Los Angeles: Paramount, 2004.

7. Nathalie Wolchover. "Why Did Humans Prevail?" Live Science, June 6, 2012, http://www.livescience.com/20798-humans-prevailed-neanderthals.html; Robert Boyd and Joan B. Silk. *How Humans Evolved*. New York: W. W. Norton, 2012; Robert C. Berwick, Marc Hauser, and Ian Tattersall. "Neanderthal Language? Just-So Stories Take Center Stage." *Frontiers in Psychology* 4 (2013): 671.

8. Julianne Holt-Lunstad, Timothy B. Smith, and J. Bradley Layton. "Social Relationships and Mortality Risk: A Meta-analytic Review." *PLoS Med* 7, no. 7 (2010): e1000316.

9. Centers for Disease Control and Prevention, National Center for Injury Prevention and Control. Web-Based Injury Statistics Query and Reporting System (WISQARS) (2005), accessed December 14, 2016, http://www.cdc.gov/injury/wisqars.

10. Nicole Heilbron and Mitchell J. Prinstein. "Adolescent Peer Victimization, Peer Status, Suicidal Ideation, and Nonsuicidal Self-injury: Examining Concurrent and Longitudinal Associations." *Merrill-Palmer Quarterly* 56, no. 3 (2010): 388–419; Mitch Van Geel, Paul Vedder, and Jenny Tanilon. "Relationship Between Peer Victimization, Cyberbullying, and Suicide in Children and Adolescents: A Meta-analysis." *JAMA Pediatrics* 168, no. 5 (2014): 435–42.

11. Yang Claire Yang et al. "Social Relationships and Physiological Determinants of Longevity Across the Human Life Span." *Proceedings of the National Academy of Sciences* 113, no. 3 (2016): 578–83.

12. David Spiegel, Helena C. Kraemer, Joan R. Bloom, and Ellen Gottheil. "Effect of Psychosocial Treatment on Survival of Patients with Metastatic Breast Cancer." *Lancet* 334, no. 8668 (1989): 888–91; Bert N. Uchino, John T. Cacioppo, and Janice K. Kiecolt-Glaser. "The Relationship Between Social Support and Physio-

logical Processes: A Review with Emphasis on Underlying Mechanisms and Implications for Health." *Psychological Bulletin* 119, no. 3 (1996): 488.

13. Bruce S. McEwen. "Stress, Adaptation, and Disease: Allostasis and Allostatic Load." *Annals of the New York Academy of Sciences* 840, no. 1 (1998): 33 – 44; Anna C. Phillips, Annie T. Ginty, and Brian M. Hughes. "The Other Side of the Coin: Blunted Cardiovascular and Cortisol Reactivity Are Associated with Negative Health Outcomes." *International Journal of Psychophysiology* 90, no. 1 (2013): 1 – 7.

14. Casey D. Calhoun et al. "Relational Victimization, Friendship, and Adolescents' Hypothalamic – Pituitary – Adrenal Axis Responses to an In Vivo Social Stressor." *Development and Psychopathology* 26, no. 3 (2014): 605 – 18; Ellen Peters, J. Marianne Riksen-Walraven, Antonius H. N. Cillessen, and Carolina de Weerth. "Peer Rejection and HPA Activity in Middle Childhood: Friendship Makes a Difference." *Child Development* 82, no. 6 (2011): 1906 – 20; Casey D. Calhoun. "Depressive Symptoms and Acute HPA Axis Stress Regulation in the Context of Adolescent Girls' Friendships." Dissertation Abstracts International, forthcoming.

15. Naomi I. Eisenberger, Matthew D. Lieberman, and Kipling D. Williams. "Does Rejection Hurt? An fMRI Study of Social Exclusion." *Science* 302, no. 5643 (2003): 290 – 92; Naomi I. Eisenberger and Matthew D. Lieberman. "Why Rejection Hurts: A Common Neural Alarm System for Physical and Social Pain." *Trends in Cognitive Sciences* 8, no. 7 (2004): 294 – 300; Naomi I. Eisenberger. "Social Pain and the Brain: Controversies, Questions, and Where to Go from Here." *Annual Review of Psychology* 66 (2015): 601 – 29.

16. Helen E. Fisher et al. "Reward, Addiction, and Emotion Regulation Systems Associated with Rejection in Love." *Journal of Neurophysiology* 104, no. 1 (2010): 51 – 60; Ethan Kross et al. "Neural Dynamics of Rejection Sensitivity." *Journal of Cognitive Neuroscience* 19, no. 6 (2007): 945 – 56; Harald Gündel et al. "Functional Neuroanatomy of Grief: An fMRI Study." *American Journal of Psychiatry* 160, no. 11 (2003): 1946 – 53; Eisenberger. "Social Pain and the Brain." 601 – 29.

17. C. Nathan DeWall et al. "Acetaminophen Reduces Social Pain— Behavioral and Neural Evidence." *Psychological Science* 21, no. 7 (2010): 931–37.

18. C. D. Allis, T. Jenuwein, D. Reinberg, and M. Caparros. Epigenetics. Cold Spring Harbor, NY: Cold Spring Harbor Laboratory Press, 2007.

19. Personal interview with George Slavich, October 11, 2014.

20. Christine Gorman and Alice Park. "Inflammation Is a Secret Killer: A Surprising Link Between Inflammation and Asthma, Heart Attacks, Cancer, Alzheimer's and Other Diseases." *Time*, February 23, 2004.

21. George M. Slavich and Michael R. Irwin. "From Stress to Inflammation and Major Depressive Disorder: A Social Signal Transduction Theory of Depression." *Psychological Bulletin* 140, no. 3 (2014): 774; personal interview with George Slavich, October 11, 2014.

22. Personal interview with George Slavich, October 11, 2014.

23. Holt-Lunstad, Smith, and Layton. "Social Relationships and Mortality Risk." e1000316.

CHAPTER 6.

1. Nicola Persico, Andrew Postlewaite, and Dan Silverman. *The Effect of Adolescent Experience on Labor Market Outcomes: The Case of Height.* No. w10522, Cambridge, MA: National Bureau of Economic Research, 2004.

2. Emerging evidence on the importance of autobiographical memory on present and future cognition comes from Donna Rose Addis et al. "Constructive Episodic Simulation of the Future and the Past: Distinct Subsystems of a Core Brain Network Mediate Imagining and Remembering." *Neuropsychologia* 47, no. 11 (2009): 2222–38; R. Nathan Spreng and Cheryl L. Grady. "Patterns of Brain Activity Supporting Autobiographical Memory, Prospection, and Theory of Mind, and Their Relationship to the Default Mode Network." *Journal of Cognitive Neuroscience* 22, no. 6 (2010): 1112–23; Mathieu Roy, Daphna Shohamy, and Tor D. Wager. "Ventromedial

Prefrontal-Subcortical Systems and the Generation of Affective Meaning." *Trends in Cognitive Sciences* 16, no. 3 (2012): 147 – 56.

3. Sarah-Jayne Blakemore and Suparna Choudhury. "Development of the Adolescent Brain: Implications for Executive Function and Social Cognition." *Journal of Child Psychology and Psychiatry* 47, no. 3 – 4 (2006): 296 – 312; JoanStiles and Terry L. Jernigan. "The Basics of Brain Development." *Neuropsychology Review* 20, no. 4 (2010): 327 – 48; Rhoshel K. Lenroot and Jay N. Giedd. "Brain Development in Children and Adolescents: Insights from Anatomical Magnetic Resonance Imaging." *Neuroscience & Biobehavioral Reviews* 30, no. 6 (2006): 718 – 29.

4. Lindquist et al. "The Brain Basis of Emotion." 121 – 43; Lindquist and Barrett. "A Functional Architecture of the Human Brain." 533 – 40.

5. Nicki R. Crick and Kenneth A. Dodge. "A Review and Reformulation of Social In-formation-Processing Mechanisms in Children's Social Adjustment." *Psychological Bulletin* 115, no. 1 (1994): 74; Elizabeth A. Lemerise and William F. Arsenio. "An Integrated Model of Emotion Processes and Cognition in Social Information Pro-cessing." *Child Development* 71, no. 1 (2000): 107 – 18.

6. Munirah Bangee et al. "Loneliness and Attention to Social Threat in Young Adults: Findings from an Eye Tracker Study." *Personality and Individual Differences* 63 (2014): 16 – 23.

7. Kenneth A. Dodge, Roberta R. Murphy, and Kathy Buchsbaum. "The Assessment of Intention-Cue Detection Skills in Children: Implications for Developmental Psy-chopathology." *Child Development* 55, no. 1 (1984): 163 – 73; Kenneth A. Dodge and Angela M. Tomlin. "Utilization of SelfSchemas as a Mechanism of Interpreta-tional Bias in Aggressive Children." Social Cognition 5, no. 3 (1987): 280; Karen R. Gouze. "Attention and Social Problem Solving as Correlates of Aggression in Pre-school Males." *Journal of Abnormal Child Psychology* 15, no. 2 (1987): 181 – 97.

8. Michael T. Moore and David M. Fresco. "Depressive Realism: A Meta-analytic Re-view." *Clinical Psychology Review* 32, no. 6 (2012): 496 – 509.

9. Adapted from: Fritz Heider and Marianne Simmel. "An Experimental Study of Apparent Behavior." *American Journal of Psychology* 57, no. 2 (1944): 243–59.

10. Geraldine Downey and Scott I. Feldman. "Implications of Rejection Sensitivity for Intimate Relationships." *Journal of Personality and Social Psychology* 70, no. 6 (1996): 1327.

11. Rachel M. Calogero, Lora E. Park, Zara K. Rahemtulla, and Katherine C. D. Williams. "Predicting Excessive Body Image Concerns Among British University Students: The Unique Role of Appearance–Based Rejection Sensitivity." *Body Image* 7, no. 1 (2010): 78–81; Renzo Bianchi, Irvin Sam Schonfeld, and Eric Laurent. "Interpersonal Rejection Sensitivity Predicts Burnout: A Prospective Study." *Personality and Individual Differences* 75 (2015): 216–19; Teresa J. Marin and Gregory E. Miller. "The Interpersonally Sensitive Disposition and Health: AnIntegrative Review." *Psychological Bulletin* 139, no. 5 (2013): 941; Mattie Tops et al. "Rejection Sensitivity Relates to Hypocortisolism and Depressed Mood State in Young Women." *Psychoneuroendocrinology* 33, no. 5 (2008): 551–59; Katherine A. Pearson, Edward R. Watkins, and Eugene G. Mullan. "Rejection Sensitivity Prospectively Predicts Increased Rumination." *Behaviour Research and Therapy* 49, no. 10 (2011): 597–605; Ozlem Ayduk, Geraldine Downey, and Minji Kim. "Rejection Sensitivity and Depressive Symptoms in Women." *Personality and Social Psychology Bulletin* 27, no. 7 (2001): 868–77.

12. Katherine E. Powers, Leah H. Somerville, William M. Kelley, and Todd F. Heatherton. "Rejection Sensitivity Polarizes Striatal–Medial Prefrontal Activity When Anticipating Social Feedback." *Journal of Cognitive Neuroscience* 25, no. 11 (2013): 1887–95.

13. William Nasby, Brian Hayden, and Bella M. DePaulo. "Attributional Bias Among Aggressive Boys to Interpret Unambiguous Social Stimuli as Displays of Hostility." *Journal of Abnormal Psychology* 89, no. 3 (1980): 459; Kenneth A. Dodge. "Social Cognition and Children's Aggressive Behavior." *Child Development* 51, no.

1 (1980): 162 – 70; Esther Feldman and Kenneth A. Dodge. "Social Information Processing and Sociometric Status: Sex, Age, and Situational Effects." *Journal of Abnormal Child Psychology* 15, no. 2 (1987): 211 – 27.

14. Nicole E. Werner. "Do Hostile Attribution Biases in Children and Parents Predict Relationally Aggressive Behavior?" *Journal of Genetic Psychology* 173, no. 3 (2012): 221 – 45; Zhiqing E. Zhou, Yu Yan, Xin Xuan Che, and Laurenz L. Meier. "Effect of Workplace Incivility on End – of–Work Negative Affect: Examining Individual and Organizational Moderators in a Daily Diary Study." *Journal of Occupational Health Psychology* 20, no. 1 (2015): 117; Christopher I. Eckhardt, Krista A. Barbour, and Gerald C. Davison. "Articulated Thoughts of Maritally Violent and Nonviolent Men During Anger Arousal." *Journal of Consulting and Clinical Psychology* 66, no. 2 (1998): 259.

15. Elizabeth A Lemerise et al. "Do Provocateurs' Emotion Displays Influence Children's Social Goals and Problem Solving?" *Journal of Abnormal Child Psychology* 34, no. 4 (2006): 555 – 67; David A. Nelson and Nicki R. Crick. "Rose–Colored Glasses: Examining the Social Information– Processing of Prosocial Young Adolescents." *Journal of Early Adolescence* 19, no. 1 (1999): 17 – 38.

16. Richard L. Ogle and William R. Miller. "The Effects of Alcohol Intoxication and Gender on the Social Information Processing of Hostile Provocations Involving Male and Female Provocateurs." *Journal of Studies on Alcohol* 65, no. 1 (2004): 54 – 62; David Schultz, Angela Grodack, and Carroll E. Izard. "State and Trait Anger, Fear, and Social Information Processing." *International Handbook of Anger*. New York: Springer, 2010, 311 – 25.

CHAPTER 7.

1. Martha Putallaz, Philip R. Costanzo, and Rebecca B. Smith. "Maternal Recollections of Childhood Peer Relationships: Implications for Their Children's Social Competence." *Journal of Social and Personal Relationships* 8, no. 3 (1991): 403 – 22; Mitchell

J. Prinstein and Annette M. La Greca. "Links Between Mothers' and Children's Social Competence and Associations with Maternal Adjustment." *Journal of Clinical Child Psychology* 28, no. 2 (1999): 197 – 210.

2. Martha Putallaz, Tovah P. Klein, Philip R. Costanzo, and Lea A. Hedges. "Relating Mothers' Social Framing to Their Children's Entry Competence with Peers." *Social Development* 3, no. 3 (1994): 222 – 37.

3. Judith H. Langlois et al. "Maxims or Myths of Beauty? A Meta – analytic and Theoretical Review." *Psychological Bulletin* 126, no. 3 (2000): 390.

4. Michelle J. Pearce, Julie Boergers, and Mitchell J. Prinstein. "Adolescent Obesity, Overt and Relational Peer Victimization, and Romantic Relationships." *Obesity Research* 10, no. 5 (2002): 386 – 93.

5. Dodge. "Behavioral Antecedents of Peer Social Status." 1386 – 99; Brian E. Vaughn and Judith H. Langlois. "Physical Attractiveness as a Correlate of Peer Status and Social Competence in Preschool Children." *Developmental Psychology* 19, no. 4 (1983): 561; Patricia H. Hawley, Sarah E. Johnson, Jennifer A. Mize, and Kelly A. McNamara. "Physical Attractiveness in Preschoolers: Relationships with Power, Status, Aggression and Social Skills. *Journal of School Psychology*, 45, no. 5 (2007): 499 – 521.

6. Judith H. Langlois et al. "Infant Preferences for Attractive Faces: Rudiments of a Stereotype?" Developmental Psychology 23, no. 3 (1987): 363.

7. Judith H. Langlois, Lori A. Roggman, and Loretta A. Rieser– Danner. "Infants' Differential Social Responses to Attractive and Unattractive Faces." *Developmental Psychology* 26, no. 1 (1990): 153.

8. S. Michael Kalick, Leslie A. Zebrowitz, Judith H. Langlois, and Robert M. Johnson. "Does Human Facial Attractiveness Honestly Advertise Health? Longitudinal Data on an Evolutionary Question." *Psychological Science* 9, no. 1 (1998): 8 – 13; Langlois et al. "Maxims or Myths of Beauty?" 390.

9. Michelle de Haan, Mark H. Johnson, Daphne Maurer, and David I. Perrett. "Recog-

nition of Individual Faces and Average Face Prototypes by 1–and 3–Month–Old Infants." *Cognitive Development* 16, no. 2 (2001): 659 – 78; Judith H. Langlois and Lori A. Roggman. "Attractive Faces Are Only Average." *Psychological Science* 1, no. 2 (1990): 115 – 21; Judith H. Langlois, Lori A. Roggman, and Lisa Musselman. "What Is Average and What Is Not Average About Attractive Faces?" *Psychological Science* 5, no. 4 (1994): 214 – 20.

10. Vicki Ritts, Miles L. Patterson, and Mark E. Tubbs. "Expectations, Impressions, and Judgments of Physically Attractive Students: A Review." *Review of Educational Research* 62, no. 4 (1992): 413 – 26.

11. Judith H. Langlois, Jean M. Ritter, Rita J. Casey, and Douglas B. Sawin. "Infant Attractiveness Predicts Maternal Behaviors and Attitudes." *Developmental Psychology* 31, no. 3 (1995): 464.

12. Jerome Kagan, J. Steven Reznick, and Nancy Snidman. "The Physiology and Psychology of Behavioral Inhibition in Children." *Annual Progress in Child Psychiatry & Child Development* (1988): 102 – 27; Nathan A. Fox et al. "Behavioral Inhibition: Linking Biology and Behavior Within a Developmental Framework." *Annual Review of Psychology* 56 (2005): 235 – 62; Kenneth H. Rubin and Robert J. Coplan, eds. *The Development of Shyness and Social Withdrawal.* New York: Guilford Press, 2010.

13. Lisa Allison Efron. "Linkages Between Parents' Childhood Relationships with Their Parents and Peers, Parents' Relationships with Their Children, and Children's Peer Relationships." *Dissertation Abstracts International* 56 (1998): 3504.

14. Ross D. Parke et al. "Familial Contribution to Peer Competence Among Young Children: The Role of Interactive and Affective Processes." In *Family-Peer Relationships: Modes of Linkage.* Hillsdale, NJ: Lawrence Erlbaum Associates, 1992, 107 – 34.

15. Lisa Serbin and Jennifer Karp. "Intergenerational Studies of Parenting and the Transfer of Risk from Parent to Child." *Current Directions in Psychological Science* 12, no. 4 (2003): 138 – 42.

16. Avshalom Caspi et al. "Maternal Expressed Emotion Predicts Children's Antisocial Behavior Problems: Using Monozygotic-Twin Differences to Identify Environmental Effects on Behavioral Development." *Developmental Psychology* 40, no. 2 (2004): 149; Ana B. Magaña et al. "A Brief Method for Assessing Expressed Emotion in Relatives of Psychiatric Patients." *Psychiatry Research* 17, no. 3 (1986): 203−12.

17. Tara S. Peris and Stephen P. Hinshaw. "Family Dynamics and Preadolescent Girls with ADHD: The Relationship Between Expressed Emotion, ADHD Symptomatology, and Comorbid Disruptive Behavior." *Journal of Child Psychology and Psychiatry* 44, no. 8 (2003): 1177−90.

18. Carolyn Zahn-Waxler, Susanne Denham, Ronald J. Iannotti, and E. Mark Cummings. "Peer Relations in Children with a Depressed Caregiver." In *Family-Peer Relationships: Modes of Linkage*, 317−44; Geraldine Downey and James C. Coyne. "Children of Depressed Parents: An Integrative Review." *Psychological Bulletin* 108, no. 1 (1990): 50.

19. Tiffany Field. "Touch for Socioemotional and Physical Well-being: A Review." Developmental Review 30, no. 4 (2010): 367−83; Miguel A. Diego et al. "Facial Expressions and EEG in Infants of Intrusive and Withdrawn Mothers with Depressive Symptoms." *Depression and Anxiety* 15, no. 1 (2002): 10−17.

20. Robert M. Hodapp, Eugene C. Goldfield, and Chris J. Boyatzis. "The Use and Effectiveness of Maternal Scaffolding in Mother-Infant Games." *Child Development* 55, no. 3 (1984): 772−81.

21. Adi Granat, Reuma Gadassi, Eva Gilboa-Schechtman, and Ruth Feldman. "Maternal Depression and Anxiety, Social Synchrony, and Infant Regulation of Negative and Positive Emotions." Emotion (2016), accessed December 14, 2016, doi:10.1037/emo000.0204.

22. Benjamin L. Hankin et al. "Development of Depression from Preadolescence to Young Adulthood: Emerging Gender Differences in a 10-Year Longitudinal

Study." *Journal of Abnormal Psychology* 107, no. 1 (1998): 128.

23. Mary D. Salter Ainsworth, Mary C. Blehar, Everett Waters, and Sally Wall. *Patterns of Attachment: A Psychological Study of the Strange Situation*. Oxford, UK: Lawrence Erlbaum Associates, 1978. Reissued by Psychology Press, 2015.

24. J. Elicker, Michelle England, and L. Alan Sroufe. "Predicting Peer Competence and Peer Relationships in Childhood from Early Parent–Child Relationships." In *Family-Peer Relationships: Modes of Linkage*. 77 – 106.

25. Geert–Jan J. M. Stams, Femmie Juffer, and Marinus H. van IJzendoorn. "Maternal Sensitivity, Infant Attachment, and Temperament in Early Childhood Predict Adjustment in Middle Childhood: The Case of Adopted Children and Their Biologically Unrelated Parents." *Developmental Psychology* 38, no. 5 (2002): 806.

26. Kevin MacDonald and Ross D. Parke. "Bridging the Gap: Parent–Child Play Interaction and Peer Interactive Competence." *Child Development* 55, no. 4 (1984): 1265 – 77; Eric W. Lindsey, Jacquelyn Mize, and Gregory S. Pettit. "Mutuality in Parent–Child Play: Consequences for Children's Peer Competence." *Journal of Social and Personal Relationships* 14, no. 4 (1997): 523 – 38.

27. Kenneth H. Rubin et al. "Intrapersonal and Maternal Correlates of Aggression, Conflict, and Externalizing Problems in Toddlers." *Child Development* 69, no. 6 (1998): 1614 – 29.

28. Eric W. Lindsey, Penny R. Cremeens, and Yvonne M. Caldera. "Mother–Child and Father–Child Mutuality in Two Contexts: Consequences for Young Children's Peer Relationships." *Infant and Child Development* 19, no. 2 (2010): 142 – 60; Gary W. Ladd and Gregory S. Pettit. "Parenting and the Development of Children's Peer Relationships." *Handbook of Parenting Volume 5: Practical Issues in Parenting* (2002): 268.

29. Regina A. Finnegan, Ernest V. E. Hodges, and David G. Perry. "Victimization by Peers: Associations with Children's Reports of Mother–Child Interaction." *Journal of Personality and Social Psychology* 75, no. 4 (1998): 1076.

30. Ladd and Pettit. "Parenting and the Development of Children's Peer Relationships." 268.

31. Ibid.; Gary W. Ladd and Craig H. Hart. "Creating Informal Play Opportunities: Are Parents' and Preschoolers' Initiations Related to Children's Competence with Peers?" *Developmental Psychology* 28, no. 6 (1992): 1179; Navaz P. Bhavnagri and Ross D. Parke. "Parents as Direct Facilitators of Children's Peer Relationships: Effects of Age of Child and Sex of Parent." *Journal of Social and Personal Relationships* 8, no. 3 (1991): 423 – 40.

32. Bhavnagri and Parke. "Parents as Direct Facilitators of Children's Peer Relationships." 423 – 40.

33. Gary W. Ladd and Beckie S. Golter. "Parents' Management of Preschooler's Peer Relations: Is It Related to Children's Social Competence?" *Developmental Psychology* 24, no. 1 (1988): 109.

34. Susan P. Lollis, Hildy S. Ross, and Ellen Tate. "Parents' Regulation of Children's Peer Interactions: Direct Influences." In *Family-Peer Relationships: Modes of Linkage*. 255 – 281

35. Martha Putallaz. "Maternal Behavior and Children's Sociometric Status." *Child Development* 58, no. 2 (1987): 324 – 40.

36. Robert D. Laird et al. "Mother–Child Conversations About Peers: Contributions to Competence." *Family Relations: An Interdisciplinary Journal of Applied Family Studies* 43, no. 4 (1994): 425 – 32.

37. Ibid.; Jacquelyn Mize and Gregory S. Pettit. "Mothers' Social Coaching, Mother–Child Relationship Style, and Children's Peer Competence: Is the Medium the Message?" *Child Development* 68, no. 2 (1997): 312 – 23.

38. Eric M. Vernberg, Susan H. Beery, Keith K. Ewell, and David A. Absender. "Parents' Use of Friendship Facilitation Strategies and the Formation of Friendships in Early Adolescence: A Prospective Study." *Journal of Family Psychology* 7, no. 3 (1993): 356.

39. James Brooke. "Terror in Littleton: The Overview; 2 Students in Colorado Said to Gun Down as Many as 23 and Kill Themselves in a Siege." *New York Times*, April 21, 1999; CNN Library, Columbine High School Shootings Fast Facts, May 26, 2016, http://www.cnn.com/2013/09/18/us/columbine-high-school-shootings-fast-facts/.

40. H.R. 4776—To Amend the Safe and Drug-Free Schools and Communities Act to Include Bullying and Harassment Prevention Programs. U.S. Congress, https://www.congress.gov/bill/108th-congress/house-bill/4776.

41. Victoria Stuart-Cassel, Ariana Bell, and J. Fred Springer. "Analysis of State Bullying Laws and Policies." Office of Planning, Evaluation and Policy Development, U.S. Department of Education (2011); Policies and laws, https://www.stopbullying.gov/laws/.

42. Mark L. Hatzenbuehler et al. "Associations Between Antibullying Policies and Bullying in 25 States." *JAMA Pediatrics* 169, no. 10 (2015): e152411.

43. Maria M. Ttofi and David P. Farrington. "Effectiveness of School-Based Programs to Reduce Bullying: A Systematic and Meta-analytic Review." *Journal of Experimental Criminology* 7, no. 1 (2011): 27–56; Christina Salmivalli, Antti Kärnä, and Elisa Poskiparta. "Counteracting Bullying in Finland: The KiVa Program and Its Effects on Different Forms of Being Bullied." *International Journal of Behavioral Development* 35, no. 5 (2011): 405–11.

44. Lyn Y. Abramson, Martin E. Seligman, and John D. Teasdale. "Learned Helplessness in Humans: Critique and Reformulation." *Journal of Abnormal Psychology* 87, no. 1 (1978): 49; Lyn Y. Abramson, Gerald I. Metalsky, and Lauren B. Alloy. "Hopelessness Depression: A Theory-Based Subtype of Depression." *Psychological Review* 96, no. 2 (1989): 358; Benjamin L. Hankin and Lyn Y. Abramson. "Development of Gender Differences in Depression: An Elaborated Cognitive Vulnerability-Transactional Stress Theory." *Psychological Bulletin* 127, no. 6 (2001): 773.

45. Sandra Graham and Jaana Juvonen. "Self-Blame and Peer Victimization in Middle

School: An Attributional Analysis." *Developmental Psychology* 34, no. 3 (1998): 587.

46. Judy Garber and Cynthia Flynn. "Predictors of Depressive Cognitions in Young Adolescents." *Cognitive Therapy and Research* 25, no. 4 (2001): 353–76.

47. Aaron T. Beck, ed. *Cognitive Therapy of Depression*. New York: Guilford Press, 1979; Judith S. Beck. *Cognitive Behavior Therapy: Basics and Beyond*. New York: Guilford Press, 2011. (한국어판: 애런 벡, 원호택 옮김, 《우울증의 인지치료》, 학지사, 2005.; 주디스 벡, 최영희 외 옮김, 《인지행동치료 이론과 실제》, 하나의학사, 2017)

48. Kenneth A. Dodge et al. "Reactive and Proactive Aggression in School Children and Psychiatrically Impaired Chronically Assaultive Youth." *Journal of Abnormal Psychology* 106, no. 1 (1997): 37.

49. David Schwartz, Kenneth A. Dodge, Gregory S. Pettit, and John E. Bates. "The Early Socialization of Aggressive Victims of Bullying." *Child Development* 68, no. 4 (1997): 665–75; D. Schwartz, L. J. Proctor, and D. H. Chien. "The Aggressive Victim of Bullying." In *Peer Harassment in School: The Plight of the Vulnerable and Victimized*. New York: Guilford Press, 2001, 147–74.

50. Roberto Suro. "Texas Mother Gets 15 Years in Murder Plot." *New York Times*, September 5, 1991.

CHAPTER 8.

1. Alan Farnham. "Hot or Not's Co-Founders: Where Are They Now?" ABC News, June 2, 2014.

2. "Our History in Depth," accessed July 8, 2016, https://www.google.com/about/company/history/.

3. Katharine A. Kaplan. "Facemash Creator Survives Ad Board." *Harvard Crimson*, November 19, 2003.

4. Lauren E. Sherman et al. "The Power of the Like in Adolescence: Effects of Peer Influence on Neural and Behavioral Responses to Social Media." *Psychological Science* 27

no. 7 (2016): 1027 – 35.

5. Amanda Lenhart. "Teen, Social Media and Technology Overview 2015." Pew Research Center, April 2015; Andrew Perrin. "Social Networking Usage: 2005 – 2015." Pew Research Center, October 2015, retrieved from http://www.pewinternet.org/2015/10/08/2015/Social- Networking–Usage–2005–2015.

6. Lauren A. Jelenchick, Jens C. Eickhoff, and Megan A. Moreno. " 'Facebook Depression?' Social Networking Site Use and Depression in Older Adolescents." *Journal of Adolescent Health* 52, no. 1 (2013): 128 – 30.

7. Jacqueline Nesi, Laura Widman, Sophia Choukas–Bradley, and Mitchell J. Prinstein. "Technology–Based Communication and the Development of Interpersonal Competencies Within Adolescent Romantic Relationships: A Preliminary Investigation." *Journal of Research on Adolescence* (2016), accessed December 14, 2016, http://onlinelibrary.wiley.com/doi/10.1111/jora.12274/abstract.

8. Ira Glass. "573: Status Update." This American Life, November 27, 2015.

9. Jacqueline Nesi and Mitchell J. Prinstein. "Using Social Media for Social Comparison and Feedback– Seeking: Gender and Popularity Moderate Associations with Depressive Symptoms." *Journal of Abnormal Child Psychology* 43, no. 8 (2015): 1427 – 38.

10. How We Bounced Back from Unpopularity." Tiger Beat magazine, May 2015; "How to Be Social Media Famous!" *Tiger Beat* magazine, May 2015.

11. Julia Kramer. "Blow Up Your Feed: The 10Commandments of Taking Instagram Food Pics." *Bon Appétit*, March 2016.

12. Jason DeMers. "50 Free Ways to Increase Your Instagram Followers." *Forbes*, June 18, 2015.

13. Global Selfie Stick Consumption 2016 Market Research Report, accessed July 9, 2016, http://www.einnews.com/pr_news/336345654/selfie- stick –consumption–industry–2016–market–analysis–and–forecast–to–2022.

14. Payal Uttam. "Death by Selfie? Russian Police Release Brochure After Spate of Fatal Accidents." CNN, July 8, 2015, accessed July 9, 2016, https://mvd.ru/upload/

site1/folder_page/006/158/477/Selfie2015.pdf.

15. Courtney Rubin. "Makeup for the Selfie Generation." *New York Times*, September 22, 2015.

16. Sherman et al. "The Power of the Like in Adolescence." 1027 – 35.

CHAPTER 9.

1. John D. Coie and Kenneth A. Dodge. "Continuities and Changes in Children's Social Status: A Five - Year Longitudinal Study." *Merrill-Palmer Quarterly* 29, no. 3 (1983): 261 – 82.

2. Allen, Schad, Oudekerk, and Chango. "Whatever Happened to the 'Cool' Kids?" 1866 – 80; Sheldon, Ryan, Deci, and Kasser. "The Independent Effects of Goal Contents and Motives on Well - being." 475 – 86.

모두가 인기를 원한다

관심에 집착하는 욕망의 심리학

초판 1쇄 발행 2018년 7월 27일 초판 2쇄 발행 2018년 8월 2일

지은이 미치 프린스틴
옮긴이 김아영
펴낸이 연준혁

출판1본부 이사 김은주
출판4분사 분사장 김남철
편집 오민정
디자인 김태수

펴낸곳 (주)위즈덤하우스 미디어그룹 출판등록 2000년 5월 23일 제13-1071호
주소 경기도 고양시 일산동구 정발산로 43-20 센트럴프라자 6층
전화 031)936-4000 팩스 031)903-3891 홈페이지 www.wisdomhouse.co.kr

값 15,000원
ISBN 979-11-6220-672-0 03180

국립중앙도서관 출판시도서목록(CIP)

모두가 인기를 원한다 : 관심에 집착하는 욕망의 심리학 / 지은이: 미치
프린스틴 ; 옮긴이: 김아영. ― 고양 : 위즈덤하우스 미디어그룹, 2018
  p. ; cm

원표제: Popular : the power of likability in a status-obsessed
world
원저자명: Mitchell J. Prinstein
참고문헌 수록
영어 원작을 한국어로 번역
ISBN 979-11-6220-672-0 03180 : ₩15000
인간 관계[人間關係]
응용 심리학[應用心理學]

189.2-KDC6
158.2-DDC23   CIP2018021944